인디언
아나키
민주주의

인디언 아나키 민주주의

글쓴이 박홍규
펴낸이 정애주

편집 송승호 이현주 한미영 김기민 김준표 오은숙 신지은
미술 김진성 문정인 송하현
제작 홍순홍 윤태웅
영업 오민택 이경훈 차길환 국효숙 이진영 오형탁
관리 이남진 안기현
총무 정희자 마명진 김은오

펴낸날 2009. 10. 12. 초판 1쇄 인쇄
       2009. 10. 19. 초판 1쇄 발행

펴낸곳 주식회사 홍성사
1977. 8. 1. 등록 / 제 1-499호
121-883 서울시 마포구 합정동 196-1
TEL. 02) 333-5161 FAX. 02) 333-5165
http://www.hsbooks.com E-mail: hsbooks@hsbooks.com

ⓒ 박홍규, 2009

ISBN 978-89-365-0806-7
값 14,000원 ※잘못된 책은 바꿔 드립니다.

인디언
아나키
민주주의

인디언에게 배우는 자유, 자치, 자연의 정치

박홍규 지음

홍
성
사.

차례

머리말

　이 책은 1492년 콜럼버스가 아메리카에 오기 몇백 년 전부터 인디언이 아나키 민주주의를 했고, 그것이 1791년 미국 헌법을 비롯한 미국 민주주의에 반영되었음은 물론 16세기부터 지금까지 근현대 민주주의, 특히 그 사상과 사회운동과 예술의 기초가 되어 왔으나, 동시에 인디언 아나키 민주주의 자체는 근현대 서양에 의해 철저히 파괴됐다는 모순된 역사적 진실을 밝히기 위한 것이다.

　따라서 근대가 소위 '지리상의 발견', '르네상스', '종교개혁'에 의해 시작된 것만이 아니라 '인디언 아나키 민주주의의 발견'에 의해서도 시작됐다고 나는 주장한다. 물론 인디언 아나키 민주주의의 '발견'이라 함은 지리상의 '발견'과도 같이 서양인의 입장에서 보는 것이므로 반드시 옳은 말은 아니다. 왜냐하면 인디언 사회에서는 아나키 민주주의가 이미 훨씬 전부터 존재했기 때문이다. 즉 서양인의 '발견'에 의해 비로소 시작된 것이 아니라 그 전부터 있었다. 그것은 인류 역사 최초의 민주주의였다. 그 민주주의에 의해 근대는 시작됐다.

그러나 '지리상의 발견'과 마찬가지로 '인디언 아나키 민주주의'도 '발견' 직후부터 서서히 파괴되기 시작해 인디언의 파멸과 함께 없어졌다. 그럼에도 그것은 16세기부터 20세기까지 인류의 가장 위대한 사상과 예술과 사회운동의 한 축을 형성했고, 21세기에 와서는 인류의 새로운 사회이념으로 주장될 필요가 있는 것이다. 비록 그것은 언제나 주류가 아닌 비주류였으나, 동시에 주류를 견제하고 주류의 타락을 막는 소금의 역할을 해 왔다. 이제 21세기에 우리는 이를 주류로 만들어야 한다. 인류사 최초로 말이다.

이 책에서 말하는 인디언 아나키 민주주의란 오늘날 우리의 간접민주주의나 직접민주주의와 달리 국가와 지배자, 시장과 착취, 계급과 차별에 대항하는 인디언의 민주주의를 말한다. 이는 모든 인간의 자유와 평등, 특히 남녀평등의 민주주의인 모권제 민주주의를 포함하고, 이를 전승에 의해 오랫동안 유지한 종교와 예술 등 문화의 역할까지 포함하는 대단히 포괄적이고 전반적인 것이다.

따라서 서양인의 입장에서 본다면 근대는 종래의 셋이 아니라 넷, 그 셋과 완전히 이질적인 인디언 아나키 민주주의로도 시작됐다고 할 수 있다. 특히 그 셋은 정치·경제·사회의 중요성을 무시한 점에서 문제였으니 정치, 그것도 아나키 민주주의를 실현했던 인디언을 '발견'하여 인간의 자유와 사회의 자치 그리고 자연과의 조화를 발견한 것은 근대의 가장 중요한 역사적 사건이라고 보아야 한다.

그 가장 명백한 증거가 1776년의 미국 독립과 1791년의 미국 헌법, 그리고 그 사이 1789년의 프랑스 혁명과 그 후 현대까지 이어지는 민주주의와 사회주의, 아나키즘과 페미니즘, 에콜로지 사상과 예술 및 사회운동이다. 그 효시는 1516년에 나온 모어의 《유토피아》였다. 인디언 아나키 민주주의는 모든 유토피아의 고향이자 원점이었다. 그러나 그것은 동시에 인디언 아나키 민주주의를 파괴하는 원점이기도 했다. 근대사는 그런 점에서 근본적으로 모순된 것이다.

그러나 나는 이제 21세기 인류의 새로운 민주주의가 인디언이 추구했던 아나키 민주주의라고 믿는다. 즉 국가와 시장과 계급에 대항하는 민주주의다. 국가와 시장과 계급을 가능한 한 작게 하는 새로운 아나키 민주주의다. 우리는 흔히 시장의 문제를 해결하기 위해 강하고 큰 국가가 필요하다고 생각한다. 그러나 시장을 작게 하면 국가도 클 필요가 없다. 시장을 작게 하려면 시장을 향한 인간의 본능을 작게 할 수밖에 없다. 즉 물욕을 줄여야 한다. 그것이 모든 위대한 종교와 사상의 가르침이다. 우리는 그 가르침으로 돌아가야 한다. 내가 이 책에서 인디언 아나키 민주주의를 소개하는 이유는 바로 그런 21세기 민주주의의 새로운 원점으로 이것을 볼 필요가 있다고 생각하기 때문이다.

지금까지 국내외에 인디언에 대한 소개가 전혀 없었던 것은 아니나, 대부분이 그들의 야만성을 강조하거나, 슬픈 역사를 개탄하거나 아니면 그들의 신비로운 삶이나 자연신앙을 찬양하는 이야기였기 때문에 이 책과는 근본적으로 다르다. 그런 책들은 오리엔탈리즘, 즉 서양이 지배한 비서양 사회를 야만과 비애와 신비로 바라보는 제국주의적 사고방식의 전형이다. 한편 서양에 대한 소개도 수없이 많지만 그 서양이 인디언에게 아나키 민주주의를 비롯한 아나키적 삶을 배웠다고 설명하는 책은 없다. 아니, 무엇 하나 배우기는커녕 그들을 미개 야만족이라고 매도할 뿐이다. 마찬가지로 미국 독립이나 헌법 그리고 프랑스 혁명에 대한 국내외의 책에도 그 기본이 인디언 아나키 민주주의라는 설명은 없고 오로지 서양 전통에 입각한다고 한다.

이 책은 모어의 《유토피아》(1516)와 마키아벨리의 《군주론》(1532)의 대립 이래 현대까지 자유와 권위, 자치와 통치, 자연과 착취라는 대립의 한 축이 되어온 자유-자치-자연 사상의 흐름이 인디언 아나키에서 비롯했다고 밝힌다. 그러나 이를 부정하는 마키아벨리와 홉스는 물론 로크나 루소, 칸트와 헤겔까지도 인디언을 비롯한 비서양을 야만으로 보았고, 그런 경향은 지금까지도 범세계적으로 일반적이다. 심지어 비서양마저 자신을 미개나 야만으로 보는 경향이 있다. 한국도 예외가 아니다. 비서양인 한국도 자신을 포함한 비서양을 미개나 야만으로 본다. 물론 동전의 양면처럼 그런 의식에 대응하는 우월의식도 있지만 그것은 왜곡된 열등감이지 정당한 자존심이 아니다.

인디언은 야만이나 미개는 물론 비애와 신비의 민족도 아니다. 오로지 현실의 삶을 국가나 권력 없이 자립과 자족에 근거한 자유-자치-자연에 따라 치열하게 영위한 민족들이라고 나는 주장한다. 인디언만큼 개인의 자유와 사회의 자치를 철저히 추구하기 위해 국가와 자본에 대항한 사람들은 없었다. 서양 근대의 출발이라는 르네상스와 종교개혁은 개인의 자유를 어느 정도 요구한 것이기는 했어도 인디언만큼 국가와 자본에 철저히 대항하지 못했다. 르네상스, 종교개혁과 함께 서양 근대의 출발점이라는 지리상의 발견은 사실 지리상의 착취와 파괴, 즉 인간과 사회와 자연의 파괴를 초래했지만, 인디언은 그 자연을 주체적으로 재창조하여 그 속에서 자유와 자치를 향유했다. 흔히들 인디언이 자연을 그대로 보존하고 자연에 순응하며 수동적이고 소극적으로 살았다고들 하나 이는 거짓이다. 그들은 국가와 자본에 대항한 것과 마찬가지로 자연의 횡포에도 저항했다. 자연은 그대로 보존하는 것만으로 충분하지 않다. 자유도, 자치도, 자연도 인간의 주체적 의지로 가능하다.

인디언은 그들의 삶이나 사회만이 아니라 역사까지도 일방의 권력에 의한 지배가 아니라, 모든 사람들이 서로 대화하고 교류하여 형성해야 하는 것으로 보았다. 이 책에서 자주 인용하는 프랑스 정치인류학자 피에르 클라스트르가 《구아야키 인디언 연대기Chronique des Indiens Guayaki》(1972)에서 말했듯이 "그들은 함께 모여 노래하지만 각자 자신의 노래를 부른다. 그들은 밤의 주인으로 각자 자신의 주인이다." 그들은 철저히 각자 독립하는 자유로운 개인주의자이면서도 바로 그렇기에 필요한 경우 철저히 자치적, 자발적으로 화합하는 공동체주의자다. 즉 자유와 자치는 공존한다. 개인주의와 공동체주의의 대립은 없다. 이

11

를 대립으로 보는 것 자체가 문제다.

인디언은 자립된 생활은 물론 자립심조차 없고, 개인으로서의 존엄성이나 가치도 없이 오로지 대중이나 획일적 유행 또는 독재자나 스타에게 매몰되어 있는 현대인과는 너무도 다르다. 또한 그들은 자립을 위한 자유와 자치를 세도화하고, 자연과 조화된 자족의 삶을 추구하는 점에서, 자유로부터 도피하고 자치를 포기하며 자연을 파괴하는 무한 욕망에 사는 현대인과도 다르다.

인디언들은 가족과 씨족이라는 집단과 집단, 민족과 민족의 관계에서도 마찬가지다. 그들은 서양인이 자기들 땅에 왔을 때 조금도 주저 없이 그들을 환대했다. 오랫동안 그렇게 살아왔기 때문이다. 심지어 서양에 의해 침탈당하면서도 서양을 돕고 서양에게 자신들의 아나키 민주주의를 가르쳤다. 그들은 훌륭한 교사 역할을 했지만 그 제자인 서양은 그들을 무자비하게 침탈했다. 그러나 그 침탈이 아무리 무자비했다 해도 그것만을 강조해서는 안 된다. 인디언이 서양의 교사였다는 점도 충분히 인정돼야 한다. 서양이 인디언으로부터 배웠다는 것도 인정해야 한다. 특히 그 아나키 민주주의를 배웠음을 우리는 알아야 한다. 그래야 인디언이 침탈되고 파괴당한 역사가 바르게 인식될 수 있다.

나는 내가 공부하고 느끼고 살펴본 인디언 아나키 민주주의에서 우리가 민주주의에 대해 생각하고 배울 점이 여전히 많다고 생각해 이 책을 썼다. 그것은 자유로운 개인의 자립을 중심으로 자족하며 자치하는 사회를 그 환경인 자연과 조화롭게 만드는 아나키 민주주의다. 특히 남

녀 사이를 비롯하여 모든 인간의 차별을 없애는 민주주의다. 지금 우리
가 지배자 없는, 어떤 차별도 없는 아나키 민주주의를 꿈꿀 수 없다고
생각하는 사람들이 많을지는 모르지만 나는 그것이 우리가 추구하는
민주주의의 원형이라는 점에서 이를 살펴볼 가치가 충분히 있다고 생
각한다. 동시에 인디언의 피침탈사는 우리의 피침탈사와 유사하다는
점에서도 배울 점이 많다. 인디언들은 아나키 민주주의로 살았지만, 반
면 그들은 철저히 반아나키한 서양에 침탈당해 지금 가장 반아나키한
현실에 놓여 있다. 그럼에도 그들의 아나키 민주주의는 근대 민주주의
는 물론 아나키즘과 사회주의와 페미니즘에 살아 있다.

이 책을 쓰는 데 여러분의 도움을 받았다. 먼저 지강유철 전도사는
2007년 나를 홍성사에 소개하여 이 책을 쓰도록 해 주었다. 그리고 안
맹호 목사는 2008년 나에게 20년 만에 미국 남부 인디언 마을을 두루
두루 돌아보게 안내해 주었다. 예전에 인문사회과학 서적을 출간하다
오랫동안 기독교 관련 서적을 낸 홍성사가 다시 인문사회과학 서적 출
판의 계기로 나에게 이 책의 집필을 의뢰하고 출간해 준 점에 대해서도
감사한다.

박홍규

1. 왜 '인디언 아나키 민주주의' 인가?

너는 인디언이다!

누구나 평생 잊지 못할 추억이 있기 마련이다. 내 경우 얼마 전 미국에서 만난 어느 인디언이 나를 처음 보자마자 "너는 인디언이다!"라고 소리친 것도 그 하나다. 그동안 여러 나라를 다녔지만 외국인이 나를 자신과 같은 민족이라고 부른 것은 생전 처음이었다. 그 뒤부터 나는 나를 인디언이라고 생각했다. 이른바 이중민족이 된 셈이다. "나는 인디언이다." 이 책을 쓰면서도 나는 언제나 그 말을 가슴에 담았다. 나는 인디언으로 이 책을 썼다. 이 책을 읽는 여러분도 가능하면 같은 기분이길 바란다.

내가 인디언이 됐다는 것은 무슨 의미인가? 단순히 얼굴이나 몸이 닮아서인가? 우리와 같이 인디언도 광대뼈가 튀어나오고 눈동자와 머리칼이 검어서인가? 또는 어떤 학자들이 주장하듯이 우리말이 인디언

말과 유사해서인가? 또는 인디언에게도 몽고반점이 있다거나 그들이 우리처럼 불고기를 해 먹는다거나 개를 잡아먹는다는 이유에서인가? 또는 모계사회의 전통, 특히 키질이나 아이를 업어 키우는 모습이 비슷해서인가?

아니다! 나는 그런 이유에서라면 추호도 인디언이 될 생각이 없다. 나는 오로지 인디언이 아나키 민주주의를 하기 때문에 인디언이 됐다. 아나키 민주주의라는 것이 나의 신념이기 때문에 기꺼이 인디언이 됐다. 그렇기에 "나는 인디언이다"라는 말을 아무 주저 없이 그대로 수긍하고 수용한다. 그러나 인디언을 그렇게 말하는 사람도, 책도 없다. 그래서 나는 이 책을 쓴다.

나는 가령 개를 잡아먹는다는 이유에서라면 정말 인디언이고 싶지 않다. 이는 그런 이유에서라면 한국인이고 싶지 않은 것과 같다. 그보다 더욱 잔인하게 전장에서 적의 머리 가죽을 벗기는 인디언도 나는 싫다. 그러나 그것이 전쟁 승리의 유일한 상징적 포획물이었음을 나는 이해한다. 인디언 외의 다른 민족, 특히 유럽 민족의 전쟁은 그보다 더욱 잔인하게 행해졌다. 인디언은 극소수 머리 가죽만을 벗겼지만, 유럽인은 전 세계의 땅을 뺏고 그곳에 사는 사람들을 몰살하거나 노예로 삼고 그들의 재산을 착취했다.

설령 인디언에게 머리 가죽 벗기기 등 몇 가지 결점을 인정해야 한다고 해도 나는 아나키 민주주의가 그 결점을 덮어줄 정도로 중요하고 가치 있다고 생각한다. 반면 내가 한국인이라는 것은 우연히 그렇게 태어

났다는 이유 외에 나에게 인디언 아나키 민주주의만큼 필연적인 소속
감을 주지 못한다.

이 책은 그런 인디언의 전모를 다루는 책이 아니라 인디언의 아나키
민주주의에 집중한다. 아나키란 흔히 '무정부'라고 번역된다. 그러나
나는 이를 권위나 권력이나 국가가 없다는 의미에서 무권위, 무권력,
무국가라고 번역한다. 이는 가족이나 마을이나 사회가 없다는 의미에
서 무가족, 무마을, 무사회라고 하는 것과는 전혀 다르다. 가족이나 마
을이나 사회는 인간이 사는 어떤 곳에도 존재한다. 누가 가족이고 마을
사람들인지 우리는 안다. 그들로 이루어지는 사회도 우리는 안다. 만일
그곳 모든 사람들이 자유롭고 평등하다면, 그래서 어떤 권위나 권력도
없다면, 그게 아나키 민주주의다. 그 권위나 권력의 집약인 국가나 정
부가 없다면 그게 아나키 민주주의다.

그러나 인디언 아나키 민주주의는 질서나 법이나 조화나 단결이 없
다는 의미에서 무질서, 무법, 무조화, 무단결이 결코 아니다. 또 인디언
사회는 언어나 기술이나 예술도 없었던 사회도 아니고 생산이나 거래,
역사나 문화가 없었던 사회도 아니다. 그들이 신을 믿지 않았거나 신이
나 조상에 대한 제사를 지내지 않은 것도 아니다. 인디언 아나키 민주
주의는 가족, 마을, 사회를 기본 토대로 삼아 형성되고 그 각각의 자립
과 자유, 자족과 자치를 위한 질서, 법, 조화, 단결을 중시한다. 그리고
무엇보다 자연을 존중한다. 그러나 그 자연도 그대로 존재하는 자연이
아니라 생태적으로 조화롭게 창조된 자연이다. 인디언은 자연을 그대

로 두지 않고 생태적으로 변화시켰다.

그 사회에는 변화의 주축이 되는 권위나 권력이나 국가는 없다. 기술이나 예술, 거래나 문화도 있고, 신도 믿고 제사도 지내지만 그것은 어떤 절대적인 권위나 권력이나 국가와 결탁된 것은 아니다. 그들은 순수한 자연의 신을 믿고 자연에 감사하거나 자연을 두려워하여 제사도 지내지만 그것이 어떤 절대적인 권위나 권력이나 국가에 결부된 것으로 생각하지 않는다. 요컨대 권위나 권력이나 국가가 없는 사회다. 더 정확하게 말하면 권위나 권력이나 국가에 저항하는 사회다. 즉 이른바 원시사회이기 때문에 자연스럽고 당연하게 권위나 권력이나 국가가 없는 사회라는 것이 아니라, 권위나 권력이나 국가가 없도록 그것들에 철저히 대항하는 사회다.

그런데 우리는 국가 없는 사회라는 것을 알지 못한다. 우리가 태어나면서부터, 아니 지난 수천 년 동안 우리는 국가사회에 살아왔기 때문에 국가라는 것은 지극히 당연하고 자연스러운 것으로 생각한다. 그래서 국가 없는 사회를 모르거나, 그런 것이 있다 해도 그것은 제대로 된 사회가 아닌 '초기사회', '원시사회', '야만사회', '미개사회', '부족사회' 정도로 생각한다. 그리고 그런 국가 없는 사회는 무질서하고 무지하며 무능하고 게으르며 빈곤하여 그곳에서는 사람이 사람답게 살 수 없다고 생각한다. 나아가 그런 국가 없는 사회는 후진국이나 저개발국가보다도 못한 원시사회로서, 반드시 국가 있는 사회로 변화하거나 발전해야 하는 초기 단계의 것이라고 생각한다. 그리고 국가에 저항하거나 국가를 부정해서는 안 된다고 생각한다. 어떤 구체적 정부를 비판할 수는 있어도 국가 자체는 부정할 수 없다고 생각한다.

그 전형이 국가보안법이다. 나는 지난 수십 년간 그 법에 반대해 왔는데, 그 이유는 다른 사람의 반대 이유와 다르다. 사람들은 흔히 그 법이 반정부 행위가 아닌 반국가 행위를 처벌하는 법이기에 정당하다고 한다. 즉 그 법은 정부에 대한 비판을 처벌하는 것이 아니라 국가 전복 등을 처벌하는 법이기에 정당하다고 한다. 국가보안법을 비판하는 사람들도 국가 전복 등을 처벌하는 점에는 이의를 제기하지 않고, 정당한 정부 비판을 국가 비판으로 혼동함으로써 그 법이 악용될 소지가 있는 점을 비판한다. 그런 입장에서 보면 내가 국가에 저항하는 아나키 민주주의를 주장함은 국가보안법에 위반되는 것이라고 할지도 모른다.

국가주의와 반국가주의

우리가 이처럼 국가를 숭배함은 뿌리 깊은 국가주의 탓이다. 그것은 우리가 교과서에서 배운, '인간은 정치적 동물'이라는 아리스토텔레스(Aristoteles, 기원전 384~322)의 말에서 비롯한다. 더 정확하게 말하면 인간은 국가적 동물, 즉 그리스에서 국가를 뜻하는 폴리스적 동물이라는 것이다. 이는 인간들이 소수 지배자와 다수 피지배자, 즉 명령을 하는 유식하고 유력한 소수와 그 명령을 받고 따르는 무식하고 무력한 다수로 나뉘어 사는 것을 뜻한다. 공자(기원전 552~479)나 맹자(기원전

21

372?~289?)도 꼭 그렇게 말하지는 않았지만 마찬가지 뜻으로 말했다.
이런 생각은 동서양 국가에서는 어디에서나 2, 3천 년 전부터 비롯되
어 지금까지 이어져 왔다. 고대 사상에서 유일한 예외는 서양의 디오게
네스(기원전 400?~323)와 예수(기원전4?~기원후 30), 동양의 노자, 장자나
부처(기원전 563?~483?) 정도다.

국가주의의 극단은 아마도 홉스(Thomas Hobbes, 1588~1679)처럼 인
간은 권력적 존재라고 하는 견해이리라. 그는 줄기차고 무모하게 권력
을 추구하는 욕망, 죽어서야 비로소 끝나는 권력욕이 인간의 본능이라
고 주장했다. 따라서 국가 전후의 삶은 고독하고 궁핍하며 추잡하고 야
만적이며 비명횡사하는 '만인에 대한 만인의 투쟁'이고 그 때문에 국
가라는 괴물인 리바이어던(Leviathan)이 필요하다고 했다.

요컨대 인간 사회란 왕(지금은 대통령 등)과 그 부하들의 보호를 받아
야만 존재할 수 있고, 따라서 그렇지 않은 사회란 생각조차 할 수 없으
며, 만일 그런 곳이 있다면 그것은 인간사회가 아닌 곳, 즉 정치를 하지
않고 국가가 없는, 원시인들의 미개사회나 야만사회라고 생각됐다. 그
리고 그런 '원시사회'는 반드시 문명사회로 발전한다고 배웠다.

그러나 인디언 사회를 비롯하여 많은 '원시사회'에는 '만인에 대한
만인의 투쟁'이 없었고 그 때문에 국가라는 리바이어던이 필요하지도
않았다. 적어도 3만 년 이상 인류는 어떤 형태의 지배자도 없이 살았
다. 상호부조의 유대로 평등한 사람들을 결속시킨 그 사회에는 지배자
가 될 수 있는 잘난 사람이 구조적으로 있을 수 없었다. 우리나라에서

도 저명한 미국 인류학자 마빈 해리스(Marvin Harris, 1927~)가 들고 있는 어느 원시사회 사람의 이야기를 들어보자.

어떤 젊은이가 고기를 많이 잡아 오면 그는 자기가 추장처럼 대단한 사람인 줄로 생각해요. 그리고 나머지 사람들을 자기보다 못한 걸로 알아요. 우리는 그것을 받아들일 수 없는 겁니다. 우리는 잘난 체하는 놈은 못 봐줍니다. 그 오만이 언젠가 다른 사람을 죽일 것이기 때문이지요. 그래서 우리는 그가 잡아온 고기에 대해 항상 무시합니다. 그런 식으로 우리는 그의 가슴을 식히고 그를 예절 바르게 만들지요.[1]

우리 역시 그런 잘난 체하는 사람을 봐 줄 수 없다. 그러면서도 그런 자가 지배하는 세상을 어쩔 수 없다고 수긍한다. 인디언 사회에서는 종교나 도덕이나 법이 그런 지배를 못하게 막지만 우리의 종교나 도덕이나 법은 도리어 그런 지배를 긍정하고 조장한다. 이 점이 우리와 인디언 사회의 근본적인 차이다.

다른 차이점도 많다. 가령 원시사회에서는 모든 수확물이 그 수확에 참가하지 않은 사람들이나 방문객까지 포함한 모든 사람에게 동등하게 분배되고, 누구나 그 사회에 자유롭게 드나들 수 있다. 이런 사회에서 어떤 사람이 자기 소유를 주장하고, 특히 어떤 땅을 자기가 소유한다고 하면서 자신의 허락 없이는 드나들 수 없다고 한다면 사람들은 모두 그를 미쳤다고 생각하고 멀리 다른 곳으로 이동하여 그들 본능대로

23

살 것이다. 반면 소유를 주장한 자는 혼자 남아서 부질없는 지배권을 휘두를 뿐이다. 그러나 우리는 다르다. 우리는 소유를 주장하는 자에게 지배된다. 그 자를 우리는 우두머리라고 한다. 그리고 그 우두머리를 신비화하고 숭상한다. 그 우두머리는 신일 수 있고, 신과 유사한 절대 사인 황제나 왕이나 대통령일 수 있다.

그러나 원시사회에는 그런 절대적인 우두머리가 있을 수 없다. 모두가 우두머리고 누구나 우두머리가 될 수 있기 때문이다. 사실 우두머리가 된다는 것은 짜증나고 귀찮은 일이다. 우두머리가 되면 무슨 일이든 남보다 제일 먼저 시작해야 하고, 누구보다도 열심히 일하고 모든 사람들에게 인정을 베풀어야 한다. 고기잡이나 사냥에서 돌아오면 다른 누구보다도 먼저 자기가 잡은 것을 남들에게 나눠 주고, 다른 집단과 거래를 할 때도 가장 좋은 것을 제 것으로 챙겨서는 안 되고 남에게 주어야 한다. 이기적인 인간은 절대로 우두머리가 될 수 없다. 철저히 이타적인 인간만이 우두머리가 될 수 있다.

하루 생활에서도 마찬가지다. 우두머리는 아침에 가장 먼저 일어나서 마을 광장 한가운데 서서 소리를 질러 사람들을 깨워야 하고, 저녁이 되면 광장에서 사람들에게 착하게 살라고 권면하며, 사람들이 밤에 야외에서 음식을 해 먹고 즐겨 놀 때 그들을 방해하는 자가 없도록 열심히 주위를 정찰해야 한다. 특히 그는 강요가 아니라 회유를 통해 평화를 도모하고, 여론의 주도자가 아니라 여론의 대변인이어야 한다. 이처럼 원시사회는 철저히 반국가주의적인 사회다. 반면 우리는 철저히 국가주의적인 사회에 살고 있다.

이런 원시사회가 왜 반드시 없어지고 그렇지 못한 문명사회로 '발전'해야 하는가? 왜 이타적인 우두머리가 아닌 이기적인 우두머리가 지배하는 사회로 바뀌어야 하는가? 그럴 필요가 없다면 바뀌지 않을 것이 아닌가? 그 원시사회는 문명사회로의 변화나 발전을 겪지 않고 지금까지도 '원시사회' 그대로 존속되어 있기도 하다(물론 인디언처럼 거의 멸망한 경우도 있으나 역시 그 자체가 문명 국가사회로 변한 것은 아니었다). 그것을 어떻게 평가하든 자유지만 그 실체는 정확하게 알 필요가 있다. 이 책은 인디언 사회의 실체를 살펴보려는 책으로, 모든 '원시사회'를 설명하는 것은 아니다.

하지만 설령 그 사회가 우리 사회와 많이 다르다 해도, 그곳에는 권위나 권력이나 국가가 없이 자립하고 자족하는 자유로운 개인으로 이루어진 사회의 자치가 자연과 조화롭게 이루어지는 점을 제외하면 인간이 사는 사회로서 우리 사회와도 그다지 다르지 않다는 것, 그리고 그것도 인간이 사는 사회임을 이해할 필요가 있다. 내가 인디언이라는 것은 내가 국가권력 없이 자유-자치-자연의 삶을 추구하는 사람이라는 뜻이다.

인디언과 한국인

인디언이 나를 인디언이라고 말했을 때 그것은 조금도 잘못된 것도,

25

틀린 것도 아니라고 생각돼 그다지 놀라지는 않았다. 그 20년 더 전에 미국에서 인디언을 처음 보았을 때도 꼭 우리나라 사람 같았기 때문이다. 처음에는 잘못 보았을지도 모른다고 생각했는데, 그들 조상 중 아시아, 특히 한반도에서 건너간 사람들도 있다는 이야기(사실인지 아닌지는 누구도 모른다)[2]를 읽고 충분히 그럴 수 있겠다고 생각했다. 2007년 3월말, 어떤 한국인이 미국에서 인디언을 사칭해 시민권을 얻으려다가 구속됐다는 기사를 일본 신문에서 읽었는데, 정말 부끄러운 일이지만 충분히 있을 수 있는 일이라는 생각이 들었다.

어렸을 때 영화나 TV로 본 인디언은 모두 서양인이었지 한국인은 커녕 동양인이라고 생각한 적도 없었다. 백인과 인디언은 같은 서양인끼리의 전투였다. 특히 좋아했던 《말이라 불린 사나이》, 《솔저 블루》, 《작은 거인》(모두 1970)[3] 등의 인디언 역 배우들은 대부분 서양인이었다. 그들이 보여준 인디언은 그 전의 악당 인디언 이미지를 바꾸어 준 새로운 인디언이기는 했으나 백인이기는 마찬가지였다.

악독한 인디언을 죽이는 백인 보안관이나 기병대 장교가 주인공인 서부영화를 보다가 그 인디언에 대해 전혀 반대되는 새로운 생각을 갖게 한 최초의 감동은, 백인에 의한 인디언 살해의 진면목을 보게 한 책인 디 브라운(Doris Alexander "Dee" Brown, 1909~2002)의 《나를 운디드니에 묻어주오Bury My Heart at Wounded Knee》(원서는 1970)를 읽고서였다. 정말 충격적이었다. 같은 무렵 운디드니 학살에 이르기까지의 전투 기록인 《빼앗긴 대지의 꿈Black Elk Speaks》(원서는 1932)[4]도 읽었다.

그런 책들로 우리나라에 처음으로 전해진 운디드니 학살은 1890년 12월 29일, 미군이 운디드니 언덕에서 인디언을 대량 학살한 사건이다. 그 무렵이면 한국도 매우 춥지만 미국 중부 대평원은 정말 춥다. 당시 기관총 등으로 무장하고 있던 미군 5백여 명은 수우(Sioux) 민족을 무장해제하던 중 한 명의 수우 용사가 칼을 놓지 않는다는 이유만으로 총격을 가해 여성과 어린이를 포함해 3백 명 이상의 수우 민족을 죽였다. 3세기 동안 이어진 미군과 인디언이 벌인 전투의 마지막인 그 학살에 한없이 분노했지만 그래도 그때는 인디언이 우리와 같은 한민족일 수 있다고 생각하진 않았다.[5]

아마도 대평원에서 말을 달리는 인디언을 좁은 논밭의 우리와는 도저히 결부시킬 수 없었기 때문인지도 모른다. 미국의 대평원이란 동쪽의 미시시피 강, 서쪽의 록키 산맥, 남쪽은 텍사스, 북쪽은 캐나다 초원지대에 이르는 광대한 지역으로, 거의 290만 평방킬로미터이며 한반도의 열 몇 배에 이른다. 이 대평원에 사는 야생소가 버팔로인데, 집에서 키우는 소보다 훨씬 크다. 이 버팔로와 함께 대평원에 사는 인디언을 대평원 인디언이라고 한다. 그들은 동부에 사는 일부를 제외하고는 농사를 짓지 않고 버팔로를 사냥하며, 서부로 진출하는 백인에게 격렬하게 저항하여 서부극에 악당 인디언으로 등장한다.

그 중에서 대표적인 민족이 수우 민족이다. 그들은 17세기까지 미네소타에서 농경, 수렵, 채집, 모피 거래에 종사했다가 이후 버팔로 사냥에 매료되어 18세기 후반 미주리 강을 건너 현재의 사우스다코타로 이동했다. 그 후 백인 사냥꾼이 가세하여 버팔로는 거의 절멸했다. 수우 민족은 1876년 카스터 장군이 이끄는 군대와 리틀 빅 혼에서 싸웠다. 1889년 연방정부와 조약을 맺고 파인 리지 거류지 등으로 이동했다. 그리고 1890년 운디드니 학살이 자행되었다.

아메리카 인디언 중에 내가 이름을 가장 먼저 외운 민족인 수우 민족은 미국 중부의 다코타에 살았다. 그들은 미연방과 조약을 체결하여 사우스다코타 주의 대부분 땅이 자기 땅임을 확인받았는데도 그곳은 지금 미국이 점령하고 있다. 이렇듯 미국이란 나라는 불법국가다. 촘스키(Noam Chomsky, 1928~)가 말하는 '불량국가'도 아닌 '불법국가'다. 다코타란 인디언 말로 '친구'라는 뜻인데, 백인들은 그 친구를 배신한 '원수'가 됐다. 당시 수우 민족의 민족장(이는 종래 흔히 추장이나 족장이라고 불렸으나, 이런 말은 차별적이기에 앞으로 이 책에서는 민족장이라 부르겠다)은 다음과 같이 말했다.

> 백인들은 끊임없이 자신들의 풍습을 강요하기 위하여 우리 인디언들의 고유한 생활방식을 포기하게 하려 했다. 만일 우리가 그들이 했던 것처럼 그들에게 우리 인디언의 삶을 강요했다면, 그들도 저항했을 것이다. 인디언들의 경우도 마찬가지다.[6]

그 사우스다코타 서남쪽 구석 대평원 파인 리지 거류지에 운디드니가 있다. 역사적으로 단 한 번의 예외도 없이 미국에서 가장 빈곤한 지역이라고 기록된 그곳의 파인 리지 거류지란 이름은 마을 뒤쪽 언덕에 소나무들이 많기 때문에 붙은 아름다운 이름이다. 인디언이 부와 마찬가지로 빈곤을 그다지 중요하게 여기지 않는 전통이 있는 것은 사실이지만, 본래 그들이 가난했던 것은 아닌데 지금은 미국에서 가장 가난한 곳이다.

운디드니(Wounded Knee)란 '부상당한 무릎'임을 누구나 알고, 인디언이 인명이나 지명을 그런 식으로 짓는다는 것도 그들에 대해 조금이라도 관심 있는 사람이라면 알 것이다. 가령 영화 제목 〈늑대와 춤을〉도 늑대와 가까이 사는 주인공에게 인디언이 붙여준 이름이다. 나는 30년이 다 된 지금도 《빼앗긴 대지의 꿈》의 다음과 같은 마지막 쪽을 기억한다.

> 아직도 그 꾸불꾸불한 협곡을 따라 온통 무더기로 쌓여 있고 널려 있던 그 살육당한 여인네들과 어린이들의 시체가 나의 젊을 때 눈에 비치던 그것처럼 선명하게 보인다. 그리고 나는 그때 피범벅된 진흙창 속에서 죽어 눈보라에 파묻혀 버린 또 다른 무엇도 볼 수 있다. 한 겨레의 꿈도 그곳에서 죽었던 것이다. 그것은 아름다운 꿈이었다.[7]

그 학살극은 이미 1세기도 더 지났으니 과거의 일이라 할 수 있을지도 모른다. 그러나 1973년에 다시 그곳 어느 술집에서 인디언이 구타당해 살해된 뒤 인디언들이 71일간 점거하는 사건이 터져 1세기 전의

사건이 과거의 것으로 잊히지 못하게 되었다. 수우 인디언은 그 1백여
년 전인 1868년 다코다 민족이 미국 정부와 맺은 조약에 명시된 20개
항목의 준수를 주장했으나 묵살당했고 도리어 폭력만이 난무했다. 당
시의 목격자는 다음과 같이 말한다.

> 총소리, 경찰, 군인, FBI 요원, 군견 등 모든 것이 공포스러웠다. 심지
> 어는 대치 상황이 계속되는 동안 장갑차까지 동원되었다! 내가 본 것
> 은 그뿐만이 아니었다. 그곳에서는 우리 부족 사이에 형제애가 흐르
> 고 있었고, 주술사 의식이 있었다. 마음을 안정시키는 거처, 그것은
> 우리를 정화시키고 굳게 버틸 수 있게 해 주었다.[8]

물론 1973년 당시 우리에게는 그 사건이 충분히 알려지지 않았다.
사실 이 사건은 미국에서도 그리 널리 알려지지 않았다. 모든 것이 돈
으로 결정되는 미국에서는 사건도 돈이 있어야 알려진다. 가령 유명한
'로드니 킹 사건'은 그 사건 현장을 비디오에 담아 엄청난 돈으로 보도
기관에 팔았기 때문에 유명해졌다. 미국에서는 가장 공정해야 할 재판
에도 돈이 든다. 그야말로 '유전무죄 무전유죄'다. 흑인 축구스타 심슨
이 백인 미녀 부인을 죽인 '심슨 사건'이 이를 상징한다.[9] 당시 심슨의
변호사는 시간당 6백 달러를 받았다. 보통은 150달러에서 3백 달러인
데 말이다. 이는 우리나라의 전관예우 관행에 비하면 약과인지도 모르
지만 파인 리지 사건의 인디언도 돈이 없어 사회적으로 묵살됐다.

운디드니 학살극의 희생자인 다코타 민족의 성지 산인 블랙 힐스의 일부인 러시모어(Rushmore) 산에는 미국 대통령 네 명(초대 대통령 워싱턴[George Washington, 1732~1799], 3대 대통령 제퍼슨[Thomas Jefferson, 1743~1826], 16대 대통령 링컨[Abraham Lincoln, 1809~1865], 26대 대통령 시어도어 루즈벨트[Theodore Roosvelt, 1858~1919])의 얼굴이 새겨져 있다. 얼굴의 총 길이가 18미터이고 코 길이가 6미터에 이르는 대작으로, 흔히 세계적으로 불가사의한 '실현 불가능한 꿈의 실현'이라고들 한다. 네 명의 대통령 가운데 시어도어 루즈벨트는 인디언 학살사건에 대해 "다른 사건들과 마찬가지로 정당하고 미국 국민에게 이익을 주는 행위"라 했고, 다른 언급에서 "나는 죽은 인디언만이 좋은 인디언이라고까지 생각하지 않지만 그것과 거의 비슷한 의견을 늘 갖고 있다"고 했다.[10]

네 명의 대통령 얼굴이 있는 그곳은 지금 미국인의 성지라고 하는 유명한 관광지다. 인디언의 성지가 미국인의 성지로 바뀐 것이다. 다코타 인디언을 동정한 영화 〈늑대와 춤을〉을 만든 주연배우 케빈 코스트너도 이 산에서 리조트를 경영하고 있다. 그 영화 때문에 코스트너를 좋아했다가 리조트 이야기를 듣고 다시 충격을 받아 그를 미워한 유치찬란한 추억이 있다.

1885년 그 산을 구입한 백인 변호사의 이름으로 불리는 러시모어 산의 네 대통령 얼굴을 조각한 존 거츤 보글럼(John Gutzon Borglum, 1867~1941)은 인종차별을 일삼는 KKK단원이자 로댕 숭배자였다. 원래는 남부군 영웅을 조각하려 했다가 네 대통령 조각으로 바꾸었다. 그 뒤 제32대 대통령 프랭클린 루스벨트(Franklin Roosevelt, 1882~1945)와 제35대 대통령 존 F. 케네디(John Fitzgerald Kennedy, 1917~1963)의 얼굴도 함께 새기려 했으나 새기지 못했다.

네 대통령의 기념조각에서 27킬로미터 떨어진 곳에 1948년 수우 민족장 크레이지 호스(Crazy Horse, 1842~1877)[11] 기념비를 보글럼의 제자 코자크 지올코브스키(Korzak Ziolkowski, 1908~1982)가 세우기 시작했으나 아직도 미완성이다. 60년이 지난 2008년, 길이 26.5미터의 머리 부분이 어느 정도 완성됐으나, 폭 195미터, 높이 172미터에 이르는 기마상 전체는 여전히 미완성이고(그것이 완성되면 세계 최대의 조각상이 된다) 기마상 예정지에 딸린 운디드니 기념관에서 그 마분지 모형을 볼 수 있을 뿐이다. 그 모형은 오늘의 인디언을 상징한다. 다음은 크레이지 호스가 남긴 말이다.

아무도 당신들 보고 이곳에 오라고 하지 않았소. 위대한 정령께서는 우리가 살도록 이 땅을 주신 것이오. 당신들은 당신들의 땅이 있소. 당신네들을 괴롭힐 마음은 추호도 없소. 위대한 정령께서 우리가 살 수 있도록 광활한 대지와 들소, 사슴, 영양 등 사냥감들을 마련해 주셨으니 말이오. 그런데 당신들이 이곳에 와서 우리 땅을 강탈한 것이오. 당신들은 우리 사냥감을 죽이고 있소. 그래서 우리는 살기 어려워졌소. 지금 당신들은 우리더러 살기 위해 일을 해야 한다고 말하고 있소. 하지만 위대한 정령께서는 우리를 노동이나 하라고 만드신 것이 아니라 사냥을 하라고 만드신 것이오.

그렇게 원한다면 당신네 백인들이나 노동을 하면 되지 않소. 왜 우리에게 문명을 멀리하느냐고 묻는 거요? 우리는 당신네들의 문명을 원치 않소! 우리의 아버지처럼, 그 이전의 아버지들이 살았던 것처럼 우리는 살아갈 것이오.[12]

그렇다. 인디언은 백인을 부르지 않았는데도 백인들은 인디언이 사는 땅에 와서 인디언을 멸망시키고 문명을 강요했다. 여기서 문제는 백인들이 초대받지 않은 손님이라는 점이 아니다. 비록 백인들을 초대한 적이 없고 백인들 멋대로 아메리카에 왔어도 인디언은 그들을 손님으로 따뜻하게 맞아 함께 평화롭게 살기를 원했다. 그것은 그들이 조상 대대로 살아온 방식이었다. 그러나 백인들은 그러한 인디언의 삶의 방식을 거부하고 오히려 반대로 인디언을 정복하고 파멸시켰으며, 자연을 정복하고 파괴했다.

인디언이라는 이름

백인들의 인디언 정복은 1492년 콜럼버스(Christopher Columbus, 1451~1506)에 의해 시작됐다. 콜럼버스는 자기가 도착한 땅이 인도라고 생각해 그곳에 살고 있던 사람들을 '인디언'이라 불렀고, 지금까지도 콜럼버스의 후예인 서양인들은 물론 어쩌면 '인디언'들과 동족이었을

지도 모르는 우리까지도 별 생각 없이 그렇게 불러 왔다. '인디언'이라는 말 대신 '아메리카 선주민(先住民, American Natives)'이라고 부르는 게 옳다는 주장이 있다. 그들이 미국이나 캐나다만이 아니라 남북 아메리카 대륙 전체에 걸쳐 백인들보다 먼저 살아 왔기 때문이다. American Natives는 '아메리기 원주민'이라고 번역되기도 하나, 원주민이란 처음 살았던 사람을 말하므로 적절하지 못하다. 아메리카 대륙에 누가 가장 먼저 살았는지 알 수 없기 때문이다. 인디언 최초의 이주는 약 1만6천 년 전경으로 추정되고, 문화유적은 1만4천 년 전경의 것이 존재한다. 그들은 알래스카와 시베리아를 가르는 베링 해협을 통해 온 몽골인종이었다고 한다.

그러나 '아메리카'라는 말도 콜럼버스의 뒤를 이은 이탈리아인 아메리고 베스푸치(Amerigo Vespucci, 1454~1512)의 이름을 딴 것이므로 인디언의 입장에서 보면 '인디언'이라는 말과 같이 자신이 자신을 부르는 말이 아니다. 그러나 최근에는 인디언 자신이 당당하게 '인디언' 또는 '아메리칸 인디언'이라는 말을 쓴다. 앞으로 이 책에서는 간단하게 인디언이라는 말을 사용하겠다. 남아메리카에서는 인디오라고 한다.

그들이 자신들을 부를 때 반드시 '민족'이라는 호칭을 사용하는 것에 주의해야 한다. 가령 아파치 민족이면 아파치라고 한다. 이는 우리가 스스로 한민족이라고 하는 것과 같다. 아파치 민족과 한민족을 같은 '민족'으로 부르는 것을 탐탁치 않게 여길 사람이 있을지 모르지만 다 같이 민족임은 부정할 수 없다. 보통은 아파치 민족이 아니라 아파치

족이나 아파치 부족이라고 하지만 우리가 사용하는 민족이라는 개념을 그들에게 사용하지 못할 이유가 없다. 흔히 부족이란 민족보다 하위개념으로 쓰이는데, 아파치를 그런 식의 하위개념으로서의 부족이라고 부르는 것은 그들을 멸시하는 것에 불과하다.

'원주민'이나 '선주민'이라 해도 그들을 '주인'이라는 식으로 오해해서는 안 된다. 앞에서도 말했듯이 그들 역시 아시아나 다른 곳에서 아메리카로 건너간 사람들이었으니 사실 아메리카 대륙에서 자연적으로 발생한 사람들이 아니었다. 특히 미국이라는 사회는 수많은 민족과 인종이 뒤섞인 나라다. 인디언만이 아니라 스스로의 의지로 이민 온 사람들, 그리고 어쩔 수 없이 이민을 와야 했던 사람들 등등 여러 민족이 뒤섞여 있다. 따라서 국가에 대한 충성심이나 각 민족이 품는 민족적 자존심이나 종교 등이 그야말로 끓는 물처럼 뒤섞여 있다. 그럼에도 미국에 한국과 같이 하나의 '민족국가'라는 동질적인 공동체가 존재한다고 믿는 사람들이 있다. 그들은 자신의 조상은 어떠한 하나의 민족에 속했으나 자신은 다르다, 즉 미국이라는 동질적 공동체에 완전히 '동화'되어 있다고 생각한다.

'동화'라는 말은 '동일화'라는 것으로, 듣기에 따라서는 자신이 속한 민족을 배신하고 타 민족으로 변한다는 뜻이니 매우 부정적인 의미일 수도 있다. 가령 일본에 사는 동포가 일본에 귀화하여 일본인이 되는 경우다. 우리는 미국에 사는 동포가 어떻게 하든 미국 시민권, 아니 하다못해 영주권이라도 얻으려는 것에 대해서는 전혀 이상하게 생각하

35

지 않고 도리어 부러워하면서도, 또 중국 동포가 처음부터 중국인 국적임에도 교포라고 부르면서도, 일본의 동포가 일본에 귀화하여 일본인이 되거나, 그 자녀를 일본인 학교에 보내거나, 그래서 그 자녀가 한국어를 하지 못하는 것에는 분노한다.

그러나 우리에게 과연 그럴 자격이 있는가? 미국이나 중국에 비해 소수민족으로 정말 살기 어려운 일본에서 일본인으로 귀화하는 것에 대해, 그런 그들에게 아무 도움도 주지 못했으면서 그들을 비애국적이라고 비난하는 것은 비현실적이고 무가치하다. 이는 일본에 대한 열등감의 표출에 불과하다. 특히 일본 동포 사이에 귀화 여부를 놓고 서로 비판하며 파벌을 형성하는 점도 유감이다.

지금 미국의 인디언은 모두 미국인이다. 그러나 그들 중 상당수는 인디언 거류지(보호구역)에 집단으로 살면서 자기 민족의 이름을 사용한다. 그런 사람들은 '동화'를 거부하는 것처럼 보이지만 극소수 인디언 독립주의자들을 제외하면 그런 사람들은 거의 없고 그들도 미국인이기는 마찬가지다. 인디언 거류지에 사는 사람들도 과거의 인디언처럼 사는 사람들은 거의 없다. 그러나 그들의 생활방식에는 여전히 과거 인디언의 아나키 민주주의 전통이 유지되는 측면이 있다.

동화의 요구와 인종격리(아파르트헤이트)

일본이나 미국 등 사회 자체가 동화를 강제로 요구하는 것은 문제다.

그것은 모든 민족 집단이 특정 신앙이나 가치관을 공유해야만 비로소 미국이나 일본이라는 국가의 정체성을 지닐 수 있고, 그것이야말로 지금까지 믿어온 민족의 전통적인 가치보다 우선해야 한다는 국가주의에서 나온 것이다. 동화란 민족의 차이를 부정하고 과거의 다양한 문화 관습을 망각하며 미국이나 일본에 동화(미국화[Americazation]나 일본화)하는 것을 최고로 여기고 그것을 모든 민족에게 강요하는 것이다. 즉 다양한 민족 집단이 미국의 사회적 관심이나 이데올로기적 기반으로부터 무관한 존재가 아니도록, 단 하나의 언어가 지배적 지위에 있어야 한다고 강제하는 것이다. 그래서 인디언이나 흑인은 물론 세계 각국으로부터 온 이민이, 모두 '미국적인 것'(Americaness)이라는 개념에 포함되기 전에는, 즉 미국이라는 나라에 순응하기 전에는 오로지 위협의 대상으로 인식되어 미국에서 배제된다.

특히 인디언은 그 민족 문화와 백인 문화의 차이가 너무나 크다는 이유에서 도저히 동화가 불가능하다고 간주되어 특별히 분리된 거류지에 살도록 강요되어 왔다. 이것이야말로 역사상 가장 악명 높은 인권침해 사례인 남아프리카 아파르트헤이트의 미국 판이었던 것이다. 아니, 아파르트헤이트는 20세기 일이지만 미국의 인디언 거류지 정책은 백인이 아메리카에 건너간 16세기부터 시작됐다.

그런 미국이, 더욱이 지금도 그 거류지를 두고 있는 미국이, 인권 선진국이라며 다른 나라의 인권문제를 비판할 수 있는가? 그런 미국이 과거 유태인 격리지구 게토를 두었던 나치를 비판할 수 있는가? 나치는 게토를 설치했을 뿐 아니라 6백만 명의 유태인을 죽였다는 점에서 미국과는 다르다고? 무슨 소리인가? 그래도 나치는 유태인을 절멸시키지는 못했지 않은가? 반면 미국에서는 인디언을 거의 절멸시키지 않았는가? 1492년 이래 인디언들이 백인에 의해 죽지 않고 그대로 살아왔다면 그들은 수천만 명, 또는 수억 명에 이를지도 모른다.

다행히 1960년대부터 복수문화주의(multi-culturalism)가 확산되면서, 하나의 중심적이고 통일적인 미국이 '국가의 절대적이고 유일한 정의'라는 문화단일주의에서 문화다원주의(cultural pluralism)로 생각이 바뀌고 있다. 그 결과 다양한 민족이 과거의 고유문화에 대한 충성심이나 정체성을 잃지 않고, 즉 미국이라는 단일 가치의 순응에 동의하지 않아도 미국으로서의 유대를 공유하게 됐다.[13]

여기서 우리는 이러한 문제가 미국만의 문제가 아니라 모든 나라, 모든 사회의 문제라는 점을 이해해야 한다. 특히 단일민족이라는 신화가 지배하는 한국 사회에서도 마찬가지다. 사실 한민족이라는 그 이름에서부터 하나라는 것을 강조하는 민족이 과연 순혈의 동일 민족인지에 대해서는 역사적으로 객관적인 증거가 없다. 역사를 보면 중국인이나 몽골인 또는 일본인 등의 피가 섞일 가능성이 충분히 있었다.

설령 한민족이 순수 혈통의 단일민족이라 해도 그것이 혼혈민족보다 높은 가치를 갖는 것이 아니라, 기껏 피라고 하는 지극히 물질적인 것에 구애되는 저차원의 인식에 불과하다. 그런 인식으로부터 세계에 유례없는 동성동본 금혼이니 하는 것이 있었고, 최근 그 제도가 없어지

고 난 뒤에도 법적으로는 8촌 이내 금혼이니 하는 것이 여전히 존재한
다. 그러면서도 그보다 훨씬 넓은 범위에서 결혼을 허용하는 일본인이
나 서양인에 대해 '동물적'이라고 비난한다. 이는 아직도 한민족이 오
히려 더 동물적이라는 것을 뜻할 뿐이다.

　더 나아가 이를 합리화하는 한국의 민족주의 내지 국수주의는 조선
후기의 중화주의나 사대주의에서 비롯되는 것으로, 그 폐해가 너무도
심했고 지금도 그러한데도 여전히 그것이 한민족의 고유한 전통이니
불가피한 현실적 선택이니 하는 따위의 궤변이 성행하는 것을 어떻게
이해해야 하는가? 이는 그야말로 "자기 고유의 가치관과 일반적인 가
치를 동일시하고, 나와 우주를 동일시하고, 요컨대 세계는 하나라고 확
신하는 자기중심주의"에 다름 아니다.[14]

　여기서 우리는 이른바 국가나 민족의 정체성이라고 하는 것에 의문
을 가질 필요가 있다. 즉 "이것이 미국이다"라는 식으로 단 하나의 가
치관, 단 하나의 정체성(identity)으로 미국을 말할 수 없는 것이다. "이
것이 한국이다", "이것이 일본이다"라는 식으로도 말할 수 없지만 특히
미국의 경우 서로 다른 가치관과 정체성이 혼재하고 충돌하는 하나의
집합체이자 복합체로서 끝없이 새롭게 자기를 생산하고 재생산하며
낡은 것을 변용시켜 가는 곳이기 때문이다.

인종격리의 합리화와 아나키즘

인종격리를 합리화하기 위해 백인은 인디언이 인종적으로 열등하고 야만적이므로 자신들의 지배문화에 적응하게 해야 한다고 주장했다. 가령 1834년부터 1835년에 걸쳐 제임스 홀(James Hall)은 인디언이 아나키 상태에 있고, 하나의 토지에 정주하여 정체를 형성하기보다도 끝없이 방랑하는 쪽을 택하는 반미국적인 활동을 억제하기 위해 그들을 하나의 장소에 모아 가두고, 교화를 통해 사육하며 통제해야 한다고 주장했다. 왜냐하면 인디언은 언제나 늑대처럼 굶주려 있고 따라서 언제나 덤벼들기 때문이고, 인디언을 사육하기 위해서는 기아에 대한 압박을 없애야 한다는 것이었다.

마찬가지로 엘웰 오티스(Elwell S. Otis, 1838~1909)는 1878년에 다음과 같이 주장했다. 인디언은 도덕성이나 선량함이나 덕이 없고, 행동규칙으로서 법이 필요하다고 전혀 생각하지 않으며, 언제나 동물 본능에 따를 뿐이므로 현재 이외는 생각하지 않으며, 재산이라는 것을 전혀 모르고, 노동에 대한 동기도 전혀 없으므로 그야말로 공산주의 체제에 다름 아니라는 것이다. 이러한 인디언 문화는 그야말로 아나키즘으로서 당시 미국에 형성된 프론티어 개념과는 상반된 반미국적인 것이었다. 특히 토지 공유제를 믿고 사유재산제를 부정하는 것에 대해 당시 백인들은 극도로 경계했다. 그래서 백인들은 인디언을 거류지에 격리시킨 것이다.

거류지 정책의 목적은 인디언을 체계적으로 교육하여 문명화하고 교화시켜 미국적 생활양식을 갖게 하는 것이었다. 당시 사회개혁가였던 프랜시스 아마사 워커(Francis Amasa Walker, 1840~1897)는 인디언을 광인이나 범죄자와 같이 보고 거류지를 수용소나 감옥과 같은 시설로 만들어야 한다고 생각했다. 즉 사회의 본류로부터 격리함으로 비로소 그들로 하여금 관습 복종, 소유권 존중, 자기 신뢰 등 백인의 가치관을 몸에 익히도록 감독, 명령, 훈련할 수 있다고 생각했다.

더욱 공포스러운 견해는 19세기 미국에서 가장 저명한 지식인이자 시인이고 의사였던 올리버 웬델 홈스 시니어(Oliver Wendell Holmes Senior, 1809~1894)가 인디언을 "붉은 크레용으로 스케치한 원시인"이라 하며 "인디언이 백인과 맺는 관련 문제의 유일한 해결책은 말살밖에 없다"고 잘라 말한 것 등이다.[15] 이런 인식은 사실 16세기 이래 백인들이 공유한 것이었고, 19세기는 물론 20세기, 아니 지금까지도 뿌리 깊게 내려오고 있다.

미셸 푸코(Michel Foucault, 1926~1984)가 광인 수용소를 노동과 교육을 포함한 책임의 체계를 규범으로 만드는 곳이라고 말한 것처럼 거류지도 균질적인 이데올로기를 인디언에게 강요하여 엄격한 교정 훈련의 장소로 만들고자 했다. 수용소에서와 마찬가지로 거류지에 수용된 인디언들도 미성년자의 모습으로 새로운 교육제도에 적응해야 했다.

따라서 1964년 전국인디언청년회의(NIYC) 의장 멜빈 톰(Melvin Thom)이 인디언은 미국의 주류 생활에 포함되고 싶지 않고, 미국 정부

가 참된 의미에서 인디언을 원조하고 싶다면 문화적 가치관의 다양성
을 존중하라고 요구했다. 이어 토지사용권 박탈에 대한 항의 행동인 피
쉬 인(Fish in), 1969년 알카트라즈를 개간하고자 한 반역 행동, 1973년
의 운디드니, 1975년의 오그라라에서의 대치와 같은 직접 행동이 늘어
났다. 또한 제럴드 비제노르(Gerald Vizenor, 1934~)와 레슬리 마르몬 실
코(Leslie Marmon Silko, 1948~)[16]와 같은 인디언 항의문학도 생겨났다.[17]

실코의 대표작 《의식Ceremony》(1977)은 "이야기야말로 우리의 유일
한 소유물"이라는 말로 시작한다. 즉 이야기를 파괴당하면 인디언은
무력하게 될 수밖에 없으나, 이야기는 살아남아 인디언의 자기의식을
형성한다. 주인공 타요는 싸움에 져서 백인이 경영하는 인디언 기숙학
교에 들어가 백인처럼 살도록 훈련을 받는다. 그러나 그는 자기를 치유
하기 위해 백인 사회에서 자신이 어떻게 조작되었는지를 깨닫고 새로
운 대지로 여행을 시작한다. 학교에서 배운 것은 자기 민족의 이야기와
는 모순되고, 민족의 이야기가 진실이라는 것을 깨닫는다. 다시 민족에
게 배우고 치유를 받은 그는 빼앗긴 토지 위에 건설된 나라의 허위를
깨닫는다.

인디언의 조상이 한민족?

나이 서른이 훨씬 넘어 미국에 가서 '인디언' 조상 중에 한민족이 있
었다는 사실을 '발견'한 것은 5백여 년 전 콜럼버스의 인디언 '발견'보

다 나에게는 더 충격적인 사건이었다. 1492년 10월 12일은 콜럼버스가 아메리카 대륙에 도착한 날이라며 사람들은 그 5백 주년인 1992년 그 날 요란스럽게 축하했지만, 캘리포니아의 버클리에서는 '인디언의 날'로 선포되었다. 그 무렵 나에게 미국은 콜럼버스의 나라가 아니라 아시아에서 온 인디언의 나라였다.

왜 그 전에는 그런 이야기를 듣지 못했을까? 우리는 왜 기껏 우리 선조가 살았던 땅으로 만주나 요동만 이야기하는가? 미국이나 캐나다로 이민 가는 한국인이 너무나 많아진 지금 우리 민족이 원래는 서양 백인보다 먼저 그곳에 살았다고 하면 민족적 긍지가 더욱 높아지고, 그들이 더 당당하게 그곳에서 새로운 삶을 시작하게 할 수도 있지 않을까? 물론 미국도 우리 땅이라는 식으로 억지를 부리자는 것이 아니라면 말이다.

사실 인디언들은 자신들이 아시아에서 왔다는 이야기에 반대하는데, 이는 만주 지역 동포들의 경우와는 다르다. 인디언들이 아시아에서 왔다고 하면 미국의 백인들이 인디언의 원주권(原住權, aboriginal rights)을 부정하는 근거가 될 수 있기 때문이다. 그러니 우리 조상과 같다는 생각이 들어도 그런 이야기는 인디언들에게 함부로 하지 않는 것이 좋다. 게다가 미국에만 해도 약 5백 개의 인디언 민족이 있고 각각 독특한 문화적·사회적 성격이 있으니 시대적·공간적으로도 결코 단일한 존재가 아니라는 점을 주의해야 한다. 즉 우리나라 사람과 비슷한 사람부터 서양인에 가까운 사람까지 다양하다. 게다가 미국에는 그야말로 인종의 도가니라고 할 정도로 다양한 민족이 섞여 산다.

43

사실 인디언이 한국인과 얼굴이 비슷하다는 이유에서, 어쩌면 같은 핏줄일지도 모른다는 이유에서 무조건 그들을 좋아한다는 것도, 마치 전혀 모르는 타인을 오로지 성이 같다는 이유에서 별안간 친한 친구처럼 좋아하는, 어쩌면 친족 본능적인 한국인다운 것인지도 모른다. 따라서 친족적인 본능이 아니라, 보다 고차원적인 이유를 문화적으로 생각해볼 필요가 있다. 물론 동성이라는 것도 하나의 문화적 소산이기는 하지만 그보다 더 중요한 것을 생각해 봐야 한다는 말이다. 이를 위해서는 먼저 인디언에 대한 잘못된 선입견부터 버려야 한다.

내가 어려서 본 서부영화나 TV 드라마나 만화 등에 나오는 인디언은 선량한 백인 마차를 습격하여 백인 미녀의 부모를 죽이고 그 미녀를 납치하는 악당들로, 결국 백인 미남 보안관 한 사람에게 수십 명이 총에 맞아 허무하게 죽으면서도 우리의 분노를 샀다. 영화의 마지막을 장식한 보안관의 마지막 총알 한 발에 우리는 손뼉을 치며 환호했는데, 이런 악당으로서의 인디언 이미지는 지금도 여전하다. 나의 이러한 인디언 이미지를 완전히 바꾸어 준 것이 앞서 말한 1970년의 〈솔저 블루〉나 〈작은 거인〉 등의 새로운 서부극이었고, 《나를 운디드니에 묻어주오》 같은 책이었다. 이런 영화와 책은 1960년대에 시작된 인디언 권리복권운동과 궤를 같이 한 것이었으나, 그 운동만은 우리 사회에 거의 소개되지 못했고 잠시 잠깐의 유행에 그쳤다. 마틴 루터 킹(Martin Luther King, 1929~1968) 목사가 지도한 흑인민권운동은 한국에서도 기독교의 영향 때문인지 어느 정도 소개된 점에 비하면 특히 그러했다.

게다가 그 뒤 그런 인디언에 대한 소개는 자취를 감추었다.

그러다가 언제부터일까, 옛 인디언 민족장 몇 사람이 인도의 몇 현대 구루들과 함께 우리에게 대단한 정신적 교훈을 주는 종교적 신비주의자로서, 또는 생태적 교훈을 주는 환경운동가로서 새롭게 소개되기 시작했다. 그러한 소개가 미국을 비롯한 세계적인 유행에 의한 것인지, 아니면 다른 이유에 의한 것인지에 대해 시비를 할 생각은 없지만, 인디언의 현실이나 인도의 현실이 거의 알려지지 않은 가운데 그런 정신이나 종교만이 강조되는 점은 유감스럽다.[18]

하지만 그런 신비주의자나 환경운동가라는 새로운 이미지가 소개되고 있음에도 여전히 전반적인 인디언 이미지는 '야만의 악당들'이라는 것이다. 내가 이해하는 인디언은 신비주의자나 환경운동가이기 이전에 민주주의자다. 바로 우리 헌법이 이상으로 삼는 자유와 평등의 민주주의 체현자들이다. 불행히도 이 점은 우리 사회에 소개된 적이 거의 없다.[19] 서양에서도 마찬가지다.

아나키 인디언

내가 20여 년 전 인디언을 처음 본 것은 당시 1년 넘게 머물렀던 하버드 법과대학원에서였다. 내 연구실 옆방이 '인디언 법 연구회' 방이어서 그곳을 찾아오는 인디언을 자주 보았다. 그들과 이야기하는 중에 가장 흥미로운 것은 그들 삶의 원리인 철저한 자유와 평등이었고, 반면 그들이 놓여 있는 부자유와 불평등의 현실 상황이었다. 말하자면 아나키 원리와 반아나키 현실이었다. 아나키란 말은 고대 그리스어에서 유래한 말이지만 이 말이 처음으로 '국가 없는 사회'라는 뜻으로 쓰인 것은 1694년 프랑스인이 쓴 인디언의 생활 기록에서였다. 따라서 아나키즘의 역사도 실제로는 인디언에서 비롯된다고 할 수 있다. 물론 '국가 없는 사회'에 대한 인류의 열망은 그 전부터, 인디언이 아닌 다른 인류에게서도 얼마든지 찾을 수 있지만 현실의 아나키 사회가 소개된 것은 인디언 사회가 처음이다.[20]

원리와 상황, 이상과 현실이 다른 경우야 수없이 많지만 인디언의 경우처럼 다른 것도 없다. 심지어 지금 인디언은 절멸의 위기에 처해 있다. 이 세상 역사에 절멸하는 민족이 전혀 없는 것은 아니지만, 인간의 문명이 가장 발달했다는 지난 5백 년의 근대에 인디언이 절멸의 위기에까지 갔다는 사실을 우리는 어떻게 이해해야 할까? 이처럼 타 민족을 절멸시키려고 한 백인들이란 도대체 어떤 족속인가? 우리가 그토록 증오하는 일본인보다 더욱 타락하고 악독한 존재가 아닌가? 그러면서도 우리가 죽어라고 백인을 모방하고 추종하는 이유는 무엇인가? 특히 그 원흉이 기독교에 있다면 기독교는 철저히 반성해야 하는 것이 아닌가?

인디언에 대한 나의 흥미는 인디언의 아나키 원리와 반아나키 현실의 모순에 그치지 않고, 아나키 자체의 원리와 현실의 반목에 있기도 했다. 아나키가 추구하는 자유와 평등은 우리 헌법의 원리이고 우리 모두의 꿈이다. 따라서 우리 헌법을 아나키 헌법, 우리의 꿈을 아나키 꿈이라 해도 좋다. 사람들이 흔히 아나키를 무정부라고 이해함은 그 내용의 일부에 불과하고, 그 본질은 어디까지나 자유와 평등이다. 그러나 현실은 언제 어디서나 반아나키다. 자유와 평등이 아니라 부자유와 불평등이 인류의 현실이다. 그 극단의 모순을 인디언이 보여 준다. 그런 이유에서 인디언은 아나키의 상징이다. 그래서 나는 인디언에게 흥미를 느끼고 있다. 아니, 그들에게 동감하고 동의하며 동화되고 있다.

20년 전 당시 나는 인디언들이 작은 모임을 하는 경우에도 '아나키하게' 하는 것을 보고 정말 놀랐다. 내가 하버드에 있던 1989년부터 1990년까지 한국은 오랫동안 독재를 경험한 뒤 민주화 바람으로 시끄러웠기 때문에 그런 인디언 사회의 자유와 평등에 대한 흥미는 어쩌면 당연한 것이었는지도 모른다. 특히 강력한 지도자 없이 자율적으로 사회가 유지된다는 점이 놀라웠다. 그야말로 내가 눈으로 직접 본 아나키 민주주의였다.

더욱 놀란 것은 5백 년 전 유럽인이 남긴 아메리카 인디언에 대한 기록 가운데 가장 일관되게 나타난 주제가 인디언의 자유와 평등, 특히 국가와 지배자로부터의 자유와 평등, 재산의 소유제에 근거한 계급사회로부터의 자유와 평등, 남녀의 평등이었다는 사실이다. 당시 인디언을 본 유럽인들은, 인간이 왕의 통치를 받지 않고, 모두 자유롭고 평등하게 사회적 조화와 번영 속에서 살 수 있다는 사실을 처음으로 깨닫고 천지개벽하듯이 놀랐다. 그래서 토머스 모어(Thomas More, 1478~1535)

의 《유토피아*Utopia*》(1516)라는 책도 씌어졌다. 흔히 그 책을 플라톤 이래의 서양 전통을 잇는 책이라고 하지만, 만일 모어 당시 아메리카 대륙의 모습이 알려지지 않았더라면 그런 책은 쓰이지 못했을 것임에 틀림없다.

물론 콜럼버스를 비롯하여 대부분의 유럽인은 인디언이 살고 있는 곳은 물론 그들이 찾은 모든 비서양을 황금이 묻힌 노다지의 땅으로 생각하고 그곳을 착취하고 살육할 땅으로만 보았다. 지금 대다수의 한국인들이 세계로 수출하여 잘살아 보겠다는 꿈에 젖어서 살고 있듯이 말이다. 이들에게는 물건을 파는 곳이 유토피아지 자기들이 물건을 사 줘야 할 곳이 유토피아가 아니다. 자기에게만 최고인 자기 기준을 중시할 뿐이고 남에게서 배울 점이라고는 없다고 생각한다. 아니, 그것은 주로 비서양을 대할 때 그렇고, 서양에 대해서는 여전히 사대주의를 일삼고 있다.

그 한 예가 바로 민주주의나 문화의 역사가 플라톤(Platon, 기원전 429~347)이 살았던 그리스 아테네에서 비롯됐다고 배운 것이다. 그러나 그리스 민주주의는 노예제에 근거한 불완전한 것이었고 그마저도 겨우 몇백 년도 안 돼 붕괴했다. 서양 문화의 근원이라고 하는 플라톤이나 그의 스승 소크라테스(Socrates, 기원전 469~399)도 민주주의에 반대한 점에서 민주주의 역사와는 무관했다.[21] 그 뒤 마그나카르타(1215)로부터 영국 민주주의가 시작됐다고 하나 그 내용은 자유와 평등의 확보에는 이르지 못한, 여전히 불완전한 것이었다. 따라서 1776년의 미국 독립과 그것을 이은 1791년의 헌법 제정 이전까지 서양에는 민주주의가 없었다 해도 과언이 아니다.

1791년의 미국 헌법은 그것이 인디언이 살았던 미국이었기 때문에, 헌법을 만든 사람들이 인디언에게 배웠기 때문에 민주주의 헌법일 수 있었다.[22] 가령 1950년대 예일대학교와 뉴욕시립대학교의 법학 교수였던 펠릭스 코헨(Felix Cohen)은 이렇게 말했다.

> 미국 특유의 정치적 이상은 인디언의 풍부한 정치적 전통에서 생겼다. 남성과 대등한 여성의 보통선거권, 연방주의라고 하는 주(州)의 위치 부여, 상위에 선 인간을 인민의 주인이 아니라 심부름꾼으로 보는 습관, 공동체는 사람들의 다양성과 그들의 꿈의 다양성을 존중해야 한다는 강력한 주장―이 모두는 콜럼버스가 오기 이전에 미국적 생활 방식을 형성했다.[23]

우리는 미국 헌법이 영국과 프랑스를 중심으로 한 유럽 계몽주의에 바탕을 둔 시민민주주의 이론의 맥락을 잇는 것[24]이라고 배웠지만, 이는 서양 중심의 견해에 불과한 것이고, 사실 당시 미국 헌법의 연방제를 비롯한 그 여러 민주적 원리는 인디언의 헌법에서 나온 것이었다. 왜냐하면 그런 연방제나 민주주의를 하는 나라가 인디언 외에 없었기 때문이다. 아니, 인간의 자유를 주장한 근대 계몽주의 자체가 인디언과의 만남 없이는 성립될 수 없었다. 그 뒤 평등을 강조하는 사회주의나 페미니즘도 인디언에 대한 연구에서 비롯했다 해도 과언이 아니다.

이처럼 우리나라 헌법의 모델로 자주 언급되는 미국 헌법이 아메리카 인디언 헌법에서 나왔다고 한다면 우리 헌법 역시 그 인디언 헌법에서 비롯했다고 볼 수 있다. 그러나 이는 어쩌면 수천 년 전에 한반도에서 건너간 사람들이 만든 것이라는 점에서 결국 또 하나의 우리 선조가 만든 헌법을 잇는 것이 아닌가? 이 책은 그런 자유인인 아메리카 인디언에 대한 새로운 깨달음을 기대하고 쓰는 이야기책이다. 우리가 이제야 깨닫게 되는 이 것은 사실 매우 중요한 게 아닐까? 혹시 지금 우리에게도 그 자유인의 피가 흐르고 있는 게 아닐까? 우리가 인디언처럼 광대한 미국에서 자유를 느끼는 것도 어쩌면 우리 피 속에 저 인디언의 피가 흐르기 때문이 아닐까?

물론 이런 가설을 부정하는 사람이 있으리라. 나 자신도 사실 그렇다. 설령 그 가설이 옳다 해도 이런 책이 필요 없다고 생각하는 사람들도 있으리라. 수천 년에 헤어진 선조는 이미 우리 선조가 아니라고 할 사람도 있으리라. 그렇다. 천 년 전까지 만주 땅에 살던 우리 선조들의 후예도 이미 우리 민족이 아닌데, 하물며 수천 년 전에 아메리카 대륙으로 건너간 인디언들을 얼굴이 비슷하다는 이유만으로 우리 선조라고 보기에는 역사가 너무 많이 흘렀다. 설령 선조라 해도 지금 우리와 전혀 다를 수도 있다. 내 부모나 자녀도 나와 얼마나 다른가!

특히 그 인디언은 벌써 망했기 때문에 더 이상 볼 것도 없다는 사람도 있을 것이다. 물론 인디언은 절대적인 왕의 통치를 받은 유럽의 강력한 군대에 의해 망했고, 지금 그들은 자신들이 추구하는 자유와 평등과는 반대인 부자유와 불평등의 상황에 놓여 있다. 그래서 그런 인디언 이야기는 필요 없다고 할지도 모른다. 어디 그 인디언뿐인가? 동양 세계가 대부분 그러했던 게 아닐까? 그래서 대부분 망한 게 아닐까?

사실 나는 19세기까지 우리 사회도 인디언 사회와 비슷하지 않았을까 생각한다. 물론 우리 역사학자들은 삼국시대부터 우리가 강력한 중앙집권적 통일국가였다고들 하지만, 21세기라는 지금도 버스가 다니지 않는 두메산골에서 태어난 나로서는 도저히 이해할 수 없다. 어째서 4천 년 전부터 우리가 강력한 중앙집권국가였다는 말인가? 그렇다면 불과 수십 년 전에 국가의식이 그토록 빈약하여 나라가 망하기까지 했다는 건 말이 되는 일인가?

어쩌면 이는 강력한 중앙집권 국가라는 것에 한이 맺혀 일제 이후 만들어진 '날조된 전통' 같은 것이 아닐까? 도리어 그 반대로 우리는 인디언처럼 왕도 없이, 또는 그 왕이란 별 볼일 없는 존재에 불과했고 대체로 자유롭고 평등한 나라가 아니었을까? 만일 그랬다면 그렇기에 옛날을 그리워하는 게 아닐까? 그저 여유로운 농경 사회였다고 옛날을 그리워할 필요가 있을까? 철두철미 계급사회였다면 돌아볼 필요가 전혀 없지 않은가! 여하튼 나는 착각이라도 좋으니, 우리 조상 같은 아메리카 인디언처럼 우리의 과거 나라도 큰 힘이 없고 도리어 개인이 더욱 자유롭고 평등했더라면 더 좋았을 거라고 생각한다. 그래서 이런 책도 쓰게 되었다.

물론 나는 내 희망에 의해 강력한 중앙집권국가였다는 '날조된 전통'과 같은 허약한 지방분권국가(라기보다 어떤 연합체 같은)라는 가설을 역사의 진실이라고 주장할 생각은 전혀 없다. 그런 과거를 분명하게 확인할 방법이 지금 나에게는 없기 때문이다. 그러나 적어도 일제 때 기록을 보면 당시 우리나라 사람들은 국가의식이나 독립의식보다, 집안이나 양반의식이 훨씬 강했음을 알 수 있고, 사실 지금까지도 마찬가지다. 이는 오랜 중앙집권국가의 전통에서는 있을 수 없는 일이 아닐까 하는 의문이 든다. 역사학자들이 말하듯이 우리가 세계사에 유례없는 중앙집권 통일국가라는 견해도 어쩌면 일제에게 배운 강력한 국가주의에 근거한 것이 아닌지 의심스러운 것이다.

다시 찾은 인디언

2008년, 근 20년 만에 다시 미국에 간 것은 인디언을 다시 찾기 위해서였다. 그러나 20년 전이나 후나, 아니 2백 년 전이나 후나 인디언의 상황은 거의 변함이 없다. 그동안 한국에서 읽은, 자연과 조화롭게 사는 인디언의 삶에 대한 낭만적인 이야기들은 어디에도 없다. 네 명 중 세 명이 실업자고 반 이상이 빈곤선 아래에서 살고 있다. 평균소득, 평균수명, 취학률, 주택 환경 등등, 모두 미국인 평균에 크게 못 미치는 반면 교통사고 사망률, 자살률, 발병률, 알코올 중독률 등등은 모두 미국 평균을 크게 넘는다. 이 모든 것이 미국 성립 후 2백 년, 아니 백인 침략 이후 5백 년의 결과임은 물론이다.

앞서 말했듯이 인디언이란 말은 콜럼버스가 아메리카를 인도라고 착각해 붙인 잘못된 이름이지만 나는 인디언 마을에서 가끔 그곳이 인도라는 착각을 한다. 특히 시간관념이 없는 점이 그렇다. 이제는 없어진 코리안 타임이라는 말처럼 인디언 타임이라는 말이 여전히 있을 정도다. 인도에서나 인디언 마을에서나 약속 시간을 지키지 않는 사람들을 기다리는 데 익숙해야 탈이 없다. 그런 삶을 그들은 '자연스러운' 것으로 본다. 인디언이 사는 집도 무질서하고 비위생적이기까지 한데, 그것도 그들에게는 '자연스러운' 것이다. 백인 가정만이 아니라 우리 가정에서도 흔히 하는 정리정돈이나 소독이 여기에는 없다. 본래 그들이 최소한의 필요한 것만 가지고 이동한 민족이기 때문이리라.

아이들이 흙발로 집안을 뛰어다녀도 어른들은 꾸중하지 않고, 공부하라는 말도 하지 않으며, 특히 체벌이 금지된다. 아이들만이 아니라 어른들도 자유롭게 산다는 것이 그들의 으뜸 신조다. 소로가 "각자가 듣는 음악에 맞춰 소신을 가지고 걷게 하라"고 한 말이 인디언 문화의 핵심적 가치관이다. 각자는 모든 면에서 서로 구별되는 존재로서의 개인인 동시에 단체의 일원으로 창조된다고 그들은 생각한다.

그들은 다수의 필요가 개인의 필요를 능가할 수는 있지만 창조의 일차적 목적이 다수의 요구보다 우선하므로 개인과 민족 사이의 균형이 가능하다고 본다. 민족은 개인을 그 울타리 안에 포함시키거나 배제할 수는 있지만 누구에게도 특정한 생각과 행동을 강요할 수 없다. 따라서 집단에 피해를 주지 않는 한 자신이 원하는 대로 사는 자유를 갖는다. 개인은 원하면 언제든지 집단에서 빠져나갔다가 나중에라도 원하면 언제든지 다시 돌아올 수 있다.

물론 그들에게도 협조하면서 사는 것이 중요하지만, 조화는 강요와 통제에서 오는 것이 아니라 동질감과 사랑에서 온다고 본다. 이런 극단적인 개인주의를 완화하는 장치가 가족이고 그 핵심이 노인인데, 노인을 비롯한 어른들은 말이 아니라 실천으로 아이들을 가르친다. 그것이 확대되어 민족의 신뢰를 받는 노인이 자연스럽게 민족장 노릇을 하지만 민족장이란 말은 생긴 지 5백 년밖에 안 된 말이다. 즉 대장 또는 책임자라는 뜻의 프랑스어 'Chef'에서 온 말이지 인디언 말이 아니다. 민족장을 선거로 뽑는 제도는 백인의 영향으로 생긴 것이지 인디언 본래의 제도가 아니다.

민족장은 물론 누구에게도 인디언은 아첨하지 않는다. 특히 학력이나 경력, 경제적 사회적 지위 따위는 그들에게 전혀 중요하지 않다. 가령 나나 나와 함께 간 동료가 교수나 목사라는 것도 그들은 전혀 의식하지 않는다. 내 직함이 무엇인가가 아니라 내가 어떤 인간인가가 중요하다.

인디언이 인간을 평가하는 데 가장 중시하는 덕목은 관용이다. 그러나 이는 프랑스의 '톨레랑스'와 달리 정신과 물질 모두에 대한 관용을 뜻한다. 특히 자신에게 소중한 음식을 남에게 기꺼이 주는 마음이 중요하다. 가령 자기 집에 온 손님이 냉장고를 열지 않는 것이 그들에게는 모욕이다. 비록 내가 열어 본 냉장고 안은 빈약했지만, '인색하다'는 말은 '살인자' 이상으로 그들에게 모욕이다.

두 번째로 필요한 덕목은 용기다. 인디언이 흔히 하는 말인 "오늘은 죽기에 좋은 날"이라는 표현은 죽음을 두려워하지 않음을 웅변한다. 그러나 그 용기는 인간으로서의 품위와 존엄을 지키는 것이지 무모한 개죽음과는 다르다. 그들의 전투에서 가장 위대한 승리는 적의 몸에 창을 대는 것이지 죽이는 것이 아니다. 그래서 전쟁으로 사람이 죽는 경우는 거의 없다. 이는 그 다음으로 중요한 덕목인 자비와 지혜와도 관련된다. 자비란 인간만이 아니라 모든 생물과 자연에 대한 존중으로, 필요 이상을 죽이지 않으며 죽이는 경우에도 기도를 잊지 않는다. 그리고 지혜는 마음의 눈으로 자연과 조화하는 태도다.

인디언 사상의 핵심은 기도나 연설의 마지막에 하는 "모든 것이 나의 친족"이라는 말이다. 우리에게 친족이란 혈연으로 맺어진 것이지만 인디언의 친족은 모든 생명과 자연을 말한다. 그것은 인디언 사회 어디서나 볼 수 있는 바퀴로 표현된다. 둥근 바퀴에는 시작도 끝도 없다. 그들에게도 창조신화는 있지만 시간을 통하여 흐르는 서양의 역사관처럼 진보의 관념 위에 있는 과거가 아니라, 현재와 동시에 존재하는 것이다. 인디언 마을에서 가장 놀라운 것은 주민 모두 혈연의 호칭으로 불리는데, 가령 부모라는 호칭이 여럿 등장한다는 점이다. 즉 우리가 숙부모나 이모, 이모부라고 부르는 사람들을 모두 부모로 부르고, 그 형제도 모두 형제라고 부른다. 이런 사회에서 고아가 없는 것은 당연하다.

시계 없이 살기

어렸을 때 영화의 베드신에서 이른바 청춘스타가 언제나 시계를 차고 있는 것을 보고 의아했다. 요즘 영화의 베드신은 주로 호텔에서 찍어 침대 옆에 시계를 풀어 두는 것으로 시작해 시계를 차는 것으로 끝나 옛 영화와는 다르지만, 시계가 중요한 것임은 역시 마찬가지인 듯하다. 그러나 나는 시계를 차지 않는다. 시계가 없어 불편하기는커녕 도리어 시계를 차는 것이 불편하다. 그렇다고 시계를 대신하여 시간을 알려주는 휴대폰도 없다. 물론 시간을 알 필요가 전혀 없는 것은 아니다. 다른 사람과의 약속 시간을 알아야 할 경우가 있지만 한 주에 서너 번 정도고, 그런 경우 복도나 거리나 상점의 시계를 쉽게 볼 수 있어서 약속 시간을 어긴 적은 없다. 우리 주위에는 시계가 너무나 많아 시계 사회, 시계 나라라고 해도 과언이 아니다. 그러니 시계와 무관하게 사는 것은 아니지만, 날이 밝으면 일어나 밭에서 일하다 직장에 가고 어두워지면 집에 돌아가 잠이 오면 자는, 무미건조하게 되풀이되는 단순한 생활이니 시계를 볼 필요가 거의 없다.

이런 이야기를 하는 것이, 늘 시계를 보며 바쁘게 살아야 하는 사람들에게 실례가 아니길 빌지만, 생활에 꼭 필요한 경우를 제외한 대부분의 경우, 굳이 시간에 얽매어 바쁘게 살 필요가 있을까? 자가용이나 휴대폰도 바쁘게 살아야 할 처지라면 몰라도, 대부분의 사람들에게는 사실상 필요 없지 않을까? 어쩌다 남들의 휴대폰 통화를 옆에서 들어야 하는 괴로운 경우가 있는데, 그 대부분은 도대체 왜 저런 통화를 하는지 의심스러운 것들이어서 더욱 괴롭다. 걷거나 자전거로 금방 가는 정도의 거리, 특히 캠퍼스에서 자가용으로 바쁘게 이동하는 교수들은 물론 학생들을 도저히 이해할 수 없고, 그 기름 타는 냄새를 맡으며 자가용 틈을 빠져나가기도 몹시 괴롭다.

심지어 모두들 바쁘게 사는 것을 자랑으로 생각하는 듯해 더욱 괴롭다. "요즘 매우 바쁘지요"라고 인사하는 사람들이 많은데 사실 나는 전혀 바쁘지 않아 난감하다. 인사치레로 하는 말이 아니라 내가 정말 바쁘리라 생각하는 사람들에게는 그렇지 않다고 답하는데 그럼 모두들 이상해해 더욱 난감하다. 내가 그런 탓에, 다른 사람들도 바쁘지 않다고 생각해 한가롭게 이야기나 하자고 다가가다가 큰코다치는 경우가 한두 번이 아니다. 말 몇 마디 건네려다 곧 바쁘다는 짜증을 듣거나, 심지어 그 대가를 치러야 한다고 하는 사람들을 만나기도 해서 아예 연락을 끊는 경우도 비일비재해 점점 더 외로워진다. 그렇다고 외로운 것을 서글퍼하지는 않는다. 외로운 만큼 덜 바빠져 그만큼 시간을 잊기 때문이다.

《시계가 없는 나라》[25]라는 책은 인디언에게 시계가 없는 것을, "생각하는 품위나 세상을 보는 관점, 생태계의 에너지 순환 혹은 사람들 사이에 흐르는 감정 등과 같이 눈에 보이지 않는 영적인 것"과 관계있다고 하지만 나는 그런 영적인 것과는 무관한 속물이다. 그러나 시계가 우리를 시간에 얽매고 쩔쩔매게 하여 따뜻한 가슴과 마음을 잃게 한다

는 것은 인디언에게나 우리에게나 마찬가지가 아닐까? 특히 약속, 그
것도 쓸데없는 약속은 자유의 구속이라는 인디언의 말이 우리에게도
맞지 않을까? 인디언은 시간만이 아니라 공간도 기계적으로 측정하지
않고 자연의 리듬에 따라 느낀다. 그래서 시간이 정지한 순간에는 두려
움과 분노는 물론 증오와 고통까지도 정지된다고 본다. 지나간 과거의
고통과 아직 찾아오지도 않은 미래의 고통으로 스스로를 옭아매지 않
는 한 고통은 없다는 것이다. 인디언은 서양인처럼 과거를 낡은 것, 미
래를 새것이라고 구분하지 않고 언제나 흘러가는 현재라고 생각하기
에 역사의식조차 없다. 그러나 이는 인디언에게 역사가 없다는 말이 아
니라, 역사를 발전이나 발달로 보지 않는다는 것이다. 이러한 시간관은
동양 전통의 순환시간관과도 통하는 것으로, 농경사회의 산물임은 물
론이다.

　19세기말 조선을 찾은 서양인 모두가 조선인이 게으르다고 한 것을
부끄러워하는 역사가들에게 나는 저항을 느낀다. 우리가 세계적으로
유명한 '빨리빨리'족, 세계 최장의 노동시간을 자랑하는 민족이 된 것
은 그 훨씬 뒤 이른바 산업화 몇십 년의 결과일 뿐이고, 그 전 수만 년
우리 조상들은 느림의 삶, 여유의 삶을 살았다. 비록 가난하기는 했어
도 그런 삶은 존엄한 것이었다. 흔히 말하는 전통이나 동양정신의 회복
차원에서가 아니라 최소한의 인간성 회복 차원에서도 시계 없이 산 조
상들이 보여 준 삶의 지혜를 추구할 필요가 있지 않을까? 특히 시간이
돈이라고 생각하는 한 속도를 줄일 수 없고, 그 반대로 시간이 사랑이

라고 생각하지 않는 한 가족이나 친구와 함께하는 시간도 가질 수 없는 건 아닐까? 기계적인 시간 속에서 우리의 삶도 기계적으로 획일화되어 각자가 갖는 다양성을 상실하고 있는 건 아닐까? 시간 다툼의 경쟁 속에서 인간이 자유를 상실하고 지배와 피지배의 갈등까지 생기는 건 아닐까?

야생의 인디언?

내가 20년 만에 다시 돌아본 인디언 마을은 19세기 미국의 소로가 찬양한 아름다운 야생의 숲이 아니라 사막처럼 황폐한 곳들이었다. 사실 그 야생의 숲은 17세기 이전 미국에는 없었다. 특히 콜럼버스가 오기 전 미국 땅은 인디언에 의해 잘 경작된 농토였다. 그 후 인디언이 절멸하면서 농토가 야생 숲으로 바뀌었다. 따라서 그곳을 "태곳적부터 인간의 손길이 닿지 않은 야생지대"라 함은 백인이 조작한 거짓 신화에 불과하다.

야생의 반대는 문명이다. 문명은 인디언과 그들 공동체의 농경지를 파괴했다. 이집트, 그리스, 로마, 유럽, 미국으로 이어지는 문명에 대한 찬양은 인간의 사고를 단선화하여 문화적 오만함을 낳았다. 서양인이 쓴 이러한 문명의 역사는 이제 다시 씌어져야 한다. 인디언은 그 서양사를 인정하지 않는다.

루소(Jean-Jacques Rousseau, 1712~1778)의 '고상한 야만인' 이래 소

로를 비롯한 자연주의자는 인디언에게 문명의 부재가 순결한 인간성을 지키게 해 주었다고 본다. 반면 야생이란 관념을 통해 인디언을 야생 자연의 일부, 즉 말살하고 몰아내어야 할 야만으로 간주하는 입장이 있다. 그런 입장이 대세였음은 물론이다. 개척(프런티어)이란 개념도 마찬가지로 강탈자의 자기합리화다.

그 핵심은 기독교다. 기독교는 인디언 종교를 우상과 악마의 숭배로 매도했다. 인디언이 기독교를 배척하지 않았음에도 말이다. 인디언은 악마와 지옥이라는 것을 몰랐으나, 서양인들은 인디언들이 악마에 사로잡혀 지옥에 떨어진다고 말했다. 인디언들은 악마란 콜럼버스가 미국에 올 때 데려온 친구이고 지옥이란 그들이 타고 온 배라고 생각했다.

앞에서 보았듯이 약 1만 6천 년 전부터 아메리카 대륙에 살았던 인디언은 원래 수렵생활을 했으나 약 7천 년 전부터 지역별 특성을 반영한 생활방식을 정립했다. 인디언에게는 170가지가 넘는 다양한 언어가 다양한 문화와 함께 존재했다. 인디언들은 작고 평등하며 자율적인 공동체에서 더욱 복잡한 경제 구조의 집중화된 정치집단으로 변모했다. 그런 그들에게 법이 없었을 리 없다. 인디언에게는 소유 관념이 없었는가? 소로는 그렇다고 보았다. 한국에 소개된 인디언 민족장들도 그렇게 말했다고 한다. 그러나 농업에서 소유 관념이 없을 수는 없다. 그것이 공동소유라 할지라도 소유 관념은 존재했다.

소로를 잇는 환경보호론자들은 그 야생의 숲을 보존해야 한다고 주장한다. 그러나 인디언들의 생각은 달랐다. 인디언들은 그들이 적절하

다고 생각한 대로 자연을 다스려 농업을 했다. 그 결과 인디언 전통사
회에서는 인간이 만든 거대한 숲을 비롯하여 생태적으로 가장 풍부한
인공 환경이 조성됐다.

> 정기적으로 홍수가 닥치기 때문에 이 사람들은 넓은 흙둔덕을 쌓아올
> 려 집과 농장으로 이용했고, 운송과 교통 수단으로 둑길과 수로를 만
> 들었으며, 어살을 만들어 식량을 마련했고, 초원지대에 불을 놓아 나
> 무가 자라지 않게 했다. 1천 년 전 이들의 사회는 정점에 이르렀다. 마
> 을과 도시는 널찍했고 질서정연했으며 해자와 말뚝 울타리로 방어되
> 고 있었다. 에릭슨의 가상 재현에 따르면, 1백만 명에 이르는 사람들
> 이 기다란 면옷을 입고 목과 손목에는 무거운 장신구들을 쩔랑거리면
> 서 둑길을 걸어다녔을 것이다.[26]

그러나 그렇다고 해서 나는 인디언 사회를 대단한 문명사회로 보는
견해에는 찬성할 수 없다. 문명사회는 생태적으로 풍요한 인공 환경을
조성한 것이 아니라 생태적으로 파괴적인 인공 환경을 조작했기 때문
이다. 그런 문명사회의 관점에서 인디언 사회를 '야만 원시'라고 폄하
하는 것이나, '고상한 원시'라고 숭상하는 것은 모두 인디언의 주체적
성격을 부정하는 것이다. 인디언은 그들의 의지로 그런 생태적 인공 환
경을 자연과 조화되도록 창조했다.

따라서 자연절대주의나 자연숭상주의는 인디언의 자연관이 아니다.

자연상대주의와 자연조화주의가 그들의 자연관이다. 나는 이러한 자연관이 지금 우리에게도 필요하다고 생각한다. 가령 천성산 도롱뇽 보호를 이유로 한 공공 철도 개통의 지연과 그에 따른 막대한 손실을 어떻게 볼 것인가? 나는 나름으로 생태주의자고 자연보호주의자라고 자부하지만 천성산 도롱뇽 보호를 이유로 한 스님의 단식 농성에는 찬성하지 않았다.

나는 인디언이다

원시사회, 인디언 사회의 특질을 개략적으로 살펴보았는데, 상세한 내용은 2장 이하에서 설명하겠다.

앞에서 말한 "나는 인디언이다"라는 말로 돌아가 보자. 그 말은 인디언의 민족적 자부심을 상징하는 말이기도 하지만 그렇다고 해서 인디언이 자기 사회를 다른 사회에 비해 무조건 우월하다고 주장한 것은 아님을 주의해야 한다.

물론 민족적 자부심이라는 것을 부정할 필요는 없다. 그러나 그것을 마치 자연적·생래적인 것이라고는 생각하지 않는다. 문화적·역사적인 것이라고도 생각하지 않는다. 가령 두뇌나 정신, 또는 언어나 문자, 예술이나 문화가 어느 민족의 경우 특별히 우월하다고 생각하지 않는다. 가령 한국인은 원래 두뇌가 우수하고 근면하며 한글은 세계 최고의 언어이고 김치는 세계 최고의 건강식이며 온돌은 세계 최고의 난방시설이며 한옥은 가장 아름답고 과학적이라고 하는 따위의 주장을 나는 혐오한다. 어느 민족이나 나라나 우수한 두뇌나 근면성과 함께, 훌륭한 언어 생활과 의식주 생활을 한다고 믿는다.

나는 민족이 그 자체로 무조건 무한한 의미를 갖는 것이라고도 생각하지 않는다. 민족적 자부심을 가질 만한 내용이 있어야 그런 자부심을 내세울 수 있다. 자기 민족이기 때문에 다른 민족보다 무조건 우월하다는 식의 거짓 신화를 조작할 것이 아니라 의미 있는 내용을 가져야 한다.

로버트 비벌리(Robert Beverley, 1673~1722)라는 미국 최초의 인디언 출신 역사학자가 1706년에 쓴 《버지니아의 역사와 현실*The History and Present State of Virginia*》의 서두에서 "나는 인디언이다"라는 말을 했을 때도 마찬가지였다. 비벌리는 그 책에서 인류의 역사를 인디언의 '자연스러운 자유'와 백인의 '조작된 인공의 권위'가 대립하는 것으로 보았다. 인디언의 삶이 자유와 평등에 근거한다는 점은 현재의 미국인은 물론 5백 년 전 인디언을 처음 본 사람들도 인정한 것으로, 지금까지 전혀 변하지 않은 그들 삶의 원리다. 즉 인디언 사회는 수천 년 간 강력한 정치·경제적 지위나 강제적인 정치제도 없이도 자유와 평등, 자치에 의해 운영돼 왔다.

그런 점에서 비벌리가 서술한 버지니아 주만이 아니라 미국 모든 주의 역사가, 아니 미국 역사 자체가 인디언으로부터 시작되는 것이 당연하다. 그러나 대부분의 미국 역사책은 그렇게 시작하지 않는다. 인디언은 아예 등장하지도 않는다. 미국 역사에 인디언은 없다. 비벌리의 책은 미국 문학사에 최초의 걸작으로 평가되지만 그가 주장한 역사관은 미국 역사책에 흐르지 않는다. 그들의 역사가 인디언 착취와 절멸의 역사이기 때문이다.

앞에서 말했듯이 나는 한국인이면서 동시에 인디언이라고 생각한다. 또 3백여 년 전의 비벌리처럼 '조작된 권위'가 아니라 '자연스러운 자유'를 믿는다. 자유와 평등의 민주주의를 믿는다. 즉 모든 사람이 자유롭고 평등한 주인인 세상이 옳다고 믿는다. 그러나 지금 우리가 사는 곳은 그런 자유와 평등의 민주주의가 행해진다고 할 수 없다. 자본이나 권력에 구속되고 돈이나 힘에 따라 차별되는 세상을 어떻게 민주주의라고 할 수 있는가? 내가 아는 한 그런 자유와 평등의 민주주의는 인류 역사에서 아메리카를 비롯한 여러 인디언 사회 밖에 존재한 적이 없다. 이 책을 쓰는 이유는 바로 그 민주주의의 원형을 소개하려는 것이다.

그런데 지금 우리가 말하는 자유와 평등에 근거한 민주주의는, 흔히 유럽, 특히 그 어머니라는 그리스·로마에서 비롯된 것이라고 한다. 그러나 인구의 대부분이 노예였던 그리스·로마에 어떻게 자유와 평등이 보장된 민주주의가 행해졌다고 할 수 있는가? 소크라테스도 플라톤도 민주주의에 대해서는 거의 아무것도 가르쳐 주지 않았고 도리어 반민주주의자들이었는데 그들의 말이나 책을 정치학은 물론 모든 인문사회과학의 고전이라 하는 것은 우습지 않은가? 그들을 신봉하는 서양이란 사실 가장 비민주주의적인 사회가 아니었는가? 지금도 교황이라는

자나 영국의 여왕이란 자는 민주주의에 철저히 반하는 존재가 아닌가? 그들이 상징이나 형식에 불과하다고? 무슨 말인가? 전 세계의 가톨릭 신자나 영국인에게 그들은 절대적인 지배자가 아닌가? 심지어 추기경이니 주교니 하는 이들은 물론 신부니 목사니 하는 이들도 상당한 정도의 지배자가 아닌가? 무소유를 주장하는 스님들도 한국에서 가장 거대한 지주인 불교 재단의 수많은 재산에 둘러싸여 지내면서 무소유 운운하는 것은 아닌가?

흔히 영국을 민주주의의 조국이라 하고, 마그나카르타를 영국 민주주의의 시작이라 한다. 그러나 이는 1인의 강력한 군주정치에서 소수의 과두정치로 바뀐 것에 불과하고 지금 우리가 말하는 민주주의와는 아무 관련이 없는 것이었다. 마치 로마 교황을, 교황이 임명한 추기경 선거인단에서 뽑고, 신성로마제국 황제를 몇 명의 세습 왕으로 구성된 선거인단에서 뽑는다고 해서 민주적이라고 할 수 없듯이 말이다. 우리는 로마교황청을 민주공화국이라고 부르지 않는다. 사실 나는 여왕이 지배하는 영국을 민주주의의 조국은커녕 민주주의 나라라고도 보고 싶지 않다. 하물며 천황이 지배한다는 일본을 어떻게 민주주의라고 할 수 있겠는가?

로마를 계승한 스페인이나 포르투갈은 자국은 물론 식민지였던 남미에 민주주의를 세우지 않았고, 영국이나 프랑스나 네덜란드도 마찬가지였다. 특권계급을 기반으로 한 군주제와 귀족제에 민주주의를 접목시키려는 그 나라들의 역사는 피로 물들었다. 미국 독립전쟁 당시 영

65

국에서 투표권은 20명에 1명 꼴로 주어졌고, 스코틀랜드인은 전부 3천명 정도가 투표했으며, 아일랜드 가톨릭교도에게는 투표권도 공무담임권도 없었다.

네덜란드가 아메리카에 식민지를 건설했을 때 본국민의 권력은 인구의 4분의 1에 불과한 귀족과 시민의 수중에 있었다. 암스테르담은 36명의 참사회(參事會)가 지배했는데, 그 36명은 선거가 아니라 세습에 의해 평생 그 직을 유지했다. 유럽의 계몽시대도 세습이나 구매에 의해 얻은 부와 특권을 갖는 사람들에 의해 지배되었으므로 사실 계몽은커녕 암흑의 시대였고, 당시 왕을 계몽군주라고 부름은 그야말로 넌센스에 불과했다.

미국은 건국 당시는 물론 19세기 후반까지도 노예가 있었기 때문에 미국을 자유와 평등에 기초한 민주주의 국가로 부르는 것도 어폐가 있다. 여하튼 자유와 평등이라는 이념은 근대 유럽의 계몽주의에서 온 것이 분명한데, 그 이전의 그리스·로마에서 왔다는 주장은 의문의 여지가 있다. 그럼 어디에서 온 것일까? 나는 그것이 아메리카 인디언에서 비롯되었다는 점에서 모든 역사책이나 철학책은 다시 씌어져야 한다고 생각한다.

미국 서부영화를 보면 아메리카 인디언 사회는 강력한 권한의 '추장'(민족장)에 의해 지배되는 듯하다. 그러나 이는 사실과 전혀 다르다. 민족장은 사람들의 존경을 받는 종교적 명예직에 불과하여 아무런 권력이 없고, 실제로는 사람들이 뽑은 회의가 통치했다. 사실 그 민족장이란 것도 아메리카에 온 영국인이나 프랑스인이 인디언과 거래하는 경우 자국의 왕과 같은 대표의 존재를 강요한 탓으로 생긴 것이었다. 인디언 사회에는 본래 군주제란 존재하지도 않았다.

흔히 민주주의를 상징하는 건물로 미국 국회의사당을 든다. 한국의 국회의사당도 그렇지만 미국 국회의사당은 고대 로마풍의 돔에 그리스식 기둥으로 구성되어 있어서 그것이 그리스·로마에서 비롯됨을 상징한다. 내부의 복도에 있는 함무라비 왕과 솔로몬 왕, 마그나카르타, 루소, 볼테르 그리고 로마풍의 미국 정치인 상이나 벽화도 마찬가지다.

그런데 중앙 돔 아래 벽화에 그려져 있는 인디언이, 백인의 서부개척 당시 야생동물이나 산맥이나 강이나 사막과 마찬가지로 위험한 장애물의 하나로 그려져 있음을 보게 된다. 그리고 그 중간에 인디언 민족장의 딸 포카혼타스(Pocahontas, 1595?~1617)가 영국인 복장으로 세례를 받는 장면이 있다.

요컨대 그리스·로마와 유럽에서 온 미국인이 인디언에게 서양 민주주의 문명을 전했다는 것이다. 그러나 참된 역사는 그 반대다. 인디언이 아메리카에 온 서양인에게 자유와 평등의 민주주의를 전한 것이다. 앞에서도 말했듯이 콜럼버스는 물론 그 후 미국에 온 서양인은 누구도 민주주의를 몰랐다. 메이플라워호를 타고 온 영국인은 모두 신이 왕에게 권력을 주었다고 믿었다. 이른바 왕권신수설이라는 것이다. 당시 영국 왕은 절대자로서 가령 아일랜드 따위는 절멸시켜도 좋다는 허락을 신으로부터 받았다고 생각했다. 프랑스의 왕이라는 것도 마찬가지였다.

　18세기에 와서 유럽에 계몽주의가 생겨나 자유와 평등이니 민주주의니 하는 말들이 미사여구와 함께 회자되었지만 당시 유럽에는 그런 정부가 없었다. 특히 헌법을 제정하는데 독립한 13개 주가 어떻게 하나의 나라를 세울 것인가 하는 문제에 부딪혔을 때 연방이라는 아이디어를 제공한 것은 당시 호데노소니 족의 민족장인 카나사테고(Canassatego)였다. 따라서 그가 마땅히 미국 국회의사당에 가장 중요한 인물로 그려져야 했으나 그렇지 못하다. 이는 미국에서의 인디언의 처지를 상징적으로 보여 준다.

2. 인디언 아나키 민주주의

원시사회는 아나키 사회다

만약 조선시대를 '원시사회'로 부르는 자가 있으면 당장 비난받겠지만 서양인들이 조선을 알았던 19세기말부터 얼마 전까지만 해도 서양인들은 조선시대를 '원시사회'로 본 게 사실이다. 나는 서양인이 '원시사회'를 '야만사회'라는 의미로 폄하한 것에는 분노하지만 내가 이상사회로 꿈꾸는 아나키 사회를 '원시사회'라 한다면 조선시대까지 그렇게 부르는 것에도 동의한다. 물론 내가 아는 조선사회는 아나키 사회가 아니지만 적어도 당대 서양사회에 비하면 상대적으로 아나키 사회에 가까웠다고 본다.

인디언 전통사회를 흔히들 '원시사회'라고 한다. 서양인들은 19세기 이전의 한반도를 포함한 동양을 그런 사회로 보기도 했지만 과연 그렇게 볼 수 있는지는 의문이다. 나는 이 책에서 19세기 이전의 한반도를 국가나 시장 차원에서 어떻게 보아야 하는지를 상세하게 검토하지는 않겠지만, 그것이 근대 서양의 그것과는 분명히 달랐다고 본다. 굳이 더하자면 인디언식의 원시사회와 근대 문명사회의 중간 정도라고 볼 수 있을지 모른다. 즉 인디언 사회와 달리 국가나 시장이 있었지만 대단히 불완전한 것이 아니었을까?

'원시사회'란 흔히 인류사 최초의 사회로, 원시적 생활을 하는 사회 또는 원시적 문화 단계에 있는 사회를 말한다. 원래는 서양인들이 선사시대의 인간이 이룬 낮은 수준의 문화나 사회를 일컫는 말이었으나, 유럽인이 16세기부터 해외로 진출하여 비유럽민족을 접하게 되면서 그들의 문화나 사회를 표현하는 데도 '원시적'이라는 말을 쓰게 되어 선사시대 사람들과 비유럽민족(한민족을 포함하여)을 함께 가리키는 말로 사용되어 왔다. 흔히 '원시사회'는 국가가 없거나, 설령 있어도 부족국가나 부족연합 상태에 머물러 있으며, 공동체적 규제가 심하고, 문자와 화폐경제가 존재하지 않는 낮은 수준의 저급한 문화 단계라고 말한다.

그러나 이러한 일반적 이해에는 문제가 많다. '원시사회'가 국가, 문자, 화폐, 시장 등이 없으므로 낮은 수준의 저급한 문화 단계라고 함은, 국가, 문자, 화폐, 시장 등이 있는 유럽인 혹은 근대인의 사회가, 자기 사회를 높은 수준의 고급한 문화 단계라고 스스로 평가하는 관점에서 내려다보는 우월주의에서 비롯한 것이며, 문화 수준을 높이기 위해 원시사회를 정복하는 것이 정당하다는 침략주의적 주장이기 때문이다. 물론 우리는 그런 우월주의나 침략주의에 따를 수 없다.

서양인들이 이처럼 자신들의 사회를 '문명사회'라 부르고 그밖의 것을 '원시사회'라고 부르는 것은 분명 잘못된 편견이고 비서양 사회를 무시하는 것이기도 하지만, 이는 원시사회를 어떻게 이해하느냐와 관련하여 달리 생각할 부분이 있다는 점을 주의해야 한다. 이 책에서는 '원시사회'라는 말을 그대로 사용하지만 이는 '비문명사회'라는 의미가 아니라, 그 실체가 자급자족하는 자연경제이며 국가, 권력, 권위가 없는 사회라는 의미에서다. 따라서 이를 더 적절하게 부른다면 아나키 사회라고 할 수 있다. 이하 이 책에서 내가 원시사회라고 함은 그런 아나키 사회를 의미한다는 것을 주의하기 바란다.

국가 없는 사회나 시장 없는 사회로서 원시사회가 국가나 시장을 갖는 근대사회에 반대하는 사람들에 의해 이상화되어 온 점도 비판적으로 볼 필요가 있다. 16세기의 유토피아주의자나 18세기의 낭만주의자 또는 19세기의 사회주의자나 아나키스트, 20세기의 생태주의자들을 비롯한 많은 아웃사이더들이 국가 없고 시장 없는 원시사회를 이상향으로 동경하면서 인디언 사회를 그 전형으로 보아 왔다. 그러나 그들이 흔히 말하는 '자연상태'로서 그런 원시사회가 마치 인류사 최초의 필연적인 것처럼 주장함은 원시사회를 문명사회에 반대되는 것으로 경멸한 것과 근본적으로 크게 다르지 않다. 여기서 내가 주장하는 것은 국가와 시장이 없는 원시사회는 필연적으로 주어진 것이 아니라 그 사회 사람들의 의지에 의해 그렇게 형성되었다는 점이다. 즉 아나키라는 의지에 의해 아나키 원시사회가 형성된 것이다.

'원시사회'의 자급자족하는 자연경제

우리나라에는 민족학박물관이 거의 없지만 서양은 물론 가까운 일본에도 거대한 민족학박물관이 있다. 거기서 보는 한국관은 주로 무당 중심이어서 어리둥절했던 기억이 있지만, 그곳에 보관된 이른바 '원시사회'라는 곳들의 유물을 보면 '원시인'이라는 사람들의 일용품이 예술작품이라 할 정도로 정교하고 아름답게 만들어진 것에 놀라게 된다. 이는 꼭 외국의 민족학박물관에서만이 아니고 국내의 박물관에서도 충분히 알 수 있는 것이다. 즉 중세나 근대사회는 물론이고 고대사회에 만들어진 것들은 모두 아름답고 정교하다.

물론 원시인의 유물을 현대인의 일용품과 비교하여 우열을 따질 사람들도 있겠지만 그 손재주가 과연 얼마나 차이가 난다고 해야 할까. 분명한 점은, 적어도 어느 시대나 사회의 기술이란 것을 '주어진 환경에서 그 사회의 필요를 만족시킨 정도'로 판단한다면 그 우열을 따지기란 결코 쉽지 않다는 점이다.

'원시사회'의 '원시인'은 천성이 게으르므로 그곳에서는 경제가 발전하지 못했다는 식의 견해도 마찬가지다. 19세기말 서양인이 우리나라에 처음 왔을 때도 그렇게들 말했다. 당시 서양인은 지금 한국인처럼 열심히 일해야 '문명인'이라고 생각했다. 서양인들이 16세기에 남북 아메리카 인디언들을 만났을 때도 마찬가지였다. 그러나 당시 서양인들은 인디언들이 일을 별로 하지 않았어도 굶어죽지 않고 잘 살았다는 많은 보고를 남겼다. 우리 선조들과 마찬가지로 인디언은 주로 농업에 종사했다. 남자들은 일년에 한두 달 정도 개간에 필요한 중노동을 했을 뿐이고, 여자들은 파종이나 제초를 비롯한 나머지 일과 추수를 주로 맡았다. 그래서 남자들은 일년 중 열 달 넘게 사냥과 어로, 놀이와 음주를 즐기고, 전쟁이 터지면 전쟁을 하며 살았다. 여성들은 봄가을 농업노동을 했지만 그 노동도 전혀 과중한 것이 아니었다.

이는 원시사회가 필연적으로 무능했음을 뜻하는 것이 아니라, 불필요한 과잉생산을 거부하고 생활에 꼭 필요한 물자의 자급자족과 조화된 생산 활동을 했음을 의미한다. 그것은 "자연환경과 사회적 계획의 적극적인 지배에 의한 것으로, 스스로의 사회 존재를 변질시키고 부패시키며 해체시킬 수 있는 것을 외부에 드러내지 않으려는 의지에 의한 것"[1]이었다. 즉 자연환경과 사회적 필요에 맞게 생산량을 조절하여 인간이 타락하지 않도록 경계한 생태적 자급자족 생활이었다. 그런 점에서 인디언 사회가 오늘날 우리가 말하는 생태사회였음은 물론이지만, 이 생태사회라는 것이 원시사회 자체에 의해 자연적으로 주어진 것이 아니라, 원시사회를 그렇게 영위하고자 한 원시인들의 결연한 의지에 의한 것임을 주의해야 한다. 안빈낙도의 자급자족을 찬양한 동양의 경제관과 유교나 불교의 그것도 그렇게 볼 필요가 있다. 어쩔 수 없이 그렇게 살 수밖에 없어서가 아니라, 그렇게 사는 것이 옳기 때문에 생산을 제한하며 산 것이었다. 이는 오늘날 전지구적인 환경위기에 대처할 수 있는 방법으로 적정한 생산을 할 수밖에 없는 것과 마찬가지다.

인디언 경제에도 과잉생산이 있었지만, 이는 정기적인 축제나 초대연, 외부인의 방문 등의 기회에 공공적으로 소진됐지 어떤 권력자나 유력자에게도 사적으로 부여되지는 않았다. 즉 원시사회는 과잉생산 경제를 거부하기 때문에 그것이 없는 사회로 유지되고 존속됐다. 그들은 서양인에 의해 자신들의 돌도끼에 비해 쇠도끼가 생산성을 높인다는 것을 알고 그것을 사용하게 되었어도, 이는 같은 시간에 10배를 생산하기 위해서가 아니라 같은 일을 10분의 1의 시간에 마치기 위한 것에 불과했다.

그러나 역사에서 실제로 일어난 일은 그 반대였다. 쇠도끼와 함께 서양인은 인디언에게 폭력, 강제력, 권력을 가져다 주었기 때문이다. 그 결과 인디언은 필요 이상으로 노동을 강요받고 부를 탐욕하게 됐다. 이러한 노동의 강요와 탐욕은 언제 어디서나 권력의 강제에 의한 것이었다. 노동과 권력을 거부한 최초의 여가 사회이자 풍요로운 사회였던 '원시사회'에는 그러한 권력의 강제가 없었으나, 백인에 의해 폭력, 강제력, 권력이 행사되기 시작되면서 그것들에 의해 인디언은 멸망해 갔다.

원시사회의 자립, 자유, 자치의 정치

인디언이 멸망한 이유 중 가장 중요한 것은 인디언 사회에 국가가 없었다는 점을 들 수 있다. 앞에서 설명한 바와 같이 원시사회가 여러 계급으로 분화되지 않은 계급 없는 사회, 즉 착취자와 피착취자의 대립이 없으므로 부자와 가난한 자의 차이도 없었다는 점보다 더욱 핵심적인 것은, 지배자와 피지배자의 정치적 분화가 없다는 점이다. 마빈 해리스는 이를 다음과 같이 설명한다.

국가로 발전되기 이전의 대부분의 비정주(非定住) 수렵·채집민 소집단 사회와 촌락사회에서는 오늘날 같으면 소수의 특권층만이 누리는 경제적·정치적 자유를 보통 사람들이 대부분 누리고 있었다. 사내들은 어느 날 어떤 일을 얼마나 할 것인가, 아니면 일을 할 것인가 하지 말 것인가를 스스로 정했다. 여자들도 남자들에게 예속되어 있기는 했지만, 대체로 혼자 매일 할 일과 일의 속도를 정했다. 사람들은 자기가 할 일을 할 뿐 어디서 언제 해야 한다는 것을 남이 정하는 일은 없었다. 비켜서서 재어 보고 헤아리는 간부나 감독이나 우두머리 따위는 없었다.…… 남녀 누구에게나 자연의 혜택을 평등하게 나누어 가질 권리가 있었다. 지대(地貸)도 세금도 공물도 없었으니 그것 때문에 하고 싶은 일을 못하는 일은 없었다.[2]

클라스트르(Pierre Clastres, 1934~1977)에 의하면 원시사회에서 우두머리는 명령하지 않고, 또 그 누구도 그에게 복종하지 않는다. 모든 개인은 평등하고 자유롭고, 모두들 사회의 자치에 자유롭게 참여한다. 권력은 그 사회로부터 분리되지 않고, 사회는 하나의 전체로서 권력을 배

타적으로 소유하며, 개인이나 특정 집단에게 양도하지 않는다.[3]

그러나 이는 앞에서 말한 원시 경제처럼 원시사회에서 결코 자연스럽게 이루어지거나 필연적으로 주어진 것은 아니다. 흔히 말하듯이 국가란 문명사회의 특징이므로, 이와 대비되는 원시사회가 야만적이고 미개한 사회여서 국가가 없던 것이 이니라는 애기다. 그 반대로 원시사회에도 현대사회와 마찬가지로 권력이 우두머리에게 집중될 위험이 언제나 존재했다(원시사회에서도 재산이 집중될 수 있었던 것과 마찬가지다). 따라서 원시사회에서 그러한 권력의 분화와 집중이 생기지 않은 이유는, 그 사회가 갖는 권력이 사회로부터 분리되지 않게 하기 위해, 특히 그 사회의 우두머리에 대해 권력을 향한 그의 무한한 욕망이 실현되지 않게 하려고 사회가 노력했기 때문이다.

이 점을 우리는 주목해야 한다. 권력은 그것을 철저히 견제하지 않는 한 언제나 한두 사람에게 집중될 우려가 있기 때문이다. 재산이 그러하듯 말이다. 즉 권력과 부는 언제 어디서나 집중될 수 있으나, 원시사회에서는 그 집중을 철저히 제한했다. 따라서 이른바 문명사회와 원시사회의 차이란 그런 권력과 부에 제한이 있는지 여부에 있다. 즉 문명사회란 권력과 부에 제한이 없는 것이고, 원시사회란 그것들을 제한하는 것이다. 권력과 부가 무한해서는 안 되고 적절히 제한할 필요가 있다면 그것은 문명사회가 아니라 원시사회에서 가능한 것이었다. 따라서 우리의 문명사회란 비판되어야 하고, 따라서 그것과 다른 원시사회를 우리의 새로운 이상사회로 재조명할 필요가 있는 것이다.

또 하나 중요한 점은, 그런 부와 권력의 제한을 가능하게 하는 것이 원시사회에서는 종교와 법을 비롯한 사회문화 장치들이라는 점이다. 종교는 법, 즉 인간관계를 조절하는 규범들의 총체에 대한 사회의 관계를 확보해 준다. 현실 사회에 앞서는 신화적 시간에서 비롯된다고 믿어진 법은 종교에 의해 전달되고, 종교는 법이 영원히 준수되게 하는 것이다. 이는 사회 외부 요소인 신의 행위에서 그 토대가 형성된다고 믿는 것을 의미한다. 따라서 종교는 원시사회 자체에 내재하는 것이지, 마르크스주의자들이 말하는 지배 이데올로기나 지배집단이 대중에게 먹이는 아편 같은 것이 결코 아닌 것이다. 도리어 종교는 법과 함께, 권력과 부를 제한함으로써 사회질서를 유지하게 하는 가장 강력한 수단으로 결합되어 있다.

나는 여기서 심각한 종교론을 펼칠 생각은 추호도 없지만, 종교와 법의 본질이 권력과 부의 제한을 통한 민주주의에 있다는 적극적인 의의를 분명히 강조하고 싶다. 인디언의 종교가 그렇고, 기독교, 적어도 예수의 가르침과 그것을 그대로 따른 초기 기독교가 그렇고, 특히 인디언의 종교를 발견한 아메리카 이주 초대 기독교인들, 가령 퀘이커파 등의 기독교가 그렇다. 또한 불교나 노장의 도교가 그렇고 유교에도 그런 점이 있다고 본다.

원시사회에도 우두머리는 존재했다. 그러나 원시사회에서 우두머리의 말이 정당성을 갖는 이유는 그러한 종교에 근거한 전통, 즉 사회의 계급적 분화를 거부하고 계급적 지배에 대항하는 인간의 자유를 보장하는 법을 말하기 때문이다. 조상들의 법을 대변하는 우두머리는 자유 이상의 것을 말할 수 없고, 그 자유를 제한하는 입법자가 될 수도 없으며, 자신의 욕망의 법칙으로 공동체의 법칙인 자유의 보장을 대체할 수도 없다. 그 공동체의 법칙이란 모든 인간은 자유롭고 평등하며, 따라서 인간 위에도 인간 아래에도 인간이 없나는 것이다.

이상의 설명을 토대로 근대 문명사회를 다시 살펴보면 문명사회란, 앞에서 말한 '계급으로 분화되지 않은 동질적 사회'인 원시사회와 반대되는 '계급으로 분화된 이질적 사회'를 말한다. 즉 부자와 빈민, 착취자와 피착취자, 지배자와 피지배자가 있고, 명령을 내리는 우두머리에게 누구나 무조건 복종해야 하는 사회다. 즉 원시사회에서는 사회 자체에 있던 권력이 문명사회에서는 한 사람 또는 몇 사람의 우두머리에 의해 독점적으로 소유되고 행사되며 다수의 나머지는 그에게 복종한다.

그럼에도 지배자는 이를 자유와 평등을 기본으로 삼는 민주주의라고 선전한다. 그러나 이는 사회의 분화와 갈등을 숨기고 사회가 동질하다고 꾸미는 거짓말에 불과하다. 바로 마르크스가 말하는 이데올로기, 즉 허위의식인 것이다. 이는 특히 16세기 이후 유럽에서 나타난 현대적 현상이다. 반면 원시사회에는 그런 이데올로기가 존재할 여지가 없다. 따라서 마르크스가 말한 이데올로기란 정확한 개념이기는 했지만 적어도 원시사회의 종교나 법에는 적용될 수 없는 것이고, 이른바 문명사회의 종교나 법도 그것이 실질적으로 권력과 부의 제한을 위한 것이라면 이데올로기일 수 없다. 물론 권력과 부의 제한이 아니라 그 무제한을 허용하는 종교와 법이라면, 적어도 그것이 그렇지 않다고 가정하는 한 마르크스가 말하는 이데올로기, 즉 허위의식임은 두말할 필요가 없다. 따라서 종교나 법이 허위의식이냐 아니냐 하는 것은 그 자체가 아니라 내용에 따라 판단돼야 하는 것이지 법이나 종교를 무조건 허위의식이라 하는 주장 자체가 허위의식이다.

정치와 경제의 관계

이상의 설명에서 우리는 다음과 같은 것에 주의해야 한다. 즉 경제적 생산 활동이 그 노동의 성과를 향유하는 자들에 의해 강제되고 계산되어 소외된 노동으로 변화된 것은 사회 자체가 이미 지배자와 피지배자, 주인과 하인으로 분화되었기 때문이고, 이는 '원시사회'를 파괴할 권위와 권력이 먼저 성립됐음을 뜻한다는 점이다. 노동 분업을 포함한 모든 분화의 기초가 되는 사회의 분화는, 군사적으로나 법적으로나 종교적으로 권력을 가진 자들과 그 권력에 종속되는 자들 사이의 거대한 정치적 단절을 뜻했다. 즉 권력이라는 정치적 관계는 경제적 관계에 선행하여 경제적 착취를 만들어 냈다. 권력은 노동에 선행하여 나타났고, 경제적인 것은 정치적인 것의 파생물로 생겨났고, 국가의 생성이 계급의 출현을 규정하는 것이다.

따라서 내 주장은 마르크스주의자들이 경제적 하부구조의 변화가 정치적 상부구조를 결정한다고 본 것과 근본적으로 다르다.[4] 그 주장의 근거는, '원시사회'에는 상이한 하부구조에 동일한 상부구조를 갖는 경우도 있고, 반대로 동일한 하부구조에 상이한 상부구조를 갖는 경우도 있기 때문이다. 이는 산업혁명과 함께 '인류 역사의 2대 변화'인 신석기혁명의 경우에서 찾아 볼 수 있다.

신석기혁명이란 동물의 가축화, 농업과 직조 및 토기 제작 기술의 발달, 그리고 그것들에 따른 인간의 정착생활화에 의한 변화를 뜻한다. 그 중에서도 가장 중요한 것은 수렵 중심의 이동생활에서 농업 중심의 정착생활로 이행함으로써 안정적인 인구집중이 나타나고 이를 통해 도시가 형성됐으며 뒤이어 국가가 형성된 것이라고 한다.

그러나 수렵생활이 곧 이동생활을 뜻하는 것은 아니었고, 농경생활을 하지 않으면서도 정착생활을 하는 사례들이 인디언 사회를 비롯한 '원시사회'에는 많이 발견되고 있다. 이는 사회의 물질적 생활 여건이 완전히 변하는 경우에도 사회 자체는 변하지 않고 유지됨을 뜻한다. 즉 신석기혁명이 인간의 물질생활에 큰 영향을 미쳐 생활을 편리하게 해주었어도 그것이 기계적으로 사회질서의 전복을 가져오지 않았음을 뜻한다.

이런 현상은 산업혁명에서도 찾아볼 수 있다. 즉 서양에서 산업혁명이 거의 비슷한 시기에 일어났어도 동일한 정치혁명을 낳지는 않았다. 더욱 가까운 예로 우리는 박정희 정권에서 급격한 경제성장이 이루어졌어도 정치·사회적 변화는 적어도 일제 이후 거의 없었다는 점을 들 수 있다. 1990년대에 들어 한국이 괄목할 만한 경제 성장을 이루었으면서도 정치·사회적으로는 여전히 후진적인 것도 마찬가지다. 물론 더 거슬러 오르면 조선 왕조와는 현저한 대조를 이루는데, 이는 조선 왕조의 국가와 그 이후의 국가가 전혀 다른 것이기 때문이다.

따라서 결정적인 것은 정치적 단절이나 혁명이지 결코 경제적 변화가 아니다. '원시사회'의 종말은 경제혁명이 아니라 정치혁명, 즉 국가의 출현에 의한 것이다.[5] 흔히들 국가란 지배계급이 피지배계급에 폭력적 지배를 행사할 수 있게 해 주는 도구라고 한다. 그렇다면 국가가 출현하기 위해서는 적대적인 계급의 분화가 있어야 하고, 이는 그중 지배계급이 피지배계급을 합법적인 물리적 폭력으로 독점해야 하는데, 그런 독점이 이미 존재할 경우 국가란 것이 반드시 있을 필요는 없게 된다.

또 흔히들 국가는 그보다 앞서 나타난 사유재산의 정당성을 인정하는 것이고 국가는 사유재산 소유자의 대표이자 보호자라고 한다. 그러나 남보다 더 많이 일하거나 더 많이 갖거나 더 낫게 보이려는 욕망이 있는 사람이 없는 '원시사회'에서는 사유재산이 있을 수 없고, 따라서 국가도 있을 수 없다.

국가의 왕이 없는 인디언 민족의 장(長)인 민족장은 권위에 의한 강제력을 행사하거나 명령을 내릴 수 없다. 즉 그는 명령을 내리는 자가 아니고, 민족원은 그에게 복종해야 할 어떤 의무도 지니지 않는다. 뒤에서 상세히 보듯이 민족장에게는 권력이 없다. 그의 임무는 민족을 구성하는 개인들, 가족들, 씨족들 사이의 분쟁을 해결하는 것에 그칠 뿐이고, 이를 통한 민족사회의 질서와 조화를 위해 사회가 그에게 인정한 위신 외에 어떤 수단도 갖지 않는다. 그 위신이란 권력이 아니며, 분쟁 해결을 위해 그에게 부여된 유일한 수단은 민족 구성원들에게 '말하기'뿐이다. 이처럼 민족장은 사회에 봉사하기 위해 존재할 뿐이고, 권력은 사회에 주어져 사회가 민족장에 대한 권위를 행사한다.

사회가 다른 모든 사람들과 마찬가지로 민족장의 행위에도 부과하는 엄격한 통제에 의해, 민족장이 원시사회의 법, 즉 "너는 다른 이들보다 나은 존재가 아니다"라는 평등의 법에 위배되는 경우는 거의 없다. '거의' 없다는 것은 전시에는 최소한의 군사적 지휘권(이것도 근대 문명사회의 군대와는 본질적으로 다른 비계급적인 것이었음에 주의해야 한다)을 행사하기 때문이다. 전쟁이 끝나면 그 결과에 관계없이 그는 권력이 없는 존재로 돌아가야 한다. 즉 전쟁에서 승리한다 해도 민족장이란 민족의 의지를 실현하기 위한 적절한 도구에 불과하므로 과거의 승리는 쉽게 잊히기 마련이다.

가령 아파치 민족(Apache)의 유명한 민족장 제로니모(Geronimo, 인디언 이름은 Goyathlay, 1829~1909)는 동족을 살해한 멕시코 군인들과 싸워 승리했다. 그 복수가 끝난 뒤 동족은 전쟁을 끝내고자 했으나, 제로니모는 인디언의 안전을 위해 적에 대한 더 큰 복수를 원했다. 그러나 동족은 그의 뜻을 거부했다. 더 큰 복수는 제로니모 개인의 복수라고 생각했기 때문이다. 그는 결국 실패했다. 그 후 1903년 그는 아파치 족을 이끌고 오클라호마 주 포트실에 정착하여 네덜란드 개혁파 교회의 신자가 됐고, 1906년에는 자서전[6]을 집필했다. 이 제로니모의 사례는 인디언 전체의 멸망사를 상징한다. 지금 우리는 강력한 지도자이고자 했던 제로니모 편을 들 수도 있다.[7] 만일 그의 꿈이 이루어졌다면 인디언은 멸망하지 않았을지도 모른다.

이처럼 왕과 근본적으로 다른 허약한 민족장이 왕처럼 강력한 지도자로 바뀌는 경우는 인디언 사회에서는 있을 수 없는 일이다. 원시사회는 민족장이 전제군주로 바뀌는 것을 허용하지 않기 때문이다. 마찬가지로 원시사회는 국가가 존재하는 것을 허용하지 않는, 국가 없는 사회다. 그래서 아나키 사회다. 반면 모든 비원시사회는 국가 있는 사회다. 즉 반아나키 사회다. 이런 아나키 사회는 당연히 허약할 수 있고, 특히 강력한 외부 세력이 존재하는 경우 그것에 의해 멸망할 수도 있다. 따라서 한반도같이 강력한 외세에 둘러싸인 나라에서는 아나키즘이 불가능하다는 이야기도 나올 수 있다. 그러나 그런 경우에는 도리어 어떤 외세와도 결탁하지 않는 중립적 자세로 아나키를 유지할 수 있다.

두 가지 국가와 민족 말살

원시사회에도, 남북 아메리카 인디언 사회에도 국가가 전혀 없었던 것은 아니다. 잉카 제국을 예로 들어 보자. 흔히 잉카 제국을 이집트의 파라오나 동양적 전제주의 국가와 함께 미개 '국가'라고 하고 서양 세계의 이른바 문명 '국가'와 구분하기도 한다. 이 두 가지 국가는 여러 가지 차원에서 구분될 수 있겠지만 민족 말살과 관련되어 구분되기도 한다. 민족 말살이란 어떤 민족이 열등하거나 나쁘다고 판단된 문화적 차이들을 제거하는 것으로, 모든 민족을 동일화의 원리, 즉 타자를 동일자로 환원시키려는 것이다. 즉 다양성을 단일성으로 해소시키는 것이다. 역사에 나타난 그 전형적 사례가 인디언 멸망이다. 이는 아메리카 대륙은 물론 오세아니아 등지에서도 나타났다.

그러나 이집트의 파라오나 동양적 전제주의 미개국가의 경우, 민족 말살의 능력은 국가의 허약성이 아닌 국가의 힘에 제약된다. 이는 민족과 민족의 대립으로 전화(轉化)된 민족 간 차이를 제거하는 민족말살적 행위가, 국가의 힘이 더 이상 위협받지 않을 때 중단되는 것을 말한다. 가령 중국 역대 왕조가 하나의 공동체라고 본 한반도 등 주변 국가들에게, 그 국가들이 중국의 정치적 권위를 인정하고 복종하는 한, 멸망시키지 않고 상대적 자율성을 보장한 것이 그 예다. 우리가 우리 역사의 사대주의 문제를 논의하는 것도 이런 관점에서 새롭게 볼 수 있겠다. 중화주의도 그 이름이 뜻하듯이 명백히 자민족 중심주의였으나, 서양의 민족말살적 자민족 중심주의와는 달랐다.

이는 서양의 경우 이른바 미개국가와 같이 자민족 중심주의이기는 마찬가지여도 그 민족말살 능력이 상대적이고 제한적이지 않고, 무제한이고 절대적인 점과 비교된다. 즉 모든 경계를 넘어서는 통로로서의 산업적 생산주의가 무제한적으로 지배한 것이다. 그것이 자본주의든 사회주의든 비산업적인 세계를 방치하지 않고, 산업적 생산의 확대를 위해 민족말살이나 인종말살을 감행하는 것이라는 점에서는 마찬가지다. 즉 서양은 비서양에 대해 언제나 "생산이냐 죽음이냐"의 선택을 강요했다. 이는 콜럼버스 이후 지금까지 계속된 서양의 세계 침략 방식이다. 나아가 서양에서 배운 일본의 침략 방식이다. 그리고 그것을 지금 우리도 열심히 배우고 있다.

서양의 이러한 민족말살적 자민족 중심주의는 서양 국가 자체의 민족말살적 성격에서 비롯된다는 점에 주의해야 한다. 가령 영국이나 프랑스나 러시아, 또는 1871년 통일 이후 독일의 중앙집권적—지방파괴적 정체(政體)의 성격이 그렇다. 프랑스의 경우 이는 제3공화국 들어 무상 의무교육과 징병제도를 통해 주민들이 법 앞에서만 평등한 시민으로 변하는 것으로 완성됐다. 유럽 다른 나라의 경우도 대체로 마찬가지였다. 반면 비서양 '미개국가' 내부에서는 그런 중앙집중식 권력 구조는 일찍부터 성립하지 못했고, 서양의 침략 이후 서양식 국가 체계를 갖추고 난 뒤에 비로소 시작됐다.

그러나 이 두 가지 국가에서 국가 조직은 정도에 차이가 있어도 본질적으로는 마찬가지로 민족말살적이라는 점을 주의해야 한다. 즉 민족말살은 국가 자체의 정상적 존재양식인 것이다. 따라서 가령 중국의 경우 한반도나 일본이나 베트남같이 민족말살의 대상이 되지 않은 경우도 있지만 중국 내륙의 수많은 소수 민족은 민족말살의 대상이 됐다.

그 두 가지 국가와 달리 '원시사회'는 자민족 중심이면서도 국가 없

는 사회이기 때문에 민족말살적일 수 없다는 점에서 근본적으로 달랐
다. 그러나 그 '원시사회'는 국가에 의해 침탈되는 순간 민족말살을 당
했다. 인디언의 역사도 예외가 아니다. 인디언은 대단히 호전적인 민족
이라고 한다. 그렇다면 그럼에도 왜 그들은 멸망했는가? 활과 총의 차
이 때문인가? 아니면 다른 이유가 있는 것인가?

원시사회와 전쟁

원시사회의 원시인, 특히 인디언은 폭력적이고 호전적이어서 격렬
하게 전쟁을 한다고 보는 것이 일반적이다. 인디언에 대한 문헌은 물론
영화나 TV, 소설 등을 통해서도 이런 견해는 널리 보급되어 왔다. 이
를 가장 집약적으로 보여준 것이 홉스의 '만인에 대한 만인의 전쟁'이
라는 투쟁 상태의 자연상태론이다. 반면 최근 인디언을 신비화하는 담
론 중에는 인디언이 평화를 사랑했다는 반론이 있다. 그러나 어느 것도
반드시 옳은 것이 아니다.

전쟁이나 폭력에 대해서는 여러 가지 논의가 있다. 첫째, 폭력을 자
연주의적 내지 본능주의적으로 보는 견해는, 폭력을 인간 종(種)의 동
물적 속성이자 환원 불가능한 종의 현실, 즉 생물로서의 인간 자체에
본능적으로 뿌리내린 자연적 소여(所與)로 본다. 그 견해에 의하면 인간
은 생존을 위해 필연적으로 전쟁을 한다. 그러나 생존을 위해 사냥을
하는 것과 전쟁을 하는 것은 다르다. 전쟁은 생존을 위한 인간 사냥이

아니며, 자신과 같은 인간을 '동물처럼 먹기 위해' 하는 것이 아니다. 따라서 전쟁은 자연적, 본능적인 현상이라고는 볼 수 없다.

둘째, 원시 경제는 빈곤의 경제이므로 전쟁을 자주 하게 된다고 보는 경제주의 내지 마르크스주의적 견해는, 앞에서 설명했듯이 원시인들이 결코 가난하지 않았고 도리어 풍요했다는 점에서 설득력이 약하다. 전쟁을 희소한 재화들을 차지하기 위한 집단들의 경쟁으로 보는 견해도 마찬가지다. 그런 재화들을 위해서는 먼저 열심히 일해야 하는데, 그렇게 열심히 일해야 하는 사람들이 틈을 내어 전쟁을 즐긴다는 것은 이해하기 어렵다. 따라서 전쟁을 경제적인 관점에서만 보는 것도 반드시 옳진 못하다.

셋째, 레비-스트로스(Claude Lévi-Strauss, 1908~) 등은 교환이라는 개념을 중심으로 교환은 평화적으로 해결된 전쟁이고 전쟁은 불행한 교환의 실패라고 본다.[8] 이는 원시사회가 자급자족의 이상과 함께 정치적 독립의 이상을 갖는데, 그 이상이 좌절되는 사고(가령 영토의 침범)에 의해 전쟁이 터진다고 보는 것이다. 그러나 교환의 논리는 동일화의 원리인데, 이러한 동일화가 원시사회에서는 거부된다는 점에서 그런 주장은 문제가 있다.

이는 원시사회가 무엇보다 거부하는 것이 바로 그러한 동일화의 논리라는 점에서 대단히 중시되어야 하는 바다. 즉 모든 원시사회는 자기 사회가 다른 사회와 동일시되는 것에 대해 본능적인 거부 반응을 보인다. 이는 원시사회의 개인에게도 나타나는 점이어서 원시사회의 본질

적인 측면이라 할 수 있는데, 각 사회와 사회 사이에서는 더욱 분명하
게 나타난다.

즉 원시사회에서는 개인은 물론 각 사회가 자신을 자신으로 구성해
주는 것, 자신의 존재 자체, 자신의 고유성, 스스로를 자율적 '우리'로
생각하는 능력 등을 상실하는 것을 본능적으로 거부한다. 왜냐하면 일
반화된 교환과 만인 사이의 친교가 도출할 모두에 대한 모두의 동일화
속에서 각각의 공동체는 개체성을 잃을 수 있기 때문이다. 즉 만인 사
회의 교환은 원시사회의 붕괴를 가져올 수 있다. 원시사회에서 동일화
가 죽음을 향한 운동인 반면, 원시사회의 개별적 존재에 대한 지향은
개인과 사회의 개별적 삶의 긍정이라는 점에서 서로 다르다. 즉 원시사
회는 동일화의 사회가 아니라 개별화의 사회다. 다시 말해 획일화나 전
체화의 사회가 아니라, 개성화나 다양화의 사회다.

따라서 원시사회는 동일화에 이르는 교환을 위한 사회가 아니라 그
런 교환에 반대하는 사회이고, 전쟁은 그런 교환관계를 맺는 것에 대한
혐오라고 보는 것이 옳다. 그런 점에서 전쟁은 원시사회의 정치, 즉 대
외적 정치로 파악되어야 한다. 이는 원시사회의 대내적 정치인 전통적
규범체계에 의해 자신의 존재 자체를 지키려는 것의 대외적 표현이라
고 할 수 있다. 따라서 원시사회가 자신을 동일화하려는 상대방 사회에
자신의 자율성을 주장하는 것이 전쟁이라고 볼 수 있다.

이는 하나의 고유한 사회가 스스로를 하나의 독립적이고 개성 있는
'우리'로 사고하고 존재하려면 그 각 사회가 절대로 분화되지 않고 하

나여야 하고, 언제나 독립적이고 총체적이어야 하기 때문이다. 이처럼 각 사회가 서로 결합된 비분화(非分化)와 외부적인 대립은 서로의 조건을 이루게 된다. 따라서 전쟁이 멈추면 원시사회의 심장 박동이 멈추게 된다고 할 수 있다. 그런 점에서 전쟁은 원시사회의 토대이고, 그 존재의 삶 자체이며 목적이라 할 수 있다. 또 각 사회가 독립적이라는 점에서 원시사회는 전쟁을 하는 사회이고, 본질적으로 전쟁적이라는 말이 성립될 수 있다. 그러나 이는 전쟁을 위한 전쟁이 아니라, 독립과 개성을 유지하기 위한 전쟁을 뜻한다.

즉 동등하고 자유롭고 독립적인 사회·정치적 단위들로 나뉜 각각의 사회공동체가 독립성을 유지하기 위해 전쟁은 필요한 것이다. 이러한 독립성과 대치되는 통일은 원시사회가 아닌 문명사회의 본질인 국가에 의해 이루어진다. 따라서 사회 분화와 국가의 탄생은 원시사회의 죽음이 된다. 원시사회에서 각 공동체는 각 사회의 차이를 긍정하기 위해 언제나 비분화되어야 하고 따라서 전쟁이 필요해진다.

이처럼 원시사회는 모든 사회의 통합화를 거부하고, 분리된 일자(一者)가 되기를 거부하며, 그런 통합화나 일자를 지향하는 국가에 대항하는 사회를 말한다. 따라서 각각의 원시공동체는 사회 변화를 거부하는 자기 고유의 법(자율성과 정치적 독립성)의 기치 아래 머물려고 한다. 원시사회의 고유한 특성인 국가에 대한 거부는 타율성에 대한 거부이고, 외재적 법에 대한 거부이며, 원시사회의 구조 자체에 내재된 것처럼 획일적인 예속에 대한 거부이다. 즉 전체화의 노예가 되지 않기 위해 전쟁

이 필요한 것이라는 점에서 원시사회는 전쟁 민주주의, 즉 전쟁을 통한 민주주의의 확보를 지향한다.

인디언 전사

인디언에 대해 처음 알게 된 것은 어린 시절 동화나 영화를 통해서였는데, 처음에는 '악당=인디언'을 죽이는 '선인=백인 보안관'이나 멋진 기병대 장교들에게 손뼉을 쳐댔다. 특히 얼굴과 머리에 이상한 칠을 한 흉측한 인디언들이 아름다운 백인 여성을 납치, 성폭행하고 백인이나 적대적인 인디언의 머리 가죽을 벗기는 등의 야만적인 장면에서는 치를 떨었다.

이처럼 서부영화에서 인디언은 언제나 전사로 등장했다. 인디언 남자는 늘 싸움만 하는 것 같았다. 이는 인디언 남자가 주인공이 아니라 그를 무찌르는 멋진 백인이 주인공인 탓이다. 만약 인디언이 주인공이라면 그가 농사 짓고 놀이를 즐기며 여인과 사랑하는 모습도 당연히 나올 텐데 그런 서부영화를 본 적은 없다. 농사나 놀이나 사랑은 멋진 백인의 몫이지 흉악한 인디언의 몫이 아니다.

그런데 영화에서도 볼 수 있는 그 인디언 전사들의 싸움에는 이상한 구석이 많았다. 백인들처럼 계급으로 조직화된 집단이 아니라 모두가 동등한 관계로 몰려다니며 전쟁을 하는 것이었다. 그들 사이에는 계급장이 없고 명령과 복종도 없었다. 이는 전쟁 기술의 문제이기도 하지만 근본적으로는 인디언 사회의 구성 및 작동 원리와도 관련된 문제다.

여기서 가장 중요한 점은 인디언 전사들은 모두 평등했다는 점이다. 즉 그들은 각자의 개성이나 개인적 위신의 차이는 인정하면서도, 정치적 권력에 입각한 불평등한 배치는 철저히 거부하는 반위계적 군사조직을 형성했다. 이는 평화시의 경제활동이나 사회생활에서와 같이, 전장에서도 명령자와 실행자라는 군대 계급과 군사 기능의 구분이 존재하지 않았음을 뜻한다. 즉 규율은 군대의 중요한 힘이 아니고, 복종은 전투원의 첫째 의무도 아니며, 우두머리는 전투원이 따르지 않을 어떤 명령권도 행사하지 못하는 것이다. 전쟁 때에는 우두머리가 권력을 무제한으로 휘둘렀다는 잘못된 통설적 견해와 달리, 우두머리는 출정 준비, 전투, 퇴각 등의 어느 경우에도 자신의 의지를 부하들에게 강요할 수 없다. 따라서 이는 계급 없는 군대를 뜻했다.

> 자유에 대한 의지는 결코 승리를 향한 의지로 폐기되지 않는다. 작전상의 효율성을 포기하더라도 말이다. …… 즉 한 우두머리가 자신의 전쟁 욕망을 공동체에 부과하려 할 때, 공동체는 그를 쫓아낸다. 왜냐하면 공동체는 권력에의 욕망의 법칙에 예속되기를 거부하고, 자신의 자유로운 집합적 의지를 행사하려 하기 때문이다. 지배자가 되고 싶어 하는 우두머리에 공동체는 최선의 경우 등을 돌리고, 최악의 경우 죽여버린다.[9]

이러한 계급 없는 근대의 모습은 문명사회에서는 거의 볼 수 없는 것이지만 예외가 전혀 없는 것은 아니다. 가령 1930년대 스페인 시민혁명 때의 민간인 군대에는 계급이 없었고, 역사상 수없이 등장하는 의적에게도 계급은 존재하지 않았다.[10]

그런데 인디언 전사의 전투 관행 중 이해하기 어려운 것이 머리 가죽 벗기기다. 이는 원시사회에서는 전쟁 승리의 유일한 결과가 영토나 재산의 탈취가 아니라 관행적으로 적의 머리 가죽을 벗기는 것이라는 점에서 이해되어야 한다. 그 밖에는 전사에 대한 권력의 부여가 철저히 규제되었다. 그런 점에서 인디언 사회는 전사가 영웅이 되거나 정치 지도자가 되는 것에 철저히 맞서는 사회였다. 즉 군인은 물론 군대에 저항하는 사회였다. 그 점에서 군인이 정치나 독재자가 되는 문명사회와 근본적으로 다르고, 도리어 그런 식의 정치권력화에 철저히 대항한 것이 원시사회의 올바른 군인상이었다.

원시사회의 전쟁은 남성만 참여할 수 있었다. 즉 전사는 모두 남자였다. 반대로 여성은 전사가 되지 못했다. 공동체의 모성적 재생산과 사회적 재생산을 보장하기 위해서였으나 아이를 낳고 안 낳고는 전적으로 여성의 권리였다. 따라서 이는 어떤 의미에서도 성차별이나 성적 착취가 아니었다. 종래 마르크스주의자들은 원시사회에서 계급투쟁의 요소를 찾아내지 못하자 여성이 남성에 의해 소외되고 착취되며 억압받는다고 주장했으나 이는 사실과 다르다. 일부 페미니스트들도 원시사회가 성적 지배의 사회이고 남성에 의해 여성이 희생당하는 불평등 사회라고 주장했으나 이 역시 근거 없는 주장에 불과하다. 원시사회에는 전사를 중심으로 한 남성다움을 숭배했지만 그럼에도 남성은 여성에 대해 방어적인 위치에 있었고 여성이 남성보다 우월했다.

인디언의 민주주의적 정치 의식

인디언 역사에는 '추장'이라고 불린 많은 민족장들이 등장한다. 그 중 모호크 족의 민족장 조셉 브란트(Joseph Brant, 1742~1807)는 미국 독립 후 인디언의 정치적 독립에 대해 다음과 같이 주장했다.

우리는 미국 국민들과 의견이 같습니다. 당신들은 당신 자신들을 독립된 국민이라고 생각합니다. 우리도 이 땅의 원주민들로서, 그리고 땅의 주권자들로서 다른 민족이나 당신들의 나라와 똑같이 자주적이고 자유로운 존재들로 우리 자신들을 존중합니다. 이 땅은 위에 있는 위대한 정령이 우리에게 준 것입니다.[11]

여기서 우리는 인디언이 타민족과 동등하게 자주적이고 자유로운 민족의 정치적 독립을 위대한 정령이 부여한 것으로 가장 중요하게 여겼음을 알 수 있다. 당시 인디언은 독립을 위한 선택의 기로에 섰다. 하나는 백인에 대항하여 투쟁하는 것이고, 다른 하나는 백인과 타협하여 평화를 유지하는 것이었다. "게으르게 주저앉아서 철저히 비굴한 복종을 맥없이 기다릴 셈인가, 아니면 그런 치욕에 굴종하기보다 일어나 싸우다가 …… 죽을 것인가?"[12] 가령 촉토우 민족의 푸슈마타하(Pushmataha, 1764~1824)는 타협과 평화를 존중했다.

> 우리는 정의로운 민족이다. 우리는 정당한 사유와 징직한 목적 없이는 출정길을 나서지 않는다. …… 만일 우리가 미국인에 대항해서 전쟁을 벌인다면, 우리는 그에 따르는 필연적인 결과들을 받아들일 각오를 해야 한다. 우리 이웃들과 피를 흘리며 싸워야 할 것이고, 전사들은 죽음을 준비해야 할 것이다. 전쟁은 여성들에게는 고통이 될 것이고, 아이들에게는 배고픔과 굶주림을 의미할 것이다. 사랑하는 사람들은 비탄에 잠길 것이며, 소중한 가정은 파탄을 맞을 것이다.[13]

이러한 주장이 비겁하다는 비난에 대해 푸슈마타하는 "이기적이고 개인적인 야망을 위해 전쟁을 선동하는"[14] "군주이고 완고한 독재자"[15]의 것이라고 비판한다. 그리고 자기 민족의 민족장은 그들의 민족을 지배하지 않으며, 도리어 다수 민족의 뜻으로 선출된 민족들의 종복(從僕)이라고 주장한다.

인디언과 백인의 투쟁의 초점은 땅이었다. 그러나 이 투쟁은 땅을 둘러싼 소유권 주장 이전에 소유권의 개념 유무와 관련된다는 점을 주의해야 한다. 이에 대해 가령 네즈퍼스 민족장 조셉은 "자유인이기를 원했기 때문"에 "한 뼘의 땅도 개인이 소유할 수 없으며, 자기 소유가 아닌 것을 팔 수 없다"고 생각했다.[16] 그러한 무소유는 인디언 법의 가장 중요한 핵심이었다. 이는 소유를 핵심으로 하는 서양 법과 근본적으로 대립된다.

인디언 아나키 민주주의의 연방자치제

인디언들은 서양인이 아메리카에 들어오기 훨씬 전부터 지역마다 여러 연방을 만들어 아나키 민주주의를 했다. 언어와 관습 및 전통이 같은 여러 민족이 서로의 분쟁을 최소화하기 위해 연방을 형성하고 지배자 없는 민주주의를 한 것은 지극히 자연스러운 일이었다. 현재의 조지아 주와 플로리다 주에 있던 크리크(Creeks) 연방, 남북 캐롤라이나의 체로키(Cherokees) 민족과 초크토(Choctaws) 민족의 연방, 센트로렌스 강 유역의 호데노소니(Haudenosaunee)[17] 연방, 그 이웃인 휴런(Hurons) 연방, 뉴잉글랜드의 페나쿡(Penacook) 연방 등이 그 예다.

그 중에서도 가장 유명한 것은 호데노소니 연방으로, 미국 독립 이전 영국 영토와 프랑스 영토 사이에 있었고, 다른 인디언 연방들 사이에 있어서 외교적 역할이 중요했기 때문이다. 그 외교적 영향은 북아메리카 대륙 동반부 전체에 미쳤다. 이는 콜럼버스 도착 전후 각 2백 년간 리오그란데 이북 최대의 정치조직[18]이었다. 인디언 민주주의의 모델로 호데노소니 연방을 살펴보겠지만, 이는 휴런 연방과 체로키 연방과도 공통된 것이었다.

현재의 캐나다 국경 양쪽에서 산 휴런(Hurons 또는 Wyandots)의 네 민족(Attignawantan, Arendarhonon, Attigneenongahac, Tahontaeanrat)은 호데노소니와 같은 가족 구조와 자치 구조에 근거한 연방과 민주주의를 형성했다. 상세한 내용을 알 수 있는 문헌은 거의 남아 있지 않으나 연방회의가 징기적으로 매년 봄에 열린 것을 보면(임시회의는 수시로 열렸으나) 호데노소니에 비해 덜 엄격한 구조였던 것으로 짐작된다.

현재 미국의 남동부에 살았던 인디언 중 최대 규모였던 체로키는 강제로 오클라호마에 추방되었다. 18세기 초 다섯 지역에 분산된 60개의 마을에 살았다. 한 마을에는 3~4백 명이 살았다. 이처럼 호데노소니, 휴런, 체로키 연방에서 볼 수 있는 민주주의 연방의 공통성은 그들 모두 하나의 조상에서 비롯되어 같은 뿌리의 언어를 갖는 점에서 비롯한다.

호데노소니 연방

1990년 여름, 캐나다 몬트리올 교외의 오카에서 퀘벡 주 경찰대와 캐나다 국군이 무장한 호데노소니 민족과 대치하여 뉴스가 되었다. 그 민족은 마을에 골프 코스를 확장하려고 매수당한 자기들의 땅을 지키기 위해 나선 것이었다. 그들은 몬트리올 섬 반대쪽 카나사타케 거류지에 바리게이트를 치고, 샤토게 교외 주민을 포함한 수천 명이 몬트리올로 가지 못하게 했다. 그들은 모호크(Mohawks) 족으로 호데노소니 다섯 민족의 하나이며 과거 뉴잉글랜드와 퀘백 사이를 지배했다.

호데노소니 민족은 현재의 캐나다 북부 지방에서 사냥·채집을 하며 살다가 기원후 1000년경 '소(小)빙하기'로 알려진 추위를 피해 남서쪽 손가락호수로 이동했다. 손가락호수는 중부 뉴욕 주를 평행으로 가로지르는 11개의 깊고 좁은 호수들로, 당시 그 지역에 옥수수, 콩, 호박 등을 재배했다. 그들은 현재의 뉴욕 주 북부 온타리오 호 남쪽과 이리호 남쪽에서 캐나다 퀘벡 주까지 세네카(Senecas), 카유가(Cayugas), 오논다가(Onondagas), 오네이다(Oneidas), 모호크의 다섯 민족으로 분산되었다. 모호크 민족의 경계가 버몬트 주와 경계를 이룬 허드슨 강이었고, 세네카 민족의 북서쪽 끝이 나이아가라 폭포였다.

호데노소니의 다섯 민족은 1142년[19] 연방을 수립했다.[20] 그 전에는 그들 민족 사이에 폭력적 분쟁이 끊이지 않아 데가나위다(Deganawidah)라는 전설의 인물이 나타나 평화를 중재했다. 그에 대한 전설은 그가 이들 민족 출신이 아니라는 점에서 일치한다. 데가나위다는 유명한 웅변가인 아옌와타(Ayenwatha)[21]를 만나 네 민족을 설득해 연방을 만들었지만, 폭력적인 오논다가 민족의 토도다호(Tododaho)가 그들에 맞서다가 현재 뉴욕 주 시러큐스 밑에 묻혀 있는 오논다가 민족의 중심 마을을 연방 사령부로 한다는 조건으로 연방에 참여했다. 그 후 지금까지 오논다가 민족은 연방 회의를 개최해 왔고, 토도다호는 지금도 연방의 대변인에게 붙이는 이름이다. 1995년까지 145명의 토도다호가 있었다.

데가나위다는 다섯 민족의 지도자들을 오논다가에 모아 평화, 동포애, 단결, 권력의 균형, 모든 사람의 자연권, 자원의 공유 그리고 지도 자의 탄핵과 해임 절차 등을 상세히 규정한 117개 조항의 '가이아네레 코와'(kaianerekowa, 위대한 평화의 법)을 말했다. 이 법에 의해 '피의 복 수'는 금지되고 그 대신 '애도의 의식'이 행해졌다. 새로운 법에 의하 면, 가령 이느 남자기 살해된 경우 그 유족은 씨족에 의한 보복(살인자나 그가 속한 씨족의 한 명을 죽이는)을 포기하고 대신 살인자 가족으로부터 왐펌(Wampum) 20개를 받을 수 있게 됐다(그 중 10개는 사망자를 위한 것이 고, 나머지 10개는 살인자 자신을 위한 것이었다). 여성이 살해된 경우, 대가 는 왐펌 30개였다. 왐펌이란 광택 있는 조가비, 뼈, 유리, 도기 조각 같 은 것으로 만든, 색채가 다양한 작은 구슬을 고운 실이나 힘줄이나 말 갈기에 꿴 조가비 염주다.

이러한 의식을 통해 폭력행사의 정당성 독점은 씨족에서 연방 전체 로 옮겨졌다. 즉 씨족 간의 항쟁을 불식한 결과 연방에게만 폭력행사를 법적으로 승인하여 기본적인 사회계약에 의한 평화를 낳게 한 것이다. 그러나 심리적·사회적으로 개인의 자유를 중시한 호데노소니에서는 공적 권위에 대해 필요 이상의 거대한 힘을 인정하지 않았다. 즉 단결, 평화, 동포애는 모든 사람들의 자연권과, 자원의 공정한 공유의 필요성 을 조화롭게 균형 짓게 했다. 연방은 상호방위 외에는 중앙집권적 권력 을 갖지 않았고, 병역, 납세, 경찰 등에서도 강제적이지 않았다. 그리고 모든 당사자에게는 평등한 의사표시의 기회가 주어졌다.

1142년 데가나위다의 '위대한 평화의 법'에 의해 성립된 그들의 연방을 이로쿼이 연방(Iroquois Confederacy 또는 Iroquois League) 또는 다섯 민족(Five Nations)이라고 하는데, 1720년 이후 투스카로라(Tuscaroras) 민족이 들어와 여섯 민족(Six Nations)이라고 한다. 이로쿼이란 그들이 변론할 때 최후에 붙이는 맹세인 "우리, 그렇게 말한다"(Hiro Kone)에서 비롯했다고 보는 견해와 알곤킨어의 '진짜 쇠사슬 뱀'(irinakhoiw)이란 말에서 비롯했다고 보는 견해가 있다. 후자는 미국의 독립 이전, 프랑스 세력에 붙었던 인접 알곤킨계 민족이 영국 편이었던 호데노소니 민족을 경멸하여 부른 말이다. 호데노소니란 '긴 집의 민족'이라는 뜻으로, 그 민족의 전통 가옥인 '긴 집'에서 유래했다.

유럽인이 처음 아메리카에 온 당시 호데노소니 연방은 아스테카 문명보다 더 큰 아메리카 최대의 면적을 차지했기 때문에 서양인들의 호기심을 자극하여 당시 모든 보고서의 대상이 되었다. 호데노소니 연방은 수세기 동안 뉴잉글랜드에서 미시시피 강 유역에 이르는 영토를 지배했다. 특히 여러 민족이 하나의 정부를 구성하는 연방정치 형태는 당시 유럽에서는 볼 수 없는 것이어서 유럽인의 호기심의 대상이었다.

'위대한 평화의 법'

'위대한 평화의 법'은 왐펌에 의해 계승됐다. 그것은 민족장이나 연설가가 말할 때 중요한 주제들을 잊지 않고 기억하는 데 도움이 되도록 치밀하게 만들어졌다. '위대한 평화의 법'의 내용은 민족 간, 양성 간

101

의 억제와 균형에 관한 복잡한 체계를 설명한 것으로, 모두 구술 낭송
하려면 며칠이 걸렸다. 상세한 기록은 지금 거의 남아 있지 않지만 대
체적인 윤곽은 남아 있다.[22]

'위대한 평화의 법'을 이해하려면 먼저 연방 평화의 상징인 '큰 백송
나무'[23]부터 살펴보아야 한다. 이는 데가나위다가 본 창조주의 계시에
서 비롯했다. 그 계시란 인간 존재에 조화를 가져다 주고 모든 민족을
세 원칙으로 이끌어 하나의 가족으로 결속시키는 것이었다. 즉 '큰 백
송나무'가 하늘 높이 솟아 세 개의 생명 원리에 의해 강화되는 모습인
데, 그 첫째 자연법칙은 개인과 집단 사이에 평화를 유지하기 위해서는
안정된 마음과 건강한 몸의 균형이 필요하다는 것이다. 둘째로는 민족
간의 평등과 정의에는 인간의 행동과 사고와 언어가 불가결하다는 것
이며, 셋째로는 물리적인 강력함과 시민의 권한이 씨족제도의 힘을 증
진하는 사회를 예견한다는 것이다.

나무의 잎들은 인간관계를 형성하는 세 원칙에 의해 사는 인류를 상
징하고, 나무 꼭대기에 앉은 독수리는 평화를 파괴하지 않도록 적을 감
시하는 인류의 파수꾼을 상징한다. 그리고 엉겅퀴로 된 순백의 융단은
나무 밑둥치에서 퍼져 대지를 덮어 세 가지 생명긍정 원칙을 받아들이
는 모든 인류의 평화와 우애를 수호함을 뜻한다.

사방으로 네 개의 뿌리가 퍼진 나무줄기는 다섯 민족 연방 사람들을
보호할 뿐만 아니라 다른 연방이나 인종에 속하는 사람들도 그 밑에서
살 수 있음을 뜻한다. 호데노소니는 국적의 중복을 금지하지 않았으며,

아메리카에 건너온 유럽인들은 독립 전에는 물론 독립 후에도 양자 관계를 맺어 호데노소니 연방의 정식 주민으로 살았다.

연방의 기본 구조는 연방 밑에 민족, 민족 밑에 씨족으로 구성됐다. 연방은 전쟁과 평화 및 조약 체결과 같은 대외 문제에만 관심을 가졌고, 민족 내부 문제에는 일체 간여하지 않았다. 각 민족의 민족장도 그 민족과 타민족 사이의 문제에만 관여했고, 각 씨족의 전통적인 전권사항에는 전혀 간섭하지 않았다. 연방은 하나의 씽크 탱크였다. 생각하는 것이야말로 '큰 백송나무' 아래의 주요 활동이었기 때문이다. 그 나무 아래에서 생각하는 사람이 많으면 많을수록 바람직하다고 호데노소니 사람들은 믿었다.

연방의 또 다른 상징은 '긴 집'(long house)이다. 연방 회의가 열리는 '긴 집'은 동서로 긴 건물로, 씨족마다 하나의 지붕 아래 많은 세대가 동거한 호데노소니의 전통 가옥에서 유래했다. 즉 호데노소니란 그들의 전통 가옥을 뜻한 것으로, 모호크 민족과 세네카 민족이 각각 동서의 끝집을 지키고, 오노다가 민족이 중앙에서 의식에 쓰이는 불을 지켰다.

호데노소니의 모계 민주주의

호데노소니는 모계 사회로, 어머니와 그 자녀들로 가족을 구성했다. 가족은 화로(hearth)라고도 불렸는데 이는 식사를 상징했다. 몇몇 가족은 오티아너(ottianer)라는 좀더 큰 집단에 포함됐고, 두셋이나 그 이상

103

의 오티아너가 하나의 씨족(clan)을 형성하여 일상생활은 물론 의식도 집단 협의도 씨족 단위로 행하였다. 결혼은 본인들의 합의에 따르되 남자가 여자의 집에 들어갔다. 재산도 모계로 상속되었고, 이혼은 처가 남편의 모포를 집 밖에 내던지는 것으로 성립됐다. 씨족내 결혼은 하지 않았다.

인디언의 결혼은 전적으로 당사자들의 자유의지에 따르고, 결혼 생활 기간도 본인들이 자유롭게 정했다. 결혼은 당사자 간의 구두에 의해 성립됐고, 재산에 관한 여러 권리에는 영향을 미치지 않았다. 가정 재산, 일용품, 동산과 부동산을 가리지 않고 모든 유가물 가운데 혼전에 처가 소유한 것은 결혼 후에도 처의 것으로 유지됐다. 즉 결혼은 서양 사회에서처럼 민사상 절차나 교회에 의한 허가가 필요하지 않은 개인적인 거래이고, 재산권의 결합이 아니었다. 모계에 의한 가부장 상속은 그러한 법과 제도의 결과였다. 또 혼외 관계에서 태어난 이른바 비적출자도 전혀 문제없이 받아들여졌다.

호데노소니의 정치철학은 모든 생명이 인간을 둘러싼 자연환경 등의 여러 힘과 정신적·영적으로 연결된다는 생각에서 비롯했다. 즉 각자의 정신적·영적 힘은 한정된 것이지만, 가족이나 오티아너나 씨족의 다른 사람들과 결합하면 더욱 커지며, 사람이 어떤 이유로든 죽게 되면 공공의 힘도 줄어든다고 생각했다. 따라서 사람이 죽으면 자연적인 인구 증가나 전쟁 포로를 양자로 삼아 그 빈자리를 메워야 집단의 힘이 유지된다고 보았다. 이러한 방법에 의해 사회가 유지됐다.

씨족의 아이들은 남녀를 불문하고 모두 모계로 연결됐고, 서로 멀리 떨어져 사는 경우도 드물지 않았다. 남편은 아내의 가족과 동거하고 자녀는 태어나면서부터 모계 씨족의 일원이 됐다. 이러한 모계제에서 호데노소니 민족은 씨족 어머니(이들을 오티아너라고도 불렀다)를 우두머리로 하는 결속력 강한 정치집단을 형성했다. 그러나 그 집단은 거주지나 가족 출신지와는 무관하고, 모든 권위는 연방을 형성하는 여러 씨족에 토대를 두었다.

그러나 그 권위는 형식적인 장식이 아니라, 공통의 의식과 철저한 자녀 양육에 의해, 자존심과 집단의식을 키우는 방법으로 자신들의 언동을 다스렸다. 자녀들은 백인 사회에 비해 남녀와 노소 간의 권력이 균등하게 분배된 평등한 사회의 일원으로 성장했다. 자부심과 의무와 협력을 중시한 호데노소니 문화는, 권위주의적 계층구조와 재산, 사회적 지위, 물질적 소유에 의한 신분 상승을 중시하는 백인 사회와 기본적으로 달랐다. 호데노소니는 물질적인 부보다 보호와 부양 능력을 중시하여 사람들에게 어릴 적부터 자신의 일을 생각하는 동시에 타인을 부양하는 것도 중시하도록 가르쳤다. 그러나 호데노소니 아이들은 권위에 무조건 복종하지는 않았다. 따라서 호데노소니 사회는 시민생활을 통제하는 데 백인들처럼 복잡한 제도가 필요하지 않았다. 규범 위반에 대한 기본적인 징벌은 추방과 모욕이었고, 범죄 행위의 대가를 치르면 사면됐다.

씨족의 우두머리인 씨족 어머니는 여성들의 투표로 엄격하게 결정되었다. 씨족 어머니는 남성 사절을 대표로 임명하고, 그 남성이 씨족 안에서 상담한 뒤 마을회의에서 씨족을 대표하여 현안 문제를 협의하고 민족회의 토의에 참가했다. 열두 씨족이 한 마을을 이루고, 마을들이 모여 민족을 형성하며, 여러 민족이 모여 연방을 형성했다. 각 마을과 민족과 연방은 각각 마을회의와 민족회의와 연방회의가 통치했다. 이는 각각 미국 독립 전의 마을회의(town meeting)와 주 의회와 연방 의회의 모태가 됐다.

호데노소니 여성은 지도자인 남성을 지명하고 그들이 부적합하다고 판단되면 파면했으며, 전쟁을 하기 위해서도 여성의 동의가 필요했다. 또 남성들의 의류, 무기, 수렵 용구 외의 모든 가족 재산은 여성이 소유했다. 세대에서 세대로 이어지는 문화의 담당자도 여성이었다. 체로키 민족 가정에서는 여성이 최고 권력자이기도 했다. 인디언의 각 민족, 혈통, 가계, 세대 지속의 질서, 가족 유지를 담당하고 모든 회의의 중추를 담당하는 것은 여성이었다. '위대한 평화의 법'은 여성의 권리와 의무를 상세히 규정했고 특히 토지는 여성에게 속한다고 명정(明正)했다. 호데노소니의 '여성 씨족장의 법'은 통치 과정에 관한 여성의 권한을 이렇게 규정했다. 모든 민족과 씨족에서는 공직 결정권을 갖는 여성들이 연방 공무원에 취임하고, 나아가 모계 가족 전체가 인정하는 최장년 여성이 이 모든 책임을 진다.

인디언 여성들은 백인과의 교섭에 나서기도 해 남성들로만 구성된 백인 대표들을 놀라게 했다. 1800년 이전에 체결된 조약은 상당수 남성 민족장과 여러 여성 고문들이 함께 서명했다. 그러나 영국 대표단이 여성들의 참여에 이의를 제기하여 조약 체결의 의사 진행이 중단된 적도 많았다. 그러면 인디언들은 모든 남성은 여성에게서 태어났다고 주장하며 의사를 진행했다. 인디언 남성들은 여성들의 정치적 대리인으로, 인디언 정치 체제는 여권제(gynocracy)였다.

호데노소니의 민족장

각 민족의 우두머리인 민족장(chiep, sachem)은 씨족 어머니들이 모여 임명했다. 민족장은 대체로 조카에게 세습되었으나 완전한 세습은 아니었고, 세습 구조 밖에서 유능한 인재를 민족장의 후보로 지명할 수도 있었다. 이러한 특명 민족장은 '소나무 민족장'(Pinetree chiep)이라 했는데, 이는 연방의 상징인 '큰 백송나무'가 대지에서 태어나듯이 사람의 몸에서 생명을 갖는 것으로 생각했기 때문이다.

씨족 어머니들은 씨족 남자들을 아이 적부터 잘 관찰하여 겸손하고 사심 없이 공동체에 대한 자연스러운 공헌을 몸에 익힌 고결한 인물을 민족장으로 뽑았다. 민족장은 씨족회의, 민족회의, 연방회의를 거쳐 승인되어 정식으로 결정되었다. 이는 씨족 어머니와 민족장만이 아니라 호데노소니 연방의 모든 합의 형성과 의사 결정에 공통된 순서였다. 모든 결정은 전원일치로 이루어졌다.

민족장의 자격, 권리와 의무는 엄격하게 정해졌다. 민족장은 권력이 없는 '장(長)', 우두머리라는 점에서 가장 특징적이다. 클라스트르는 이를 다음과 같이 설명한다.

이곳에서는 다른 곳이라면 권력이라고 할 만한 것을 지닌 자들이 실제로는 권력이 없고 정치적 영역이 강제와 폭력 혹은 위계적 종속과 무관하게 결정되는 사회, 한마디로 명령—복종 관계가 발견되지 않는 수많은 사회가 집단적으로 발견된다. 이것이야말로 인디언 사회와 다른 사회의 큰 차이점이며, 아메리카의 인디언 부족들이 극단적으로 다양한 문화들을 지녔음에도 동질적 세계에 속한다고 할 수 있는 근거다.[24]

대다수 인디언 사회에서는 사회 계층화가 이루어지지 않았고, 권력이 없어서 민족장이 아예 없기도 했으나, 설령 있다 해도 그것은 거의 무력에 가까운 권력, 권위 없는 민족장에 불과했다. 그 특징을 로위(R. Lowie)는 다음과 같은 세 가지로 들었다.

첫째, 민족장은 평화의 유지자, 중재자이자 집단의 조정자로, 이는 전시와 평시의 권력 분화로도 나타났다. 즉 평시에는 원로회의에 의해 엄중히 통제되어 권력이 거의 없다가 전시에는 절대적 권력을 행사했다. 둘째, 민족장은 자기 재화에 집착해서는 안 되고 피통치자들의 끊임없는 요구를 거절할 수 없었다. 셋째, 말을 잘해야 했다.[25] 즉 민족장은 그가 지니지 않고 인정되지도 않을 힘을 사용하는 것이 아니라, 자신의 위신과 공평함, 말솜씨로 불평을 가라앉혀야 했다. 민족장은 형을 선고하는 재판관이 아니라 타협점을 찾는 중재자이므로 판결 기능이 없었다. 분쟁 당사자의 조정에 실패하여 분쟁이 복수극으로 전개되는 것을 민족장은 막을 수 없었다. 여기서도 권력은 강제력과 분리됐다.

민족장의 관대함은 의무 이상으로 민족장을 구속하여 사람들로 하여금 민족장을 끊임없이 약탈할 수 있게 했다. 그리고 민족장이 자기 물건이 없어진 것에 연연해하면 즉시 모든 권력과 위신이 실추됐다. 따라서 민족장은 사람들이 원하는 모든 것을 주어야 했다. 그래서 누구보다도 소유물이 적고 가장 초라한 장식물만을 지닌 사람이 민족장이어서 누구나 쉽게 그를 알아볼 수 있었다. 이처럼 탐욕과 권력은 양립할 수 없고, 민족장이 되려면 관대해야 했다.

한편 민족장의 말솜씨에는 높은 가치가 부여됐다. 말솜씨는 정치권력의 조건이자 수단이었다. 그는 매일 교훈적인 말로 자기 집단 사람들을 즐겁게 하고 훈계해야 했다. 이는 평화의 중재자라는 민족장의 역할과 직결됐다. 그 말의 내용은 평화, 조화 그리고 정직이라는 미덕으로서 모두에게 장려하는 것이었다.[26] 말하기는 권력을 가졌음을 보여 주는 징표다. 그러나 "국가가 형성된 사회에서는 말하는 것이 권력이 지닌 '권리'인 데 반해 국가 없는 사회에서는 말하기가 권력의 '의무'다."[27] 즉 인디언 사회는 민족장이기 때문에 그의 말하기 권리를 인정하는 것이 아니라, 민족장이 되고자 하는 자에게 말을 지배할 수 있음을 증명하도록 요구하는 것이다. 따라서 우리나라에서도 번역된 인디언 민족장의 말들은 그러한 정치적 의무에 따른 것이다.

그러나 그의 말은 반복된 전통 생활 규범에 대한 찬양뿐이다. 이처럼 그의 이야기가 공허한 것은 그것이 진정으로 권력의 이야기가 아니기 때문이다. 따라서 사람들은 그의 말을 방해하지 않는다. 이러한 의무적 성격은 사람들이 결코 민족장의 말을 듣지 않았다는 사실에서도 드러난다. 민족장의 말은 명령이 아니다. 명령을 하려는 민족장은 당장 복종 거부에 직면하고 곧 그 자격을 박탈당한다.

이처럼 민족장은 의사결정권을 갖지 못하고 여론의 영향을 받았다. 따라서 민족장은 자기 민족에게 버림받지 않기 위해 그들의 요구를 들어주는 데 전력을 다해야 했다. 이에 대한 보상은 민족장의 세습제 정도이지만 이는 교환이 아니라 지도자에게 주는 순수하고 대가 없는 증여로, 집행력이 없는 직무 보유자에게 사회적 지위를 승인하기 위한 것이다. 그 밖에도 민족장은 경제적 증여를 받지 못하고 다른 사람들과 마찬가지로 경작과 사냥을 해야 했다. 따라서 그들은 물질적으로 어떤 특권도 갖지 못했으며, 무위도식하는 유럽의 왕들과는 분명히 달랐다. 도리어 사람들이 기대하는 관대함에 부응하기 위해 그들에게 줄 선물을 마련하고자 끊임없이 고민해야 했다. 민족장은 다른 집단과 교역을 통해 재화를 마련하기도 하지만 그보다는 자신의 창의적인 생각과 노동을 통해 재화를 마련하는 경우가 더 많았다. 따라서 민족장은 누구보다도 가장 열심히 일하는 사람이었다.[28]

이처럼 민족장은 권력을 갖지 못한 반면, 회의 불참부터 살인까지,

모든 직권 남용의 사례 가운데 하나라도 판명되면 씨족 어머니들에 의해 탄핵되어 파면될 수 있었다. 실수를 한 민족장은 평시 회의에서 사람들의 눈 역할을 하는 전시 민족장에게 규제를 받았다. 민족장이 3회까지 경고를 받았음에도 행동을 바로잡지 않으면 회의에서 추방됐다. 특히 살인죄의 경우 민족장은 사직해야할 뿐만 아니라 그 가족 전체가 각종 회의에 대표로 참여하는 권한을 박탈당했다. 그의 여성 가족은 공직 취임권을 박탈당하고 그 권한은 자매의 가족에게 옮겨졌다. 민족장이 성실하게 직책을 수행하지 않은 경우에도 사임해야 했다. 이는 직책을 수행할 수 없는 대통령의 퇴임 절차를 상세하게 규정한 미국 수정헌법 제25조와 내용이 흡사한데, 그것이 호데노소니 법에서 나온 것임은 물론이다.

민족장은 후계자를 지명할 수 없고, 사후 그 직위를 가져갈 수도 없었다. '위대한 평화의 법'은 죽음을 맞은 민족장으로부터 직위를 회수하는 의식을 상세히 규정했다.

민족장은 구성원의 비판을 견디기 위해 낯이 두꺼워야 했다. 또한 자치와 관련하여 사람들에게 비난받아도 화내지 않고 자중해야 했다. 이는 제퍼슨과 프랭클린의 책에서 강조됐으나, 실제로 법률로 정해진 것은 1964년 '뉴욕타임스 대 설리번' 판결에 의해 공무원이 명예훼손을 이유로 고소하는 것을 금지당한 이후였다.

씨족마다 남녀 집회의 자유, 각 민족의 자치권, 연령과 성별에 관계없이 개인이 '위대한 평화의 법' 위반을 고소할 수 있는 언론의 자유,

신앙의 자유가 인정되었다. 연방회의에서 배상청구권을 보장하는 조항은 물론 불법주거침입 금지도 포함됐다.

인디언 민족장 제도에 대해 클라스트르는 그것이 정치권력의 문제를 해결하는 데 무능력한 것이 아니라, 반대로 그것을 해결하는 데 놀랍도록 효과적인 것이라고 평가한다.

그들은 권력의 초월성이 집단에 치명적인 위험을 내포하고 있다는 것, 외재적이고 스스로 정당성을 창출하는 권위라는 문화 자체에 대한 도전이라는 것을 일찌감치 알고 있었다. 위협에 대한 이런 직관이야말로 그들의 정치철학을 깊이 있게 했다. 왜냐하면 문화 영역을 제약하는 두 가지 한계인 권력과 자연의 엄청난 유사성을 발견함으로써 인디언 사회들은 정치적 권위의 독성을 중화하는 수단을 만들어 낼 수 있었기 때문이다. 그들은 스스로 정치적 권위의 설립자가 되었고, 권력이 출현하면 즉시 억제하는 부정성을 견지하는 방식을 선택했다. 권력은 (문화에 대한 부정이라는) 자신의 본질에 따라 만들어진다. 그런데 권력은 사회에 의해 모든 실질적인 힘을 박탈당한다. 이러한 권력은 이들 사회에서 그 권력을 무력화하기 위한 수단으로서만 행사된다. 정치 영역을 구성하는 운동이 또한 정치 영역의 전개를 막는다. 이렇게 해서 문화는 권력에 대한 대항수단으로 자연의 계략 자체를 이용하는 것이다.[29]

비벌리가 인디언의 '자연스러운 자유'와 백인의 '조작된 권위'를 대립시킨 것도 클라스트르의 평가와 통한다. 이처럼 인디언의 민족장 제도는 자신들을 현혹하는 권력을 거부하기 위한 고뇌에서 비롯되어 자신을 초월하려는 꿈을 표현한 독특한 문화였다.[30] 즉 "인디언 공동체는 정치적 독립이 핵심적 특징인 자율적 단위"였다.[31] 그리고 그 독립의 핵심이 민족장의 말하기였다.

원시사회는 폭력이 권력의 본질이라는 것을 본능적으로 알고 있었다. 권력과 제도, 명령권과 민족장을 서로 분리해 놓은 배려도 이러한 앎에서 생겨났다. 그리고 이러한 분리를 명확히 하고 경계선을 그어 주는 것이 바로 말하기의 영역이다. 민족장의 활동을 말하기의 영역, 즉 폭력의 대극의 위치에 머물게 한 것이다. 그럼으로써 민족 사회는 모든 것을 본래의 장에 머물게 하고 권력의 축이 사회 자체에 의존하게 하며 힘의 이동에 따라 사회 질서가 혼란에 빠지지 않도록 하는 것이다. 민족장에게 부과된 말하기의 의무, 즉 그가 민족에 대해 지고 있는 이 공허한 말의 끊임없는 흐름이야말로 그의 무한한 부채이며 말하는 사람이 권력자가 되는 것을 막는 보증서인 것이다.[32]

민족장에는 평시 민족장과 앞서 언급한 전시 민족장이 있는데, 민족 회의를 주재하는 평시 민족장은 중년 남자로, 이는 각 민족에서 한 명씩 선출하는 전시 민족장과 달랐다. 전시 민족장은 연방이 무력 침략을 당할 때 정당방위를 행사하고, 평화를 거부한 이민족 진압을 맡았다. 세 번의 평화적 설득 후 대응하고, 전쟁 후 연방에 들어오면 자치권과 자결권을 인정했다. 단 상비군은 없었고, 긴급사태마다 지원하는 전사로 전쟁을 수행했으며, 평시 민족장도 전사가 되지만 그때는 씨족 어머니들에게 민족장을 양도하여 씨족 어머니들이 담당하고, 생환 시 복직됐다. 여기서 문민과 전시가 분명히 구별됐음이 흥미롭다. 다섯 명의 진시 민족장 중에서 사령관을 전원 투표로 선출하고, 개전의 최종 결정권은 씨족 어머니들에게 있었으며, 그 여성들이 반대하는 전쟁은 불가능했다.

전시 민족장은 각종 중재, 족장 품행에 대한 경고(3회 경고 후 파면) 등을 담당하는 경찰의 역할을 하되 연방회의에서 평시 민족장처럼 결정에 참여할 수는 없고 토의를 감시하는 역할만 했다. 특별히 중요한 사안은 민중 투표에 부쳤다.

호데노소니 연방의 구성과 운영

호데노소니 연방은 다섯 민족을 결합한 것으로, 각 민족은 각각의 민족들이 선출한 대표 8~15명씩 모두 50명(모호크, 오네이다 각 9명, 오논다가 13명, 카유가 10명, 세네카 8명 등 49명과 그들이 오노다가 족에서 별도로 뽑은 대민족장 토도다호)으로 구성된 민족회의를 두었다. 각 민족의 대표 수는 다르지만 모든 결정이 만장일치이기 때문에 문제가 되지 않았다. 각 민족을 구성하는 마을에서 선출한 민족회의가 대표를 선출하는 제도는 뒤에 미국 각 주의 의회(일반 선거민이 아니라)가 상원의원을 선출하는 제도의 모태가 되었다.

호데노소니 각 민족은 그 영토를 지배하고 각 민족회의는 자민족의 공공 문제를 해결했다. 그리고 각 민족의 대표들이 모두 모여 연방회의를 구성하고 공통 관심사를 토의했다. 미국 최초의 인류학자인 루이스 헨리 모건(Lewis Henry Morgan, 1818~1881)에 의하면 선전포고, 평화조약 체결, 사절 교환, 연방조약 체결, 종속민족의 규제, 새 연방민족의 수용, 약소민족의 보호 등을 다루었다. 의원은 각 민족을 대표하면서 연방 전체도 대표하여, 그 결정은 연방 전체의 법이 되었다. 연방회의에서 각 민족 의원은 평등한 권위와 특권을 가졌다. 연방회의는 최소한 5년에 한 번 열리되 필요에 따라 달리 열리기도 했다.

연방회의는 토도다호가 오논다가 민족장들을 모아, 제기된 문제가 연방회의에서 다룰 정도로 중요한 지를 판단하는 것으로 시작됐다. 중요하다고 판단하면 토도다호가 불을 피우고 회의 목적을 발표한다. 그 불의 연기가 연방회 개최를 알리는 신호였다. 오논다가 민족장들과 토도다호는 회의 장소를 방해하는 자들로부터 지키는 임무를 가졌다.

연방회의에서는 토도다호와 오논다가가 동쪽, 모호크와 세네카가 북쪽, 오네이다와 카유가가 남쪽에 앉고, 일반 남성은 자기 민족장단 뒤에 앉았다. 오논다가 민족장단의 서쪽에는 다섯 민족 여러 씨족의 씨족 어머니 집단을 둘러싸고 여성과 아이들이 앉고, 씨족, 민족, 연방의 모든 회의 참가는 성별 연령 불문이었다. 회의장에서는 정숙한 가운데 경청하며 발표자를 존중하고 이야기를 중단시키는 것은 엄금했다. 발

115

표자도 이야기를 끝내기 전에 정정과 보충을 했다.

회의는 모호크와 세네카의 정책 토의로 시작됐다. 모호크 민족장 아홉 명은 세 명씩 3조로 나뉘며, 제3조는 제1, 2조의 합의를 따져 논의의 잘못과 탈선을 바로잡는 심판 역을 했다. 두 조의 협의에 의해 전원합의에 이른 경우에만 그 결론을 세네카 민족에게 보고했다. 이에 대한 세네카 민족 협의가 모호크와 같을 때 의제는 오네이다와 카유가에게 보내졌다.

형이라 불리는 모호크와 세네카의 민족장단은 호데노소니 연방 국회의 상원이고, 동생이라 불리는 오네이다와 카유가 민족장단은 하원이었다. 토도다호를 옹호하여 불지킴이(firekeeper)라고 부르는 오논다가 민족장단은 내각이었다. 오논다가 민족장단은 3인 3조로 전원이 출석해야 연방회의가 성립됐다.

모호크로부터 '형제'의 토의 결과를 통보받은 오논다가 민족장단은 형제의 결론이 일치하면 이를 최종 결의로 삼아 모호크 민족장단에 보내고, 모호크가 회의 전체에 발표했다. 결론이 일치하지 않으면 오논다가 민족장단이 토의하여 결론을 내리고, 이를 모호크 민족장단에게 보냈다. 그 결론에 형제 측이 불복하면 다시 형제가 토의하여 앞과 결론이 같으면 불지킴이는 그대로 최종 결정으로 승인해야 했다. 즉 오논다가 민족장단은 단 한 번 결의를 재검토할 수 있을 뿐, 기본적으로 형제의 토의 결과를 승인하는 심판에 불과했다. 형제의 결론이 일치하지 않으면 토도다호는 13인의 오논다가 족장에서 1인을 빼고, 나머지 6명씩

2조로 나누어 심판 역(Honowireton)의 1인에게 쌍방의 이야기를 관찰하게 했다. 여기서도 심판 역은 두 조가 도달한 전원합의를 승인함에 불과했다. 토도다호 자신이 결정권을 갖지 않았고, 이 토의 전체를 관찰하여 모든 연방 멤버와 최종 결과를 승인하는 종합 심판이었다.

여기서 주목해야 하는 것이 민중의 권리다. '위대한 평화의 법' 제13조는 "특별히 중요한 문제가 …… 연방회의에 제출되고 …… 회의가 결렬될 위협을 받으면 연방의 민족장들은 그 문제를 민중의 결정에 위임해야 한다"고 규정한다. 가령 민족장들이 민중의 의사를 무시하려 해도 민중은 자치정책의 형성에 대해 직접 의견을 표명할 수 있었다. '위대한 평화의 법' 제12조는 "만일 이 법을 변경해야 하는 경우 …… 문제를 검토하도록 하고, 만일 새로운 들보가 …… 유익하다면 그렇게 변경하여 '서까래의 추가'라고 부른다"고 규정한다. 이는 미국의 몇 주법에서 채택된 주민발의권이나 수정절차의 모태가 됐고, 연방 헌법이나 법률에서 새로운 조항을 추가하여 수정할 때 취하는 방법으로도 채택됐다. 가령 수정 헌법 조항이 그렇다. 또 민중은 탄핵심리나 반역 고소의 발의 외에, 특정 문제에 대해 민의를 연방회의에 직접 호소할 수 있었고, 연방회의의 세습 민족장을 해임하는 권리가 있었다.

여기서 주의해야 하는 것은 인디언 사회의 고문이다. 앞에서도 잠깐 언급한 영화 〈말이라고 불린 사나이〉에는 잔인한 고문 장면들이 나오는데, 실제로도 인디언 사회에서는 성인식 등에서 그런 고문을 했다. 이를 본 서양인들은 그것을 야만스러운 행위라고 비판하거나 고문을 참는 용기와 인내력을 찬양하기도 했지만 이는 고문의 사회적 의미, 즉 동족 의식과 동등 의식, 권력 욕망과 복종 욕망의 포기를 인식시키는 방법임을 무시한 것이다. 즉 그것은 공동체의 법을 신체의 각인을 통해 인식시키는 방법이었다. 이는 현대 사회에서 법을 글로 쓰는 것과 같이 신체에 법을 각인시키는 것이었다.

이상의 연방회의는 억제와 균형, 대중 토론, 합의의 강조에 의해 단결된 모습을 보인 것으로, 이는 뒤에 알바니 연합안, 연합규약, 미국 헌법에 채택되었다. 그러나 앞에서 설명했듯이 미국 헌법이 인디언 헌법을 그대로 따랐다고 볼 수는 없다. 가령 연방을 주보다 우위에 두고, 만장일치가 아닌 다수결에 의했으며, 일정 기간마다 의원을 선출하는 상하 양원제를 두고, 여성과 노예와 재산이 없는 자에게 투표권을 부여하지 않는 등, 미국 헌법은 인디언 헌법과 다른 점이 많다.

인디언의 자연관

인디언과 같은 수렵채취 집단은 근대인과 달리 자연과 인간 사회를 구분하지 않았다. 그들의 세계는 단순히 사람과 동물, 무생물로 구성되어 있었으며, 이 모든 것이 구분되는 범주 없이 단일한 전체로 연결되어 있었다. 1854년 시애틀 민족장이 미국 대통령에게 인디언과 자연에 대한 백인의 태도를 비판한 다음 글은 이를 분명히 보여 준다.

짐승이 없다면 인간은 무엇입니까? 짐승이 사라진다면 인간은 영혼의 외로움으로 죽어갈 것입니다. 짐승에게 일어난 일은 인간에게도 일어나기 때문이지요. 우리가 우리 자녀에게 가르쳤던 것을 당신의 자녀들에게도 가르치십시오. 땅은 그들의 어머니라고. 땅의 운명은 땅의 자손의 운명이 될 것입니다. 땅에 침을 뱉는 것은 자신에게 침을 뱉는 것입니다. 지구가 인간에게 속한 것이 아니라 인간이 지구에 속한 것입니다. 인간은 생명의 거미줄을 짜는 것이 아니라 그것을 지탱하고 있을 뿐입니다. 거미줄에게 가하는 일은 자신에게 가하는 일입니다.[33]

다른 민족장 '서 있는 곰'(Standing Bear)은 다음과 같이 말한다.

라코타 사람들은 자연에 대한 연민과 사랑으로 가득 차 있습니다. 나이가 듦에 따라 그러한 애정도 더욱 깊어만 갔지요. 노인들은 말 그대로 대지에 흠뻑 빠져 있었고, 땅에 앉아 쉴 때면 모성애가 더욱 가깝게 느껴졌습니다. 살갗에 와 닿는 땅은 부드럽기만 해서 그들은 가죽신을 벗어던지고 맨발로 신성한 땅 위를 걷는 걸 좋아했습니다. 그들은 제단이 마련된 땅 위에 천막을 세웠습니다. 하늘을 나는 새도 대지로 내려와 쉬었고, 대지는 생명이 있고 자라나는 것이라면 모두 지탱해 주었습니다. 흙은 모든 것을 진정시켜 주고, 풍요롭게 해 주고, 씻어 주며, 치유해 주었습니다.

그래서 나이 든 인디언들은 흙에 애착을 느끼며 생명의 원천과 좀더 가깝게 생활하려는 것입니다. 대지 위에 앉고 드러눕고 하면서 좀더 깊이 생각할 수 있고, 보다 생생하게 느낄 수 있었습니다. 그리고 혜안으로 삶의 신비를 관조하면서 자신을 둘러싸고 있는 생명력을 최대한 가깝게 느끼는 것입니다.

땅, 하늘, 강 밑바닥에 살고 있는 생명체들과 나누는 관계도 그들의 존재를 말해 주는 흔적입니다. 새와 동물들이 보여 주는 성실함의 세계에서도 일종의 형제애를 느끼는 것이지요. 라코타 인디언들 중에는 깃털 있는 새와 털복숭이 동물과 친구처럼 대화를 나누며 친밀하게 지내는 이도 있을 정도입니다.[34]

그러나 앞에서도 보았듯이 인디언의 자연관은 서양인이 말하는 원시적 야생 속에서 적응하며 사는 것이 아니라, 자연을 주체적으로 이용하는 것임을 주의해야 한다.

인디언의 백인관

세네카 인디언인 '붉은 윗도리'(Red Jacket, 1756~1830)는 백인들에 대해 다음과 같이 말했다. 이는 아메리카 백인의 역사를 가장 정확하게 묘사한 것이다.

당신의 선조들은 큰물을 건너와서 이 섬에 정착했습니다. 그들의 수
는 적었습니다. 그들은 친구들을 만났으되, 적대자들은 만나지 않았
습니다. 그들은 우리에게 악한 사람들을 피하여 고국에서 도망쳐 왔
으며, 자기들의 종교를 지키기 위해 이곳으로 왔다고 했습니다. 그들
은 작은 자리를 요구했습니다. 우리는 그들을 불쌍히 여겨 그들의 요
구를 들어주었고, 그들은 우리들 가운데 자리를 잡고 눌러 앉았습니
다. 우리는 그들에게 곡식과 고기를 주었습니다. 그들은 우리에게 그
에 대한 대가로 독(위스키)을 주었습니다. 백인들은 이제 우리 땅을 찾
아낸 것입니다. 소식이 전해지고 더 많은 사람들이 우리들 가운데로
들어왔습니다. 그러나 우리는 그들을 두려워하지 않았습니다. 우리는
그들을 친구로 받아들였습니다. 그들은 우리를 형제라고 불렀습니다.
우리는 그들을 믿었고, 그래서 그들에게 큰 자리를 내주었습니다. 마
침내 그들은 엄청나게 늘어났습니다. 그들은 더 많은 땅을 원했습니
다. 그들은 우리 땅을 원했습니다. 우리의 눈은 열렸고, 우리의 마음
은 불편하게 되었습니다. 전쟁이 일어났습니다. 인디언들은 인디언들
에 대항해서 싸우도록 고용되었고, 많은 우리 인디언들이 죽어갔습니
다. 그들은 또한 우리들에게 술을 가져다주었습니다. 그 술은 아주 독
하고 강력해서 수많은 사람들을 죽게 만들었습니다.[35]

이어 '붉은 윗도리'는 백인들의 종교관에 대해 다음과 같이 말했다.

당신은 우리에게 위대한 정령의 마음에 들게 예배하는 방법을 가르쳐 주려고 보냄을 받았다고 말합니다. 그리고 만일 우리가 당신네 백인들이 가르치는 종교를 받아들이지 않으면 장차 불행해질 거라고 합니다. 당신이 옳고 우리는 타락했다고 합니다. 하지만 그것이 사실이라는 것을 당신이 어떻게 알 수 있습니까? 우리는 당신네 종교가 한 책에 기록되어 있다는 것을 알고 있습니다. 만일 그것이 당신들뿐만 아니라 우리를 위해서도 만들어진 것이라면, 왜 위대한 정령은 그 책을 우리에게는 주지 않았겠습니까? 우리에게뿐만 아니라, 우리 선조들에게도 그 책에 대한 지식과 그 책을 올바르게 이해할 수 있는 방법을 왜 가르쳐 주지 않았겠습니까? 우리는 당신이 그것에 관하여 우리에게 이야기해 주는 것만을 알 뿐입니다. 그렇다면 백인들에게 그렇게 자주 속임을 당하고 있는데, 우리가 그것을 어떻게 믿을 수 있겠습니까?

형제여, 당신은 위대한 정령을 예배하고 섬기는 방법은 단 한 가지밖에 없다고 말합니다. 만일 종교가 단 하나만 있다면, 왜 당신네 백인들은 그 종교에 대해 그렇게도 많이 서로 다릅니까? 당신들은 모두 그 책을 읽을 수 있는데, 왜 모두 일치하지 않는 것입니까?

형제여, 우리는 이런 일들을 이해하지 못합니다. 우리는 당신네 종교가 당신들의 선조들에게 주어졌으며, 아버지에게서 아들에게 전해졌다고 들었습니다. 우리도 우리 선조들에게 주어지고, 그들의 자녀인 우리에게 전해진 종교가 있습니다. 우리는 그 방식으로 예배합니다. 그 종교는 우리가 받은 모든 은총에 감사하고, 서로 사랑하고, 하나가

되라고 가르칩니다. 우리는 우리의 종교를 놓고 다투는 일은 절대로 없습니다. ……

형제여! 우리는 당신네 종교를 파괴하고 싶지 않고, 그 종교를 당신들에게서 빼앗고 싶은 생각도 없습니다. 우리는 다만 우리 자신의 것을 누리고 싶을 뿐입니다.[36]

이어 '붉은 윗도리'는 백인들이 교회에서 돈을 거두는 것을 비판한다. 즉 물신화된 기독교를 비판한 것이다. 인디언은 백인들이 예수 그리스도를 본받지 않는다고 비판하며 예수 그리스도가 인디언이었다고 말한다.

나는 그 예수라는 사람이 인디언이었다는 결론에 이르게 되었다. 그는 물질을 손에 넣는 것, 나아가 많은 소유물을 갖는 것에 반대했다. 그리고 평화에 이끌렸다. 그는 인디언들과 마찬가지로 계산적인 것과는 거리가 멀었고, 사랑으로 일한 것에 아무 대가도 요구하지 않았다. 얼굴 흰 사람들의 문명은 그런 원리와는 거리가 멀다. 우리 인디언들은 예수가 말한 그 단순한 원리들을 늘 지키며 살아 왔다. 그가 인디언이 아니라는 것이 이상할 정도다.[37]

3. 콜럼버스와 라스카사스

콜럼버스 이전의 인디언 이미지

플라톤과 아리스토텔레스는 인류의 원초 상태가 민주적이고 공동체적이라고 생각했으나 그것이 구체적으로 어떤 사회였는지는 분명치 않다. 로마의 역사가 타키투스(Publius Cornelius Tacitus, 56?~120?)는 《게르마니아Germania》에서 당대 로마 사회의 부패에 대해 "거짓말쟁이들은 약탈과 살육을 제국이라고 부른다. 그들은 황폐를 만들고는 그것을 평화라고 한다"고 비판하며 그 반대의 사회로 북유럽 야만족을 들었다.

그 후 콜럼버스가 아메리카를 찾기 몇 세기 전에 영국인들은 "스페인보다 더 서쪽에 있는 행복의 나라" 코카인(Cocain)에 대해 다음과 같이 노래했다.

모두가 바라는 것을 손에 쥐고

배가 가득하도록 먹는 권리를 가지며

늙은이나 젊은이나

건강하고 강한 자도 약자도 죽음을 두려워하지 않고

모든 것이 공유[1]

스페인보다 더 서쪽에 있는 나라라면 아메리카일 수도 있었으나, 콜럼버스 이전에 유럽인이 아메리카를 찾았다고 볼 수 있는 역사적 증거는 없다. 콜럼버스 이전에 유럽인과 인디언 사이에 접촉이 있었다는 학설은 코튼 매더(Cotton Mather, 1663~1728)가 뉴잉글랜드 지방에서 켈트인의 비문이라고 생각되는 것을 발견하면서 생겨났으나, 이는 그가 주장한 지구공동설(地球空洞說, 지구의 안이 비었고 그 안에 사람이 산다고 본 견해)과 함께 오랫동안 무시됐다. 이어 사무엘 매더(Samuel Mather)가 1773년 《고대인이 아메리카를 알았음에 틀림없다고 보는 시론An Attempt to Shew, That American Must Have Been Known to the America》을 썼다. 웨일즈 지방 최초의 역사책인 《현재 웨일즈라고 하는 캄브리아의 역사The History of Cambria, Now Called Wales》에서 콜럼버스 이전에 아메리카를 '새로이 발견된 토지'라고 한 것도 매더의 학설에 약간의 신빙성을 제공했다. 그 책에 의하면 헨리 2세(1133~1189) 치하의 웨일즈 황태자였던 오웬 기네스(Owen Gwyneth)의 아들인 매독 기네스(Madoc Gwyneth)가 탄약을 가지고 신하와 서쪽으로 항해해 적어도 두 번 아메리카를 찾았다. 바이킹이 아메리카에 상륙했었다는 학설도 나왔다.

한편 북아메리카에서 멕시코에 걸쳐 살았던 여러 인디언 민족의 전설에도 동쪽에서 흰 피부에 수염을 기른 이방인이 왔었다는 이야기가 전해졌다. 가령 하이티 인디언은 콜럼버스에게 피부가 흰 사람이 오리라고 예상했다고 말했다. 마야 민족이나 아즈텍 민족에게는 스페인인과 유사한 사람들의 귀환에 대한 전설이 전해졌다. 그것은 코르테즈(Fernando Cortés Monroy Pizarro Altamirano, 1484~1547)가 아즈텍 민족을 정복하는 데 유용했다. 레나페(Lenape, 델라웨어Delawares라고도 함) 민족은 모라비아 전도사들에게 동쪽에서 오는 성스러운 내방자를 기다렸다고 말했다. 그러나 사실 여부는 알 수 없다. 어쩌면 유럽 사람들과 인디언 사람들이 각각 자신들이 모르는 미지의 세계에 대한 동경을 공유했기 때문에 그런 이야기가 생겨났는지도 모른다. 확실한 것은 1492년 콜럼버스가 아메리카를 찾았다는 사실이다.

콜럼버스

누구나 이름을 아는 콜럼버스는 지금 우리와 무슨 상관이 있는가? 최근 우리말로 번역된 《콜럼버스 항해록》을 읽어보면 그는 아메리카가 아닌 일본에 도착했다고 생각한다. 일본이 아니라 아메리카에 도착하게 되었지만, 정말 일본에 갔다면 한반도나 중국도 그냥 내버려두지 않

고, 저 아메리카 대륙의 잉카니 하는 여러 제국을 멸망시켰듯이 일본
도, 조선도, 어쩌면 중국까지도 멸망시켰으리라. 그리고 지금 우리 한
반도는 물론 아시아는 라틴 아메리카의 혼혈인 메스티조처럼 서양인
과의 혼혈로 가득하리라.

그런데 정말 그런 일이 벌어진 아메리카는 과연 우리와 무관한가?
콜럼버스의 후예들인 서양인은 그 후 세계를 정복했다. 19세기말 인천
앞바다나 거문도에 도착한 그들은 선조인 콜럼버스와 같은 기분이었
으리라. 콜럼버스를 할아버지로 모시는 미국인들이 1945년 8월 이 땅
에 성조기를 꽂았을 때도 콜럼버스가 아메리카 땅에 처음으로 스페인
국기를 꽂았을 때와 뭐 그리 달랐을까? 혹시 미국인은 지금도 그때 그
기분에 젖어 있는 것은 아닐까?

여하튼 콜럼버스는 역사책에 '지리상의 발견'으로 소개된다. 우리말
치고 대단히 이상한 이 말은 사실 '토지의 발견'이란 말이겠는데, 사실
은 그 '토지'에 우리와 비슷한 황인종 인디언이 살고 있었으니 '발견'이
란 더더욱 이상한 말이고, 사실은 '침략'이다. 인디언들이 그 '발견' 아
닌 '침략' 없이 지금까지 그 땅에 살아왔다면 지금 온 아메리카 대륙은
황인종의 나라들도 무수하리라. 그야말로 태평양 연안 국가들은 모두
동일 인종이리라.

우리가 사는 현대 세계는 16세기 서양의 '지리상의 발견'과 함께,
'르네상스'와 '종교개혁'으로 시작된다고 한다. 그러나 세계사 차원에
서 보면 그 둘은 '지리상의 발견'에 비해 얼마나 사소한 일인가? 즉 하

나는 유럽인의 문화에, 또 하나는 유럽인의 종교에 영향을 미친 것에 불과했기 때문이다.

사실 도리어 16세기에는 '종교개혁'에 반대한 가톨릭이 식민지 침략과 함께 세계적으로 전파되어 대부분의 식민지에 퍼졌다. 그 결과 지금 가톨릭교도는 10억 명을 넘으나, '종교개혁'을 이룬 신교는 아직도 3~4억 명에 불과하다. 이런 점에서 신구교를 합쳐 유럽 외의 세계에 기독교가 퍼진 것은 '종교개혁'이 아니라 '종교침략'이라고 함이 옳다. 즉 '지리상의 발견'이라는 '토지침략'에 의한 '종교침략'이다. 어디 그뿐인가? 르네상스도 '문화침략'이다. 이 세 가지 침략이 16세기 세계 변화의 핵심이다. 즉 현대 세계는 서양의 침략에 의해 이루어졌다.

그러나 종래 이 세 가지는 별도로 이해되어 왔다. 가령 '지리상의 발견자' 콜럼버스, '르네상스'의 세 천재, '종교개혁자' 루터는 각각 독자적으로, 서로 무관하게 생각되어 왔다. 그러나 동시대에 이 세 가지가 동시에 발생한 점을 서로 무관하다고 볼 수 있을까? 또 그 셋은 과연 우리에게 어떤 의미인가?

르네상스나 종교개혁은 휴머니즘을 토대로 한다고 하는데, 그 휴머니즘은 식민지 침략과는 어떻게 관련되는가? 그 휴머니즘이 식민지 침략과 원주민 착취를 정당하다고 보았다면 우리는 그것을 과연 휴머니즘이라고 볼 수 있는가? 설령 부당하다고 보았다 해도, 즉 그것에 반대한 것이 아니라, 기껏 그 침략과 착취를 뉘우치고 좀더 나은 침략을 주장한 것에 불과했다 해도, 우리는 그것을 휴머니즘이라고 할 수 있는

가? 그것이 유토피아로 구상되었다 해도 우리는 그것을 진정한 유토피
아로 볼 수 있는가?

콜럼버스, 라스카사스, 9·11

1492년 콜럼버스가 아메리카를 '발견'하고 난 509년 뒤인 2001년
9·11이 터졌다. 미국 독립 이래 국부로 받드는 조지 워싱턴과 함께, 오
랫동안 국경일로 기념된 콜럼버스는 '발견자'가 아니라 '침략자'였다.
그것도 '잔인한 침략자'였다. 아메리카에 살았던 수많은 인디언들을
죽이고 그들의 문화를 파괴한 '잔인무도한 침략자'였다.

그러나 미국인은 그렇게 말하지 않는다. 그렇게 말하기는커녕 콜럼
버스는 미국 최초의 영웅, 아니 최초의 인간, 그야말로 아담으로 기념
된다. 최근에 와서 또 한 사람, 마틴 루터 킹도 국경일로 기념되고 있지
만 그는 물론이고 2백 년 이상 기념되는 워싱턴도 5백 년 이상 숭앙되
는 콜럼버스에 비할 수 없다. 그러나 이제 콜럼버스는 '침략자' 그것도
'잔인무도한 침략자'로 기억되어야 한다.

9·11도 '침략'이었다고 미국인은 말했다. 아마 콜럼버스 이래 미국
본토를 침략한 것으로는 두 번째이리라. 물론 지금 미국인에게는 최초
의 '침략'이리라. 제2차 세계대전에서 일본이 하와이를 침략했으나, 섬
나라가 섬을 폭격한 것에 불과했다. 본토 침략자라는 점에서 9·11은
콜럼버스를 잇는 것이리라. 따라서 콜럼버스와 9·11은 '침략'이라는

점에서 공통된다.

그러나 국경일로 기념되는 콜럼버스와 달리 9·11은 기념은커녕 저주의 대상이다. 아마 미국 역사에서 영원히 저주되는 대상이리라. 509년이 지나도 물론 저주의 대상이리라. 똑같은 '침략'인데도 그 둘은 극과 극이다. 그러나 콜럼버스도 영원히 기념되지는 않을 것이다.

콜럼버스를 '침략자'라고 보는 평가는 이미 당대에 나왔다. 바로 라스카사스다. 그는 현존하는 유일한 《콜럼버스 항해록》의 기록자다. 그가 그렇게 열심히 기록했음에도 콜럼버스가 '발견자'로만 기억되는 것은 아이러니컬하다.

여하튼 그 두 사람에 대한 평가도 양극단이다. 즉 근대 세계를 개척한 '위대한 발견자' 콜럼버스에 대해 라스카사스는 스페인의 정복 사업을 망치고자 한 '과대망상의 매국노'로 평가되어 왔다. 1992년 콜럼버스 '신대륙 발견' 5백 주년을 기념하는 범세계적인 행사가 열리는 가운데, 라스카사스의 기념비가 처음으로 그의 고향 세비야에 세워졌으나, 곧 그의 얼굴 부분이 검게 칠해졌다. 우리나라에서는 라스카사스가 거의 소개된 적이 없다. 《콜럼버스 항해록》도 2000년에 처음 번역되었다.

콜럼버스의 아메리카 '발견' 5백 주년을 맞아 두 편의 전기 영화가 제작되었다. 대작은 미국·프랑스·스페인 합작으로 리들리 스코트가 감독하고 제랄 드 파르듀가 주연한 작품이다. 서양인이 만든 콜럼버스 영화는 대동소이하게 그의 파란만장한 삶을 영웅적으로 그린다. 하지만 과연 콜럼버스는 인류사에 남을 위인인가? 우리는 그를 어떻게 평가해야 하는가?

고대 그리스인들도 지구가 둥글다고 생각했으나, 중세에는 그것이 금기가 되었다. 그러다가 15세기에 다시 그런 학설이 퍼졌다. 가난한 선원 콜럼버스는 서쪽으로 가면 황금의 나라 인도에 닿으리라고 주장했다. 당시의 지도에는 아메리카가 그려지지 않았다. 그 잘못된 세계의 모습을 믿고 서쪽으로 항해한 콜럼버스가 아메리카를 '발견'한 것이다. 그러나 그곳은 옛날부터 존재했고 사람들이 살았으니 '발견'이란 말도 안 되는 소리다. 서양인이 처음으로 '상륙'한 것에 불과하다. 아니, 실상은 '침략'한 것이었다.

콜럼버스는 결코 순수한 탐험가가 아니었다. 오직 황금을 찾는 것이 그의 목적이었다. 당시 이미 인도양 중심의 거대한 무역권이 형성되었는데 서양에서 그곳을 바다로 가려면 아프리카 대륙을 우회해야 했다. 사람들은 아프리카를 탐험하여 황금이나 상아, 그리고 노예로 쓰기 위해 흑인들을 사들였다. 당시의 아프리카에는 다수의 왕국이 번성했다. 아니 그 전부터 나름의 문명이 있었으나 서양인들이 침략을 위해 미개·야만이라고만 주장한 것이다. 최근 아프리카인들은 자기들의 찬란했던 역사를 되찾는데 심혈을 기울이고 있다.

1487년에 바르톨로뮤 디아스가 아프리카 남단을 돌았다. 바로 그 남단을 희망봉이라고 이름 붙였다. 콜럼버스는 대서양을 서쪽으로 돌면 바로 인도에 갈 수 있으니 아프리카를 도는 것보다 경제적이라고 주장했다. 유대인들을 이끌고 69일의 항해 끝에 그는 서인도 제도의 한 섬에 닿았다. 지금도 그곳을 '서인도'라고 부르는 것은 콜럼버스가 그렇게 착각했기 때문이다. 인디언이란 말도 마찬가지다. 이어 그는 일본이라고 착각한 쿠바에 닿았다. 그러나 황금궁전은 어디에도 없었다.

아메리카인들은 서양인들을 따뜻하게 맞았고, 콜럼버스는 스페인에 영웅으로 금의환향하여 '인도의 제왕'이란 칭호를 받았다. 이어 두 번째 항해는 1천5백 명의 성직자·관리·기술자·식민자들이 포함된 식민 사업과 기독교 개종을 위한 것이었다. 그리하여 아메리카 식민 사업이 본격적으로 시작되었다. 콜럼버스는 원주민들로부터 세금 명목으로 황금을 착취했다. 이에 반발한 원주민들이 폭동을 일으키자 스페인으로부터 총독직을 해임 당하고 감옥에 갇혔다.

신대륙을 놓고 포르투갈과 스페인이 싸우자 교황은 스페인에게 아메리카를, 포르투갈에게 아시아와 아프리카를 나누어 주었다. 서양 멋대로의 세계 분할은 이렇게 시작되었다. 그리하여 근대사의 가장 참혹한 식민지 침략이 불붙었다. 그 후 영국과 네덜란드 그리고 프랑스가 합세했다.

콜럼버스에 이어 바스코 다 가마가 희망봉을 돌아 인도에 도착했다. 인도 왕은 서양인이 가져온 선물을 초라하다고 경멸했으나, 다 가마는 향신료를 싼값으로 사와 항해에 든 비용의 60배나 남는 장사를 했다. 그러나 그들의 궁극적 목적인 황금은 기대한 만큼 많지 않아서 서양은 무역 대신 주민을 죽이고 혹사하는 식민지 경영을 시작했다. 그 결과 멕시코의 아즈텍 제국과 페루의 잉카 제국이 멸망했고, 유럽은 아프리

카, 아메리카, 아시아의 식민지화에 광분하는 시대로 돌입했다. 콜럼
버스는 그 식민화의 선봉이 된 사람이었다.

라스카사스의 〈미션〉

콜럼버스와 달리 라스카사스의 전기 영화는 만들어진 적이 없다. 그
러나 그 편린이나마 볼 수 있는 것으로 〈미션〉이 있다. 그 영화에서 로
버트 드 니로는 흉악한 식민자를 연기하나, 제레미 아이언즈가 연기한
신부에게 감동하여 원주민에게 봉사하다가 신부와 함께 장렬하게 죽
는 것으로 영화는 끝난다. 그 신부는 역사상 최초로 원주민을 옹호한
신부 라스카사스를 연상하게 한다. 그러나 라스카사스 자신은 본래 흉
악한 식민자였다. 영화의 신부도 본래 그랬는지는 모르지만, 영화에는
그런 과거가 등장하지 않는다. 어쩌면 드 니로와 아이언즈를 합친 인물
이 라스카사스일 것이다.

영화 속의 드 니로처럼 라스카사스는 흉악한 식민자로 살다가 회개
하고 아이언즈처럼 신부가 된다. 그는 이렇게 주장했다. "인디아스는
교황에 의해 스페인 국왕이 통치하도록 위임받은 토지이나, 그 유일한
목적은 기독교로 개종시키는 것이고, 따라서 스페인인 식민자가 어떤
세속적 목적을 위해서도 인디오에게 노동을 강요해서는 안 되며, 인디
오를 구원하는 유일한 길은 모든 스페인인을 퇴거시키고, 평화적인 수
단으로 선교를 하는 선교사들 사이에 살게 하는 것이다." 그는 평생을

그의 주장대로 실천한다.

그러나 영화 〈미션〉 자체가 그렇듯이 라스카사스란 인물은 식민지 침략을 정당한 것으로 전제하되, 정치·경제적인 침략이 아니라 종교적인 침략만을 인정한 점에서 역시 식민주의자이자 제국주의자이다. 따라서 스페인에서 그가 매국노로 모독당하는 것과 달리 제3세계에서는 종교적 식민주의자로 비판될 수 있다.

물론 그의 종교적 식민주의는 16세기 식민지 사회나 종주국 사회에서는 물론 지금 스페인에서도 이단으로 간주되고 소수의 반대자였다는 점에서 적어도 서양사상사의 맥락에서는 엄청난 진보성을 띠는 것이었다. 우리는 그 점을 부인할 필요는 없다. 그러나 그렇다고 해서, 즉 종교적이라 해도 그것이 식민지 침략을 전제로 한 식민주의의 일환이었음을 부정할 수는 없다.

식민주의가 총칼로 원주민을 잡아들여 성경으로 개종을 요구하고 거부하면 죽이고서 그 시체 앞에서 성경으로 합리화시켰다는 구조는 그야말로 기본이다. 그러나 최초의 종교가 그런 것이라 해도, 그런 방법으로 원주민들이 개종을 했다 해도, 종교 자체의 가치를 부정할 수는 없다. 따라서 대부분 가톨릭을 믿는 제3세계인들에게 라스카사스는 여전히 영웅이다.

라스카사스를 〈미션〉의 두 인물을 합친 것보다 더욱 위대하게 평가할 수 있는 것은 그가 1516년, 42세에 《14개의 개선책》을 비롯한 많은 유토피아론을 쓴 점에 있다. 그것은 같은 해 플랑드르의 브리쥬에서 토마스 모어가 쓴 《유토피아》와 유사한 내용의 이상주의적인 계획이었다. 동시에 그것은 당시 아메리카 대륙을 대상으로 쓴 유토피아 사회 계획의 최초였다.

유대인 추방의 항해와 콜럼버스

콜럼버스는 어떻게 아메리카로 갔는가? 우리는 그것이 2천 년에 걸친 유대인 유랑의 비참한 역사의 일부와 관련된다는 것을 잘 모른다. 그의 배가, 수백 년간 살았던 스페인 땅을 영원히 떠나야 하는 유대인 유랑민들의 배와 함께 바다로 떠났다는 사실을 잘 모른다.

콜럼버스가 아메리카를 '발견'한 1492년은 스페인에서 그곳을 수백 년간 지배한 이슬람교도들을 가톨릭교도들이 추방하고 새로운 나라를 세우는 것으로 시작되었다. 즉 1월 2일, 가톨릭 양왕이라고 하는 이사벨라 여왕과 페르디난도 왕이 이슬람교도의 마지막 거점인 그라나다를 함락하고 성대한 입성식을 거행한 것이다.

이어 3월 30일, 유대인은 7월 31일까지 가톨릭으로 개종하지 않으면 국외로 추방한다는 명령이 내려졌다. 이는 중세 후기, 유대인들이 스페인의 경제와 문화를 주도한 것에 대한 반발의 절정이었다. 1483년 설립된 종교재판소도 그런 반발에서 비롯된 탄압의 하나였다. 특히 1492년 이후에도 이슬람교도에게는 개종이 강제되지 않았으나, 유대인은 철저한 탄압을 받았다.

추방되어야 했던 12~15만 명의 유대인들은 8월 2일, 아프리카와 동지중해 연안의 레반토 지방으로 배를 타고 떠났다. 이어 8월 3일 세 척의 배가 떠났다. 그러나 그것들은 지중해가 아니라 대서양으로 향했다. 바로 콜럼버스가 탄 배였다.

콜럼버스는 유대인 추방령이 내려지고 18일 뒤인 4월 17일, 여왕으로부터 항해를 위한 원조의 약속을 받는다. 그 후 그는 항해 준비를 하면서, 마찬가지로 항해를 하기 위해 길을 떠나고, 항구에 모여드는 십수만 명의 유대인을 보았으리라. 그러나 그들을 동정하기는커녕 자신이 믿는 그리스도의 당연한 명령에 의한 추방이라고 확신했다. 콜럼버스는 가톨릭교도였다. 그의 선조에 유대인이 있었다는 주장도 있으나, 현재까지의 연구에 의하면 적어도 그는 가톨릭교도였음에 틀림없다.

유럽의 세계관

16세기 이탈리아인 콜럼버스는 세계를 어떻게 생각했는가? 그 점을 살펴보기 전에 유럽의 역사를 간단히 살펴보자. 우리는 고대 그리스·로마에 대한 영화를 통하여 그 시대를 대단히 화려하게 상상하나 사실은 그렇지 않았다. 또한 그 시대에 유럽이란 개념은 존재하지도 않았다.

지금 우리가 부르는 유럽이란 이른바 중세를 통해 그 모습을 어느 정도 갖추어 갔다. 그 전에는 외부의 적들에 의해 거의 소멸하기 직전까지 갔다가 11세기경부터 그 역사를 형성하기 시작했다. 따라서 그 세계란 기독교를 중심으로 한 지극히 폐쇄적인 것이어서 타문화에 대한 무지와 무관심 그리고 불관용이 일반적이었다.

특히 중세에는 유럽 이외 세계의 인간이란 중국의 식인종을 포함하여 괴물들만 산다고 여겨졌다. 유럽 역사에서 최초의 해외 영토 확보 활동인 십자군 전쟁 등을 통해 타문화를 접했어도 타문화에 대한 태도는 더욱 왜곡되었다. 이는 중세 후반의 이른바 무훈시(武勳詩)에 이슬람교도를 머리에 뿔 달린 괴물이나 악마로 묘사한 점에서 알 수 있다.

그런 상황을 변화시킨 최초의 계기는 1206년 칭기스 칸이 세계적 규모의 침략을 개시한 후 동서 무역이 시작되어 유럽인 여행자들이 동양을 찾은 것이다. 그중 가장 유명한 사람이 바로 마르코 폴로(Marco Polo, 1254?~1324)였다. 그러나 1347년부터 1351년 사이에 페스트가 창궐하고 오스만투르크 제국이 대두하며 1368년 몽골제국이 멸망함으로써 유럽은 본래의 폐쇄적인 상태로 돌아갔다. 콜럼버스의 15세기에도 마찬가지였다.

콜럼버스의 제1차 항해에 대해서는 그가 남긴 편지와 일지라는 두 가지 근본적인 사료가 있으나, 항해의 대부분은 《콜럼버스 항해록》에 의존한다. 물론 그것은 라스카사스가 편찬한 것으로 원본과는 다르지만 지금으로서는 그것밖에 의지할 것이 없다. 이제부터 그 책에 따라 콜럼버스의 항해를 함께 떠나보자.

노예와 황금

1492년 8월 3일, 콜럼버스 일행은 스페인을 떠나 6일 뒤 카나리아 제도에 도착한다. 이어 9월 6일 당시 지도에 일본으로 그려진 서쪽을 향해 다시 항해하며 육지가 나타나기를 기대한다. 최초의 육지에 닿은 것은 10월 12일이다.

현재 바하마 군도의 워털링 섬인 그곳을 콜럼버스는 '구세주의 섬'이라는 뜻인 산 살바도르 섬으로 명명한다. "그곳에서 벌거벗은 사람들이 보여, 제독은 무기가 적재된 보트를 타고 육지로 갔다."[2] 라스카사스는 콜럼버스 자신이 다음과 같이 썼다고 한다.

저는 힘보다 사랑을 통해 그들을 그릇된 믿음에서 해방시키고 우리의 성스러운 신앙에 귀의시키는 것이 낫겠다고 판단하고는, 그들이 우리에게 친근함을 느끼게 하기 위해 그중 몇 사람에게 챙 달린 붉은 모자와 목걸이로 쓸 수 있는 유리 구슬과 가치가 별로 없는 다른 물건 몇 개를 주었습니다. 그러자 그들이 몹시 기뻐하며 놀랄 정도로 우리를 잘 따랐습니다.[3]

그들은 "벌거벗"었고 "하나같이 용모와 자태가 아주 아름다웠"으며[4] "무기를 지니고 있지 않았고, 또 그것이 무엇인지도 몰랐"다. 그리고 콜럼버스는 "그들은 영리하고 훌륭한 하인이 될 것이 틀림없"었고 "아주 쉽사리 기독교도가 되리라고 믿"는다.[5] 백인에게 원주민이란 처음부터 하인이 되고 기독교도가 될 것으로 예정되었다.

동시에 새로운 세계는 황금의 땅으로 기대되었다. 10월 13일, 콜럼버스는 "황금이 있는지 없는지 알아내려고 애를 쓰다가, 작은 황금 조각을 콧구멍에 매달고 있는 사람이 몇 명 있는 것을 발견"한다. 그리고 "남쪽으로 가거나 이 섬 남쪽으로 돌아가면 황금으로 만든 큰 용기와 황금을 아주 많이 갖고 있는 왕이 있다는 것을 알아" 낸다.[6] 그래서 섬을 뒤지지만 황금을 찾지는 못한다.

이상이 《콜럼버스 항해록》의 기본 구조다. 즉 원주민이 괴물이 아니라 유럽인과 똑같은 인간이고 기독교도로도 될 수 있다는 것(단 뒤에서 설명하듯이 식인종의 존재는 믿었다), 그러나 어디까지나 하인으로 부릴 수 있다는 것, 그리고 새로운 세계는 자기가 소유하는 황금의 땅이라는 것이다. 이는 바로 식민주의의 패턴이다.

식인종 전설

식인종 카니발에 대한 이야기는 《콜럼버스 항해록》의 1492년 11월 23일 자에 나온다.[7] 이미 서양 역사서, 가령 고대 그리스 역사가 헤로도토스(Herodotos, 기원전 484?~425?)의 《역사》에도 식인종에 대한 언급이 있었다. 13세기 이탈리아 여행가 마르코 폴로의 《동방견문록》에서는 중국 사람이 묘사되었으나 식인종도 언급되었다.

그러나 과거의 그것이 단순한 이야기나 전설에 그친 반면 콜럼버스의 식인종은 그 후 전개된 식민지화를 정당화하는 논리로써 역사를 뒤바꾸는 중대한 역할을 했다. 콜럼버스는 식인종 카니발이 산다는 보이오 섬을 '발견'했으나, 그 섬에 내리지도 않았고 따라서 식인종을 직접 본 것도 아니었다. 사실 그가 식인종이라고 부른 카리베 족은 그 후 곧 절멸되었기 때문에 콜럼버스의 항해선에 함께 탄 인디오들이 그들을 카니발이라고 부른 것 자체가 무슨 뜻이었는지, 즉 그들이 실제로 식인종이었는지 확인할 방법은 없었다. 따라서 지금까지도 식인종이란 것은 전설에 불과하다.

그러나 그 말은 그 후 지금까지 유럽을 비롯한 전 세계에 '야만적인 식인종'을 뜻하는 말로 전파되었고, '카리브의 카니발'이란 말은 비서양 타자를 차별적으로 말하는 상징으로 굳어졌다. 즉 타인종 원주민만이 아니라 마녀, 천민, 성적 일탈자, 방랑자, 노예, 괴물 등등 모든 이상한 인간의 대명사로 정착되었다.

다시 《콜럼버스 항해록》을 살펴보자. 콜럼버스는 제독의 말에 의지한다. 우선 제독은 인디오들이 "카니발에게 잡아먹히게 될지도 모르고, 또 그들은 잘 무장되어 있다"고 말했다고 한다. 그리고 제독 스스로 "무기를 지니고 있기 때문에 틀림없이 지능이 높"고, "붙잡혀 간 사람들이 고향으로 돌아오지 않았기 때문에 잡아먹혔다고 말하는 것"이라 생각했는데, 이는 인디오들이 기독교도들과 제독을 처음 보았을 때도 그렇게 생각했기 때문이라고 한다.[8]

콜럼버스 자신은 인디오의 말을 몰라 제독의 통역에 의존했으나, 제독 역시 인디오 말을 몰랐다고 한다. 그렇다면 위 진술이 라스카사스에 의해 정확하게 옮겨진 것이라는 전제 하에(사실 이 점도 믿기 어렵다) 본다고 해도, 정확성에는 문제가 있다. 게다가 내용 자체도, 즉 "붙잡혀 간 사람들이 고향으로 돌아오지 않았기 때문에 잡아먹혔다고 말하는 것"은 문제가 많다. 고향에 돌아오지 않은 이유는 그곳에 정착했기 때문이라고 보는 것이 더욱 타당할 수도 있기 때문이다. 또한 인디오들이 기독교도를 보자 식인종이라고 생각했다는 것도, 카니발이 식인종이라는 이유가 안 된다. 말하자면 인디오에게 타자란 모두 식인종으로 관념화된 것에 불과하다.

여하튼 《콜럼버스 항해록》에서는 이듬해 1493년 1월 13일 자에 에스파뇰라 섬에서 식인종을 만났음을 기록한다. 콜럼버스는 역시 그들을 "사람을 잡아먹는 카리베 족"이라고 생각한 제독의 말을 인용하는데, 그들의 특징은 '얼굴 생김새가 몹시 추악했고' 무기를 지녔다는 점이다.[9] 그러나 라스카사스 신부는 그들이 식인종 카리베 족이 아니었다고 말한다.[10]

콜럼버스가 그들에 대해 언급하는 이유는 그들이 사는 섬에 "황금이 대단히 많으며 그것이 무척 크다"[11]고 말했기 때문인 듯하다. 그 후 콜럼버스는 그들을 필사적으로 잡으려고 하지만 잡지 못한다. 그 대신 카리베 족을 식인종이라고 단정한다. 그리고 그것이 지금까지 전 세계에 식인종이라는 관념을 퍼뜨리게 했다.

인디오 노예화

앞에서 우리는 콜럼버스가 1492년 10월 12일, 최초의 원주민을 만나 "아주 쉽사리 기독교도가 되리라고 믿"었음[12]을 보았다. 그러나 그는 바로 그들에게 복음을 전하고 개종시키려고 노력하지 않는다. 대신 "그들은 영리하고 훌륭한 하인이 될 것이 틀림없"다고 보고, 이틀 뒤인 10월 14일, 더욱 구체적으로 다음과 같이 말한다.

> 하긴 두 국왕 폐하께서 명령하시기만 하면 언제든지 그들 전원을 붙
> 잡아 카스틸랴로 보낼 수도 있고, 이 섬에 그대로 포로로 놓아둘 수도
> 있습니다. 50명의 부하만 동원하면 그들을 모두 복종시킬 수도 있고,
> 또 뭐든 원하는 대로 행동하게 할 수도 있기 때문입니다.[13]

인디오를 보자마자 포로나 노예로 사역(事役)하겠다고 하는 콜럼버스의 의지는 8세기 이후 15세기까지 이슬람교도와의 긴 전쟁을 통해 군인적 기사로서의 가치관에 젖어 육체노동을 경시해 왔음을 보여 준다. 그 긴 세월 동안 스페인에서 농업이나 상공업 노동은 이슬람인이나 유대인의 몫이었지 스페인인과는 무관했다. 스페인 기독교도는 대토지 소유자나 성직자, 귀족, 군인으로서 유대인이나 이슬람인들에게 명령을 내리는 입장이었다. 이 점은 뒤에 북아메리카에 이주한 영국 퓨리탄 이민과 근본적으로 다른 점이었다.

앞에서 보았듯이 콜럼버스와 인디오들의 최초 관계는 매우 우호적이었다. 그래서 콜럼버스는 제1차 항해의 마지막에 에스파뇰라 섬의 대민족장과 만나 그의 협력을 얻어 인디오들을 동원해 '나비다'라는 요새를 건설한다.[14] 그러나 그 요새도 어디까지나 스페인인의 명령에 의해 인디오들이 세운 것이었다.

콜럼버스는 그곳에 39명의 스페인인을 남기고 떠나나, 1494년 10월 28일, 제2차 항해 때 돌아오니 잔류자는 모두 죽고 요새도 불탄 것을 알게 된다. 인디오들은 잔류자들이 다른 부족의 습격을 받아 죽었다고 말했으나, 실제로는 잔류자들의 잔인한 학대에 지친 인디오들이 잔류자들을 죽인 것으로 짐작되었다.

이때부터 스페인인과 인디오들의 사이는 나빠지고, 콜럼버스는 인디오를 노예로 삼겠다는 의지를 더욱 노골적으로 드러낸다. 여기서 콜럼버스는 복음과 노예화는 전혀 모순되지 않는다고 생각한다. 당시의 편지를 보면 그는 식인종만이 아니라 모든 원주민이 노예화의 대상이라고 썼다.

콜럼버스가 인디오 노예화를 이사벨라 여왕에게 편지로 제안하자 여왕은 일단 콜럼버스가 스페인에 돌아온 뒤에 논의하자고 답하나, 이미 그 편지를 쓸 무렵 노예화 계획을 단행하기로 결심한다. 특히 1494년 1월 이사벨라 시 건설 직후 원주민과의 사이가 급격히 악화되고, 4월 9일 최초의 충돌 이후 사태는 더욱 악화되어, 그 해 말 인디오의 반란으로 10명의 스페인인이 살해당했다. 그 보복으로 550명의 인디오가 잡혀 1495년 2월 24일 스페인으로 보내졌으나 2백여 명은 항해 중 사망하여 바다에 버려졌고 스페인에 도착한 나머지도 반 이상이 병들었다. 또 상당수의 인디오는 모두 현지 스페인인의 노예가 되었다.

1494년 3월, 콜럼버스는 에스파뇰라 섬 전체를 평정하기로 하고, 220명의 군인을 동원해 대부분의 인디오를 항복시켜 세금을 내라고 명령했다. 라스카사스의 《인디아스사》에 의하면 14세 이상의 인디오에게 3개월마다 일정량의 금을 납부하게 했다. 6월 3일, 콜럼버스는 스페인으로 돌아가면서 30명의 인디오를 연행했고, 스페인에서 그들은 유력자 사제에 의해 매각되었다.

이러한 인디오 노예화에 대해 스페인에서는 찬반 논의가 일었다. 반항하는 인디오는 노예로 삼아도 좋다는 찬성론과 그것에 반대하는 견해였다. 여왕은 이에 대한 신학자와 법학자들의 의견을 듣기까지 인디오 매각을 금지하라는 명령을 내렸으나, 인디오들은 자유를 얻지 못했다. 1496년 1월에도 유사한 명령이 내려져 인디오는 실질적으로 노예로 사용되었다. 식민지에서 인디오를 노동력으로 사용할 수밖에 없다는 입장에서 노예화가 인정된 것이다.

사실 중세를 통해 서유럽과 아프리카 사이에 유대인에 의한 노예무역이 성행했고, 15세기 초엽 이래 포르투갈인의 서아프리카 노예무역 개시로 이베리아 반도에서는 상당한 노예매매가 이루어졌다. 콜럼버스도 스페인에 오기 전에 포르투갈 배로 서아프리카 항해에 종사하여 노예무역을 알았으며 실제로 노예무역을 할 수도 있었다. 따라서 그는 처음부터 조직적인 노예무역을 여왕에게 강력하게 제안했고, 여왕도 그에 따랐다. 특히 1504년, 노예 매각 시 수입의 3분의 1을 왕실에 납부하라는 명령으로 인디오 노예화는 더욱 심해졌다. 노예무역은 당시 왕실의 재정에도 중요한 비중을 차지했다.

제3차 항해 이후의 인디오 노예화

1496년 3월에 떠난 콜럼버스의 배는 6월에 스페인에 도착하고, 그 후 2년간 콜럼버스는 제3차 항해를 준비한다. 그러나 식민자의 모집은 쉽지 않았다. 식민지가 선전된 것처럼 좋지도 않고, 그곳에 황금이 많지도 않다는 것이 밝혀졌으며, 제2차 항해에 참가한 식민자들이 열병에 걸려 많이 죽었기 때문이다. 그래서 콜럼버스는 죄수들을 포함하여 필요한 선원을 겨우 모아 1498년 5월, 제3차 항해를 시작했다. 죄수들은 식민지에서 1~2년간 개척에 종사하면 풀려난다는 조건이었다.

콜럼버스는 1498년 제3차 항해 때 이전과는 전혀 다른 항로를 택하여 다다른 파리아 만 일대를 성경에 나오는 지상낙원으로 믿었다. 그가 항해를 한 목적은 앞에서 말했듯이 근본적으로 부와 명예의 추구였으나 그것만은 아니었다. 종교적 신념이 있었던 것이다.

8월 30일, 콜럼버스가 에스파뇰라 섬에 도착했을 때 스페인 식민지는 혼란 상태였다. 식민자들 사이의 투쟁이 끊이지 않아 제2차 항해 때 데려왔던 사람들이 4분의 1로 줄었고, 특히 경제 사정이 악화되었다.

기대한 만큼의 황금은 산출되지 않았고 식량도 부족했으며 관리들은 급료를 받지 못했다. 콜럼버스는 노예 매각 대금 등으로 충당하고자 했으나, 3백 명의 식민자는 귀국하여 식민지의 무질서와 콜럼버스의 무능을 규탄했다.

그래서 스페인의 두 왕은 1499년 봄에 현지 조사를 위해 조사관을 파견했다. 조사관은 반란자를 체포하고 그 재산을 몰수하는 권한을 부여받았다. 콜럼버스의 절대적인 권한은 실질적으로 박탈되었으며, 이는 왕권이 식민지 경영에 직접 개입하는 계기가 되었다. 8월에 산토 도밍고 섬에 도착한 조사관은 광산권이 왕실에 속한다고 선언하고 채굴된 금과 은을 모아 본국으로 보냈다. 그리고 이에 항의하는 콜럼버스를 체포하여 스페인으로 압송했다. 귀국한 콜럼버스는 왕들에게 조사관의 조치를 비난했으나, 왕들은 1501년 9월에 콜럼버스 대신 다른 총독을 임명했고, 새 총독은 1천5백 명의 식민자를 데리고 1502년 2월 식민지로 출발했다. 그 한 사람이 라스카사스였다. 이는 아메리카 식민지의 새로운 시대가 시작됨을 뜻했다.

인디오 사회의 붕괴

1502년 4월, 새로운 식민자를 합쳐 약 3천 명의 스페인인들은 인디오들을 데리고 산토 도밍고 섬 오지의 금광으로 향했다. 하지만 라스카사스에 의하면 스페인인 1천여 명은 병으로 죽었고, 스페인인들의 식

149

량 착취로 인디오의 3~4분의 1도 죽었다. 당시 스페인인들이 노동을 혐오하여 농업에 종사하지 않은 역사적인 이유에 대해서는 앞에서도 말했다.

1504년부터 엔코미엔다 제도가 실시되었다. 이는 본래 스페인의 옛 영토 회복 전쟁 과정에서 생긴 것으로, 기독교도 기사단이 이슬람교도의 토지를 정복하면 이교도에게 뺏은 토지를 개인에게 일시적으로 하사하는 것이었다. 식민지의 경우는 이와 달리 스페인인 식민자가 인디오 집단을 할당받아 강제로 인디오를 자신들과 함께 살도록 하고 노동을 시키되 그들을 보호하기로 했다.

그러나 스페인인은 인디오에게 강제노동을 시키면서도 그들을 보호해야 하는 의무는 지키지 않았다. 이는 에스파놀라 섬의 급격한 인구 감소로 증명된다. 인디오는 법적으로는 자유민으로 인정되었지만 뒤에는 법적으로도 노예가 되었다. 당시 인디오를 자유민으로 인정한 것은 종교적인 인간관의 표현이기는 하나, 실은 스페인 왕실이 식민지에서 식민자가 토지귀족이 되는 것을 두려워했기 때문이다.

당시 스페인 왕들은 통일 후 정복의 대가로 토지를 신하에게 하사했는데, 강력한 힘을 갖게 된 대토지 귀족 때문에 골머리를 썩였다. 따라서 식민지에서도 그런 권력이 발생해 왕권에 도전하는 것을 두려워하여 식민지 정복자들에게는 토지를 하사하지 않았다. 대신 왕실은 토지 소유권과 광산권을 왕실에 귀속하고, 인디오는 식민자의 신하로 한다는 전제 하에 그들에게 납세 의무와 인디오 보호 의무를 부과하는 것이

더욱 유리하다고 생각했다.

그러나 인디오 보호 의무라는 최소한의 종교적 태도는 1504년 이사벨라 여왕이 죽고 난 뒤 페르디난도의 노골적인 식민지 약탈 통치에 의해 더욱 무의미해졌다. 그 결과 콜럼버스는 제4차 항해를 마치고 1504년에 귀국한 뒤 왕에게, 자신이 떠난 1500년 이후 4년 만에 에스파뇰라 섬 원주민의 7분의 6이 죽었다고 보고했다고 라스카사스는 전한다. 또 라스카사스에 의하면 1508년 왕실재무관은 그 섬의 원주민이 6만 명이라 했고, 라스카사스 자신은 본래 3백만 명이었던 원주민이 10만 명 정도로 감소했다고 말했다. 어느 것이든 현대 인류학의 측면에서 보면 과장된 것이지만, 인구의 상당수가 죽은 것임은 분명하다.

이러한 식민지 개척과 인디오 노예화는 에스파뇰라 섬에서만 이루어진 것이 아니라 대안틸 제도의 푸에르토리코 섬과 쿠바, 자메이카를 비롯하여 여러 곳에서도 더욱 빠르게 대규모로 이루어졌다. 특히 비참했던 것은 바하마 제도였다. 그곳에서는 1509년부터 1512년 사이에 스페인이 조직적으로 침략해 원주민이 에스파뇰라 등의 섬으로 보내진 결과 1년 만에 그 섬에는 원주민이 한 사람도 남지 않았다. 아메리카 최초의 원주민 절멸 지역이 된 것이다. 그러나 스페인인은 이를 기독교의 복음을 전한 것이라고 주장했다. 1513년의 플로리다 '발견'은 바하마 제도를 떠나 북상한 인디오를 사냥한 결과 생긴 것이다.

1510년에는 아메리카에 최초로 약 2백 명의 흑인 노예가 이송되었다. 아프리카 흑인 노예 거래는 스페인의 경우 그 역사가 더욱 오래되었음을 앞에서 말했다. 여하튼 왕실은 그러한 엔코미엔다의 권리도 제한하고 가능하면 그것을 철폐하고자 했다. 따라서 식민자는 당연히 반발하게 되고 뒤에는 반란도 발생했다. 16세기 아메리카의 식민지 역사는 이 제도의 존속을 둘러싼 왕실과 식민자 사이의 끝없는 투쟁으로 점철되었다.

인디오는 인간이 아닌가?

1506년 5월, 콜럼버스는 스페인에서 죽었다. 왕은 콜럼버스의 아들을 총독에 임명했으나, 결코 식민지 통치의 전권을 부여하지 않았다. 대신 1511년, 산토 도밍고에 세 명의 오이돌이라는 감독관을 파견하여 행정권과 사법권을 갖는 아우디엔수아를 설치했다. 이는 그 후 오랫동안 아메리카 식민지의 통치기관이 되었다. 총독은 아우디엔수아의 의장이었으나, 오이돌은 의장을 통하지 않고 직접 본국에 자신의 의향을 보고하는 권한을 가져 총독을 견제했다.

1511년에는 교회 조직도 확립되었다. 콜럼버스의 제1차 항해부터 교회는 정복과 식민 사업에 관여했으나, 초기에는 식민지에 독립된 관구(管區)가 수립되지 못했다. 1511년에 와서야 세빌리아 대관구 하에 산토 도밍고, 에스파뇰라, 푸에르토리코 등의 세 섬에 각각 사교구를 두게 되었다.

이와 함께 수도회의 활동도 본격적으로 개시되었다. 1502년에 프란체스코 수도회 사람들이, 이어 1510년에 도미니코 수도회 사람들이 에스파뇰라 섬에서 포교를 시작했다. 그러나 라스카사스가 비판하듯이 전자들은 무능하여 비참한 인디오에 대해 아무런 도움이 되지 못했다. 반면 후자들은 처음부터 인디오의 개종과 구제에 적극적이었다. 그러자 후자와 경쟁관계에 있던 전자도 적극적으로 활동을 개시했다. 그 후 이 둘은 아메리카 대륙에서 기독교 사상과 그 실천에 지극히 중요한 이정표를 남겼다.

라스카사스의 《인디아스사》 3권은 도미니코파의 분노와 행동을 상세히 설명한다. 그들은 1511년 크리스마스 전날 인디오에 대한 식민자의 비행을 격렬하게 규탄하는 설교를 하자고 합의하고 실천한다. 그 전제는 인디오도 인간이라는 것이다. 설교를 들은 식민자들은 총독을 찾아가 그 설교가 인디아스에 대한 국왕의 권리를 부정하는 불경행위라고 항의한다. 도미니코파의 대표는 그들의 항의를 거부하면서도 다음 일요일 다시 설교하겠다고 약속하여 식민자들은 도미니코파가 양보했다고 생각한다. 그러나 그 다음 일요일 식민자들을 위하기는커녕 그들을 더욱 비난하는 설교를 하는 것이었다.

이 사건은 에스파뇰라 섬에서만이 아니라 스페인에서도 파문을 일으켰다. 1512년 3월, 국왕은 총독에게 설교자를 설득하라고 명하고, 도미니코파가 거부하면 스페인에 송환하라고 지시했으며, 스페인의 도미니코 수도원장도 그런 설교를 중지하라고 했다. 그러나 도미니코파는 국왕과 상사의 경고에도 불구하고 인디오 권리 운동을 개시하고, 대표를 국왕에게 파견하여 인디오의 참상을 알렸다.

국왕은 신학자와 법률가를 불러 20회 이상 회의를 소집하고, 인디오의 참상에 대한 대책과 함께 더욱 근본적으로 '인디오가 인간인가' 하는 문제를 토의하게 했다. 앞에서 보았듯이 이 문제는 콜럼버스 때부터 제기된 것이었으나, 이제는 당시보다 더욱 심각한 정치문제가 됨에 따라 여러 가지 주장이 제기되었다.

즉 인디오를 이성을 갖는 인간이라고 본다면 그들의 토지를 뺏고 고된 노동을 강요하여 생명과 건강을 침해함은 신의 의지에 반하는 것이었다. 그러나 그들이 이성을 갖는 인간이 아니라면 그들을 노예로 부려도 무방했다. 또 그들이 인간이라 해도 기독교인이 아니라면 기독교 사회의 법을 적용할 필요는 없다고 주장되었다.

중세에는 기독교 국가만이 인정되었고, 14세기의 단테에 와서 인간세계는 기독교도만이 아니라 이교도를 포함하는 것이라고 주장되었으며, 그것이 르네상스 휴머니즘의 기본적인 사고가 되었으나, 이는 16세기의 진보적 사상가들에만 통하는 것에 불과했다. 즉 일반적으로는 여전히 기독교 국가만이 인정되었다. 따라서 인디아스에도 기독교 국가의 법을 적용할 필요는 없고, 인디오를 노예화하고 심지어 죽인다 해도 문제가 없다고 생각되었다.

왕이 소집한 회의에서도 인디오가 인간이기는 해도 기독교인이 아니므로 기독교 사회의 법을 적용할 필요는 없다는 주장이 아리스토텔레스, 토마스 아퀴나스, 아우구스티누스 등의 학설을 근거로 제기되었다. 인디오가 이성이 있는 인간이 아니므로 그들을 노예로 부려도 무방하다는 주장도 아리스토텔레스의 선천적 노예설을 근거로 주장되었다. 특히 그 주장은 1510년 파리에서 출간된 스코틀랜드 신학자 존 메이저스(1469~1550)의 책에서 제기되어 16세기 전반에 스페인에서도 식민자를 옹호하는 이론으로 널리 퍼졌다.

부르고스 법

그러한 주장들과 그것에 대한 도미니코파의 반대는 결국 1512년 12월의 부르고스 법으로 타협을 보기에 이르렀다. 그 내용은 다음 일곱가지였다. 제1조는 인디오의 자유를 규정하고, 제2조는 그들에게 기독교의 신앙이 부여되어야 한다고 규정했다. 이어 제3, 4조는 국왕이 인디오에게 노동을 명할 수 있으나, 그 노동은 인디오 교화를 방해하는 것이어서는 안 되고, 인디오에게 유익한 것이어야 한다고 규정했다. 그리고 제5조는 인디오가 집과 토지를 가져야 하고, 제6조는 그들을 문명화하여 식민자 가까이 거주시키고, 제7조는 인디오 노동자에게 정당한 임금을 주되 현금이 아니라 의복 등 적당한 현물이어야 한다고 규정했다. 그 내용은 앞에서 본 1504년의 엔코미엔다와 동일하나, 법률이라는 형식에 의한 점에서 달랐다.

인디오를 자유로운 인간으로 본 점은 그 후 스페인 정부의 인디오 정책의 기본이 되었다. 동시에 이는 인디아스를 법적으로 식민지로 보지 않고, 왕권에 의해 스페인과 연결되는 '왕국'으로 보게 했다. 또 이는 그 후 영국, 프랑스, 네덜란드 등의 식민지 건설에서도 기본적인 전제로 차용되었다. 그러나 이 법에 의해 일반인의 인식이 바뀐 것은 아니었다. 식민자를 비롯한 유럽 일반인은 여전히 중세적 사고에 사로잡혀 있었다.

더욱이 부르고스 법 자체가 식민자의 이익 옹호를 명확히 규정했기 때문에 그 법으로 식민지 문제가 해결된 것도 아니었고, 엔코미엔다는 여전히 인정되었다. 따라서 당연히 도미니코파는 그 법이 불만스러웠고, 그 후에도 인디오 보호를 위해 엔코미엔다를 부정하는 운동을 계속했다.

이미 1511년 회의에서 도미니코파는, 인디오가 기독교 신앙을 받아들일 경우, 국왕이 그들의 토지를 침입함은 부당하다고 주장했다. 인디오가 기독교를 받아들이지 않는 경우에도, 국왕이 기독교적 열의와 교황의 권위에 의해 그들을 침략한다 해도 인디오 역시 무기를 가지고 싸울 권리가 있다고 주장했다. 그리고 인디오를 부당하게 취급하는 자는 규제되어야 하며, 엔코미엔다는 압제적인 제도이므로 폐지되어야 한다고 주장했다. 그러나 그들은 소수파였고, 그들의 주장은 대단히 불완전하게 부르고스 법에 반영되었다.

엔코미엔다 제도는 부르고스 법 이후에도 유지되었다. 1514년의 조사에서 에스파뇰라 섬에는 스페인인이 약 1천 명이고, 인디오가 약 3만 명이었으나, 이는 1508년에 라스카사스가 인디오를 약 10만 명으로 추산한 것에 비해서도 격감된 것이라 볼 수 있다. 즉 6년 만에 7만 명이 죽은 것이다. 이에 따라 노동력 부족을 위해 스페인인이 플로리다까지 원주민 사냥을 벌였음은 앞에서도 설명한 대로다. 도미니코파는 이러한 사태를 멈추게 하기 위해 최소한 부르고스 법을 식민자에게 지키게 하려고 노력했지만 그들은 소수자에 불과했다.

르네상스의 세계관

'식인종'이라는 콜럼버스의 허위 관념에도 불구하고 유럽 이외의 세계에 유럽인과 같은 인간들이 살고 있음을 확인한 것은 유럽의 세계관에 근본적인 변혁을 초래할 만한 사건이었다. 그러나 세계관이란 그렇게 쉽게 바뀌는 것이 아니다. 콜럼버스의 편지와 일지는 유럽 각국어로 번역되어 소개되었지만 영향력은 그리 크지 않았다.

가령 콜럼버스 제1차 항해 후 약 40년이 흐른 1543년에 발표된 코페르니쿠스의 지동설은 루터를 비롯한 많은 사람들에게 비난을 받았고, 18세기까지 가톨릭 교회의 승인을 받지 못했다. 또 아메리카 대륙의 형체가 실제대로 밝혀진 뒤에도 지도에서는 여전히 아시아 대륙에 붙어 있는 것으로 그려졌고, 라스카사스도 《인디아스사》에서 그렇게 주장했다.

르네상스의 휴머니스트라고 불리는 사람들을 포함한 일반적 담론은 중세적 세계관의 연장에서 기형적인 인간과 동물에 대한 이상한 호기심으로 나아가 수많은 전설을 낳았다. 실제로 그런 환상적 전설에 사로잡힌 탐험가나 여행가들이 계속 나타났고, 일반인은 오늘날의 SF격인 기사도 이야기(libros de caballeria)에 사로잡혔다.

그러나 르네상스 시대에는 그런 환상만 존재한 것은 아니었다. 앞에서 말했듯이 콜럼버스의 제3차 항해 때 도착한 곳을 성경에 나오는 지상낙원으로 믿었다. 우리는 제1차 항해를 기록한 《콜럼버스 항해록》에서도 그런 의지가 있음을 알 수 있다. 그러나 그것은 원주민을 기독교도로 개종시키는 데 주안점이 주어졌다.

이는 마가복음 16장에서 말하는 '전 세계에 가서 모든 사람에게 복음을 전하라'는 것, 그리고 요한계시록 7장 9절에 나오는 '모든 나라', '모든 백성'에서 선택된 자들만이 '신의 나라'에 들어갈 수 있다는 것의 실천이었다. 그리고 이제 말년의 콜럼버스는 신세계를 성경에 나오는 천국으로 믿게 된 것이다. 그런 태도가 콜럼버스 이후의 기독교 포교로 나아가는 것은 당연한 일이었다.

식민자 라스카사스

라스카사스는 1484년, 스페인 남부 세빌리아에서 태어났다. 1493년 9월, 콜럼버스가 제2차 아메리카 항해에 나서자 라스카사스의 아버지도 참여했다. 1499년에 돌아온 그는 콜럼버스로부터 받은 노예를 라스카사스에게 '선물'로 주었다. 그 후 라스카사스의 아버지는 에스파뇰라 섬에 돌아가 그곳에 정주했다.

1502년 라스카사스도 노예와 금·은을 손에 넣기 위해 에스파뇰라 섬으로 갔으나, 그 후 4년 동안 금·은을 찾기는커녕 극심한 기아에 시달렸고, 무참한 인디오 학살 전쟁에서 생사를 넘나들기도 했다. 그의 《인디아스사》에 의하면 1503년 섬 동부 지역 정복에 가담하여 인디오 사냥에 여러 번 나섰고, 엔코미엔다 소유자가 되었다.

1506년 스페인에 돌아온 그는 신부가 되었다고 하나 그 이유는 명확하지 않다. 1507년에는 다시 에스파뇰라 섬으로 갔다고 하지만 당시 그 섬에는 사제가 없었다는 사실과 모순된다. 그 섬에 도미니코파 신부들이 도착한 것은 앞에서 보았듯이 1510년이므로, 당시 그곳에 살았던 라스카사스도 사제 서품을 받았으리라고 상상된다.

여하튼 라스카사스가 신부가 되었기 때문에 원주민을 옹호한 것은 아니다. 1511년 쿠바 정복이 시작되자 그도 전쟁에 참여했다. 쿠바 정복의 구실은 에스파뇰라 섬에서 도망친 원주민을 체포한다는 것이었다. 그의 《인디아스사》에 의하면 체포된 인디오 민족장에게 처형 직전 "개종하면 천국에 간다"며 개종을 권하자 민족장이 "천국에는 스페인인이 있느냐"고 물어 "그렇다"고 하자 "그렇다면 개종하지 않겠다"고 답했다.

사실 당시 대부분의 신부는 식민통치의 앞잡이였고 라스카사스 역시 신부가 된 뒤에도 그런 역할을 계속했다. 신부는 식민자와 거의 다를 바 없었다. 하나 다른 점은 노예로 잡은 원주민을 기독교도로 개종시키는 역할을 했다는 점이다.

쿠바 정복 후 그곳에 식민지 마을이 세워지고 인디오 분배가 시작되
자 라스카사스도 엔코미엔다를 분배받아 인디오에게 농경과 사금 채
취의 노동을 강요했다. 인디오에게 노동을 강요하는 동시에 기독교인
화를 강요한 엔코미엔다라는 제도는 노동의 강요가 기독교인화에 의
해 인정된다는 것을 뜻했다.

그러나 끝없이 반복되는 엄청난 원주민 학살, 광산에서의 가혹한 강
제노동, 인디오 여성에 대한 성폭행, 인디오 아이들의 아사를 목격하면
서 라스카사스는 양심의 가책을 느끼기 시작한다.

라스카사스의 회개

1514년 6월 4일 성령강림절, 마흔의 나이에 라스카사스는 별안간 자
신을 포함한 식민자의 인디오 학대를 느끼면서, 엔코미엔다 소유자로
서 행한 죄를 뉘우치고 인디오를 해방하기로 결심한다. 엔코미엔다를
포기하려면 총독의 허가를 받아야 했기에 그는 총독을 찾아가 자신의
결심을 밝히나, 총독으로부터 제지를 당한다.

8월 5일, 그는 식민자들 앞에서 자신의 인디오를 해방하면서, 스페
인인들이 인디오에게 저지른 부정과 만행을 고발했다. 그는 엔코미엔
다 제도를 비판하고 인디오에게 약탈한 모든 것을 돌려주라는 설교를
했다. 이것이 그가 첫 회심(回心)이라고 부른 것이다. 그러나 어떤 식민

자도 그의 말을 듣지 않았다.

그 후 에스파뇰라에서 네 명의 도미니코 신부가 쿠바에 도착하여 라스카사스와 함께 엔코미엔다를 비판하는 설교를 했다. 당시 라스카사스는 다음과 같은 견해를 주장했다. 인디아스는 스페인 국왕이 통치하도록 교황에게 위임받은 토지이나, 그 유일한 목적은 인디오를 기독교도로 개종시키는 데 있다. 따라서 스페인인 식민자가 어떤 세속적 목적을 위해서도 인디오에게 노동을 강요해서는 안 된다. 인디오를 구원하는 유일한 길은 모든 스페인인을 퇴거시키고, 평화적인 수단으로 선교를 하는 선교사들 사이에 살게 하는 것이다.

앞에서 나는 영화 〈미션〉 자체가 그렇듯이 라스카사스란 인물은 식민지 침략을 정당한 것으로 전제하되, 정치·경제적인 침략이 아니라 종교적인 침략만을 인정한 점에서 역시 식민주의자이자 제국주의자이고, 따라서 스페인에서 그가 매국노로 모독당하는 것과는 달리 제3세계에서는 종교적 식민주의자로 비판될 수 있다는 점을 지적했다.

물론 그의 종교적 식민주의는 16세기 식민지 사회나 종주국 사회에서는 물론 지금 스페인에서도 이단이었고 소수의 반대자였다는 점에서 적어도 서양 사상사의 맥락에서는 엄청난 진보성을 갖는 것임도 지적했다. 우리는 그 점을 부인할 필요는 없으나 그렇다고 해서, 즉 종교적이라 해도 그것이 식민지 침략을 전제로 한 식민주의의 일환이었음을 부정할 수 없다고도 했다.

나아가 식민주의가 총칼과 성경으로 원주민에게 개종을 요구하고 거부하면 죽이고서 그 시체 앞에서 살인 행위마저 성경으로 합리화시켰다는 식의 구조는 그야말로 기본이나, 최초의 종교가 그런 것이라 해도, 그런 방법으로 원주민들이 개종을 했다 해도 종교 자체의 가치를 부정할 수는 없으므로, 대부분 가톨릭을 믿는 제3세계인들에게 라스카사스는 여전히 영웅이라고는 점도 언급했다.

여하튼 라스카사스를 비롯하여 도미니코파의 이러한 주장이 당시 식민자들에게 받아들여지지 않았음은 지극히 당연한 일이었다. 그래서 그는 스페인 국왕에게 개선을 요구하고자 스페인에 간다. 총독의 방해를 막기 위해 그는 파리로 유학 간다는 구실을 댄다. 그러나 그의 진의를 안 총독도 자신의 부하를 스페인에 파견한다.

1515년 11월, 세빌리아에 도착한 라스카사스는 12월에 왕을 만나 인디아스의 참상을 설명한다. 그러나 병이 깊어진 왕에게 충분히 설명하지 못하여 두 번째 알현을 기다리는 중 1516년 1월 왕은 죽고 말았다. 그 후 섭정을 한 추기경을 만나 라스카사스는 인디오 문제에 대한 신속하고 진지한 해결을 약속 받는다.

《14개의 개선책》

1516년, 42세에 라스카사스는 《14개의 개선책》을 쓴다. 그것은 같은 해 플랑드르의 브리쥐에서 토마스 모어가 쓴 《유토피아》와 유사한 내용의 이상주의적인 계획이었다. 동시에 그것은 당시 아메리카 대륙을 대상으로 쓴 최초의 유토피아 사회 계획이었다.

이 계획의 핵심은 인디오에 대한 강제노동을 중지하고 자급자족적인 인디오 마을을 건설해야 한다는 것이었다. 물론 인디오만의 공동체는 아니고, 어디까지나 새로 건설되는 스페인인 마을에 부속시킨다는 것이었다.

더 구체적으로 살펴보자. 먼저 인디오에게는 일정 기간 휴식을 부여하고 지금까지의 혹사에 의한 과로에서 회복시킨다. 이어 지금까지 스페인에게 할당된 인디오를 한 곳에 모아 새로운 마을로 보낸다. 그 마을은 스페인인 마을에서 1백 킬로미터쯤 떨어진 곳에 세우고, 가능한 한 광산 부근에 둔다. 마을의 인구는 1천 명으로 한다.

스페인인에게는 일정 수의 인디오가 할당되나, 그것은 엔코미엔다의 경우와 달리 특정한 인디오를 전적으로 사용하기 위한 것이 아니라, 광산업에 파트너로 계약하는 방식에 의한다. 즉 스페인인은 출자자로서, 인디오에게 농지와 목초지를 제공해야 한다. 또 마을에는 동물과 농기구를 공급하고, 2백 개의 침상을 두는 병원도 건설한다.

마을의 통치를 위해 스페인인 감독을 임명하고, 인디오 마을의 민족장이 그를 돕는다. 감독은 마을과 이해관계가 없는 자여야 한다. 섬 전체를 통치하는 행정관도 둔다. 그리고 스페인인 관리와 기술자가 인디오를 교육하고 각종 기능을 익히게 하며, 스페인어를 읽고 쓸 수 있도록 가르친다.

인디오의 작업 계획은 그들의 복지를 염두에 두어 무리없이 정해진다. 금의 세광과 농지가 할당되고, 노동시간의 제한, 충분한 식량 공급, 휴가 등으로 인디오의 생활을 보장한다. 광산과의 거리도 멀지 않아 교통 부담도 줄인다.

그러나 무엇보다 중요한 점은, 라스카사스가 왕실과 엔코미엔다 소유자의 이익을 위해 상세한 수지(收支) 계획을 세운 점이다. 그에 의하면, 쿠바에 네 곳의 광산을 두면 1년에 십만 페소어치의 금을 산출할 수 있고, 장래에는 그 두 배를 올릴 수 있다. 또한 간부의 급여와 기타 경비를 포함해 수입의 5분의 1을 왕실에 바쳐, 스페인 출자자에 대한 배당을 확보한다.

인디오 할당을 받지 못한 엔코미엔다 소유자에게는 그가 지금까지 인디오를 잘 대우한 경우 여섯 명의 나폴리아스라는 인디오를 할당하되, 그 인디오에게는 스페인인을 위한 노동을 시키더라도 혹사는 금하고 기독교인에게 적합한 의복을 준다. 또한 장래 그들이 자립하여 살고, 왕실에 세금을 지불할 능력을 갖게 되면 해방시킨다.

나아가 라스카사스는 인디오가 격감한 에스파뇰라 섬을 위해 왕실에서 각 마을에 40명의 스페인인을 보내고, 그 한 가족마다 인디오 네 가족을 배속하여 공동 경작하게 한다. 스페인인은 인디오에게 유럽식 농경을 가르치고, 세금을 제한 수익을 다섯 가족에 배분한다. 장래 인디오가 문명화되면 스페인인과의 결혼에 의해 인구도 늘고 산업도 발전하게 된다. 이러한 라스카사스의 계획은 수지 타산에 바탕을 둔 현실 사회의 재건을 목표로 하는 점에서 모어의 《유토피아》와 달랐다. 그러나 식민자들이 자신의 이익을 인디오에게 배분하는 이러한 계획에 동의할 리 없었다.

카리브 해의 유토피아 실험

라스카사스의 계획은 당시 섭정을 하던 스페인의 실권자 중 한 사람에 의해 긍정적으로 검토되었고, 그 결과 세계 역사상 최초의 유토피아 실험이 이루어졌다. 먼저 세 명의 산 헤로니모회 수도사가 인디아스에 파견되었다. 섭정이 프란체스코파와 도미니코파의 대립을 피하기 위해 그 어느 쪽도 아닌 제3의 수도회를 선택했기 때문이다.

그 세 명은 라스카사스가 인선했고, 그들에게는 카리브 해 제도 통치권이 주어졌다. 그리고 라스카사스가 최초의 인디오 보호관으로 임명되어 그 세 명에게 보고를 받고 감독하게 되었다. 그러나 라스카사스는 처음부터 그들에게 경원되었고, 그의 직명도 실은 의도적으로 애매하게 주어진 것이었다. 즉 세 명의 수도사에게는 별도의 감독관이 임명되어 섭정에게 보고했기 때문이다.

또한 섭정은 라스카사스의 계획이 처음부터 실현 불가능하다고 판단하여 세 명의 수도사에게 다른 훈령을 내렸기 때문에 그들과 라스카사스의 사이가 벌어졌다. 이는 라스카사스의 성격이 너무도 비타협적이었던 점에도 원인이 있었다. 그러나 가장 큰 이유는 당시 스페인 교회가 그의 제안을 겉으로는 받아들이는 체하면서도 여전히 식민정책에 동조했다는 점 때문이다.

세 명의 수도사들이 1516년 12월 에스파뇰라 섬에 도착하자 스페인인 엔코미엔다 소유자들은 수도사들이 인디오를 엔코미엔다로부터 해방시키려 한다고 생각하여 불안해했다. 그래서 수도사들은 인디오를 계속 엔코미엔다에서 노동시킬 것을 명령하여 식민자들의 불안을 진정시키고자 했다.

그리고 수도사들은 그들과 인디오 민족장들을 소집하여 인디오 문제 해결을 위한 의견을 모았다. 그리고 엔코미엔다 소유자들에게 인디오는 국왕의 자유로운 신하이니 학대해서는 안 된다고 통고하고, 민족장들에게는 마을로 이주하여 국왕에게 정당한 세금을 내라고 명령했다. 또한 엔코미엔다를 취소당한 식민자에게는 세금의 일부를 감면했다.

인디오의 새로운 마을 건설에서 세 수도사는 라스카사스의 계획에 따라 광산 가까이 인디오 마을을 세우고 그 민족장이 통치하게 했다. 그리고 선교사와 '양심적인' 스페인인 관리가 그를 돕게 하고, 특히 관리는 인디오에게 의복을 주고 침대에서 잠자며 일부일처제를 지키도록 가르쳤다. 또한 인디오를 농장이나 광산에서 일하게 하고, 노동과 휴식 시간을 엄격히 지키도록 했다. 라스카사스의 계획과 다른 점은 인구를 3백 명으로 하고, 스페인인이 인디오 민족장과 결혼하여 그 부친을 잇게 하며, 별도로 스페인인 행정관을 두지 않도록 장려한 점이다.

한편 엔코미엔다를 빼앗긴 식민자의 가옥 등 재산은 왕실이 구입하고, 그들에게는 광산이나 인디오 마을의 행정관이나 자신의 자금으로 광산을 개발할 수 있게 했다. 또한 당시 개발이 진행 중이던 바하마 해협 지역에 이주하도록 권했고, 이를 위해 왕실이 보조했다.

그러나 엔코미엔다의 권리를 식민자로부터 뺏는 것은 사실상 거의 불가능함을 섭정은 잘 알았다. 따라서 라스카사스 계획과 달리 부르고스 법을 엄격하게 시행하도록 했다. 이는 엔코미엔다의 온존을 전제로 하는 것이었다.

따라서 라스카사스가 최초의 인디오 보호관으로 임명되어 다시 아메리카로 돌아가 개혁을 감행하려 해도 성사될 리 없었고, 수도사들 및 식민자와의 대립만 더욱 심화되었을 뿐이었다. 라스카사스는 《인디아스사》에서 수도사들을 신랄하게 매도했으나, 앞에서 보았듯이 실제로는 그들에 의해 상당한 개혁이 행해졌다. 그러나 라스카사스는 자신의 계획대로 이루어지지 않은 점에 불만을 품고 1517년 5월, 스페인으로 떠났다.

그 후 세 수도사는 인디오를 새로운 마을로 이주시키는 계획을 실행에 옮겼으나, 이는 라스카사스의 계획을 실행한 것이라기보다 일종의 타협적인 것이었다. 즉 엔코미엔다의 할당은 그대로 하고 인디오를 집중시켜 관리의 감독 하에 두는 것이었다. 이는 수도사 측에서는 부르고스 법의 인디오 보호 조항을 실행할 수 있게 하고, 엔코미엔다 소유자 측에게는 인디오 인구를 집중시킨다는 장점을 갖는 점에서 타협적이었다.

본래 계획은 3~4백 명 단위의 마을을 25개 정도 만드는 것이었으

나, 1518년 12월까지 30개 마을이 만들어졌다. 그러나 1519년의 천연
두로 원주민 대부분이 죽어 이 계획은 무산되었다. 결국 콜럼버스 도착
후 30년도 지나지 않아 그곳 원주민은 절멸한 것이다. 마찬가지 결과
가 쿠바, 푸에르토리코, 자메이카에서도 연이어 발생했다. 그래서 카
리브 제도는 원주민이 없는 섬들이 되고, 대신 노동력으로 아프리카에
서 끌려온 흑인과 스페인인, 그리고 그 혼혈이 인구의 대부분을 구성해
지금까지도 그렇게 유지되고 있는 것이다.

　1517년 9월, 합스부르크 왕가의 카를로스 1세가 스페인에 도착하고,
그 해 11월 섭정이었던 추기경이 죽어 세 명의 수도사들은 임무의 해제
와 귀국을 희망했다. 당시 그들은 인디오가 엔코미엔다에서 해방되면
스페인인 식민자는 인디아스에서 떠날 것이고, 반대로 엔코미엔다를
존속하면 인디오는 절멸할 것이므로, 유일한 방법은 부르고스 법을 엄
격하게 시행하는 것이라고 보고했다. 그리고 그들은 1520년에 모두 귀
국했다.

피게로아의 실험

　스페인에 온 라스카사스는 1517년, 왕의 측근을 설득해 엔코미엔다
의 폐지와 인디오 구제를 요구하는 각서를 제출했다. 나아가 인디아스
에 성채와 도시를 계획적으로 건설하고, 광업보다 농업 식민을 중시하
며, 인디오 해방을 위해 아프리카 흑인을 들여오자고 주장했다.

여기서 우리는 라스카사스가 흑인 노예 도입을 주장한 점에 충격을 받게 되나, 그것이 당시 스페인 사회에서는 상식적인 견해였고, 실제 문제로서 인디오가 절명 직전에 있었음을 이해하면 조금이라도 그에게 동정을 표하게 될 지도 모른다. 물론 뒤에 그는 자신의 그러한 발상이 잘못임을 크게 뉘우쳤다. 실제로 그는 흑인 도입보다 스페인 농민의 도입을 역설했다. 이에 대해서는 뒤에서 다시 살펴본다.

한편 왕도 라스카사스의 각서에 주목했다. 절대주의적인 스페인 제국을 꿈꾼 왕은 1519년에 신성로마제국 황제에 피선되기도 하여 왕권 강화를 중시했다. 따라서 인디아스에서 행정조직을 강화하기 위해 엔코미엔다 제도가 폐지되어야 한다고 생각한 것은 당연한 일이어서 에스파뇰라의 감독관으로 임명한 피게로아에게 인디오 해방에 대한 조사와 새로운 사회의 실험을 명했다.

피게로아는 1519년 9월 에스파뇰라 섬에 도착하여 세 인디오 마을을 스페인인 관리로부터 해방하고, 인디오를 엔코미엔다로부터 자유롭게 하는 경우 그들이 스페인인과 마찬가지로 살 수 있는지 실험했다. 이어 1520년 5월, 왕은 인디오를 가능한 한 빨리 자유롭게 하도록 피게로아에게 지시했다. 그리고 해방된 인디오에게는 농사를 짓기 전까지 식품과 도구를 지급하도록 했다. 푸에르토리코 감독관에게도 같은 지시를 내렸다.

그러나 인디오가 자유를 찾은 뒤 독립하여 생활할 능력이 없다는 결론이 내려졌다. 특히 인디오는 자유를 얻은 뒤 금광 작업에 무관심하여 스페인인을 실망시켰다. 그래서 해방된 인디오는 다시 엔코미엔다로 보내졌다. 그래서 피게로아의 실험은 실패로 끝났다.

그러나 에스파뇰라 섬과 푸에르토리코에서 실험이 실패로 끝났어도 왕실은 10여 년 뒤 다시 쿠바에서 같은 실험을 시도했다. 대부분의 스페인 현지인은 부정적이었으나, 라스카사스가 쿠바에 다시 평화적 식민지를 개척하도록 왕실을 설득한 것이 주효했다. 그러나 그 실험은 또 실패하고 도리어 엄청난 학살이 일어났다.

이러한 실험이 과연 합리적으로 이루어진 것인가에 대해서는 여러 가지 의문이 있으나, 그것이 역사상 유례없는 것이었음은 분명한 사실이다. 즉 어떤 식민지에서도 그런 국가 차원의 실험이 식민자의 강한 반대에도 불구하고 이루어진 적은 다시 없다. 그 뒤 영국인이 북아메리카에서 인디언 마을을 세우고자 실험한 적이 있으나, 어디까지나 개인적인 것이었다.

물론 실험 자체에 대한 의문은 크다. 즉 화폐경제, 사유재산, 국가사회 등에 대한 개념이 전혀 없는 인디오의 전통적 사회를 해체하고, 오직 유럽인 가치관에 근거하여 만들어진 사회와 인간행동의 형식만을 강요하는 상황에서 어떤 결과가 나오리라고 기대한다는 것 자체가 황당무계한 것이었다.

그러나 1516년부터 1535년 사이에 행해진 카리브의 사회적 실험은 기본적으로 보편적인 인간관에 입각하여 타문화의 상대를 이해하고자 하는 휴머니즘적 인간관을 기초로 한 것이라고 볼 여지가 있다. 물론 그 의도는 절대주의라는 정치적 요청에 의한 것이었기는 해도, 그것이 당시 스페인을 비롯한 유럽의 르네상스적 인간관을 어느 정도로는 보여 주는 거라고 볼 여지가 있는 것이다.

라스카사스의 쿠마나 계획

위에서 우리는 아메리카 대륙 전역에 걸쳐 인디오 사냥이 벌어졌음을 보았다. 1510년대 말에 그것은 남아메리카 대륙 본토까지 확대되어 갔다. 그런데 이미 그 여러 곳에 수도원이 설치되어 원주민 포교에 종사하고 있어서 식민자들의 노예사냥은 포교 활동에 중대한 위협이 되었다. 따라서 수도사들은 자신들의 포교 지역을 스페인인 출입금지 구역으로 만들고자 했다.

1518년 라스카사스는 이런 희망을 왕실에 전했으나 받아들여지지 않았다. 그러나 이를 계기로 라스카사스는 당시 수도원들이 있던 북부 베네수엘라에 관심을 갖게 되었고, 그곳에 농민 이주지 설립을 계획하게 되었다. 이어 그는 1518년 가을에 농민 모집을 개시했다. 상당수가 모였지만 대토지 귀족의 방해로 계획은 중단된다.

그러나 라스카사스는 1520년, 왕으로부터 라틴 아메리카 북부 지역의 일부에 2년 안에 식민지를 건설하고, 최소한 1만 명의 납세자를 확보하는 조건으로 허가를 받게 된다. 물론 왕의 의도는 왕실 소유의 토지 확대와 재정의 확충에 목적이 있었다.

1520년 11월, 라스카사스는 70명의 농업 노동자와 스페인을 출발했다. 그러나 그 노동자들은 라스카사스와 뜻을 같이 하기는커녕 다른 식민자와 마찬가지로 식민지에서 부를 얻는 것에 혈안이 되어 있어서 결코 농업 이민을 꿈꾼 자들이 아니었다.

그들이 푸에르토리코에 도착했을 때, 인디오에게 살해된 그곳 신부의 보복을 위한 토벌대가 조직되고 있었다. 라스카사스는 그 토벌대의 출항을 저지하려 했으나 실패했다. 그래서 함께 온 스페인 농민들을 그곳에 남겨 두고 에스파뇰라 섬으로 가서 아우디엔시아를 설득하려 했지만 역시 실패했다. 게다가 그와 함께 온 농민들마저 토벌대에 모두 가담해 라스카사스는 결국 혼자 현지로 갔다.

현지에서도 인디오의 습격과 스페인인의 토벌이 악순환을 거듭하고 있었고, 라스카사스 자신도 수도원에 몸을 숨겨야 했다. 그때 수도사 한 명과, 라스카사스가 스페인에서 데려온 70명 중 다섯 명이 인디오에게 살해당했다. 이에 충격을 받은 라스카사스는 에스파뇰라 섬의 도미니코 수도원에 들어간다.

그 후 라스카사스는 제2의 회심을 경험하고 1526년까지 수도 생활을 하며 신학과 법학을 연구한다. 그리하여 그는 인디오 해방자로서의 이론으로 무장한 인디오 사도로 탈바꿈한다. 이에 대해서는 뒤에서 다시 살펴본다.

멕시코 침략

카리브 해 섬의 인디오를 모두 죽인 스페인인들은 앞서 말했듯이 북아메리카의 플로리다, 남아메리카의 베네수엘라로 노예사냥을 떠난다. 1515년경 쿠바의 스페인인들은 남쪽으로 항해하여 중미 온두라스의 바이야 제도에 도착한다. 그곳은 콜럼버스가 1502년 제4차 항해 때 처음으로 방문했다가 십수 년 간 방치되었으나, 이번에는 약 4백 명의 인디오가 쿠바로 잡혀 온다. 그 왕복 항로 사이에 멕시코의 유카탄 반도를 보았지만 스페인인들은 그곳에 무관심했다.

그러나 계속되는 노예사냥은 결국 그 2년 뒤인 1517년, 멕시코를 '발견'하게 한다. 당시까지 '미개' 사회밖에 몰랐던 스페인인들은 멕시코의 '문명'을 '발견'하고 놀란다. 이어 멕시코 침략은 더 빠르게 적극적으로 진행되어 결국 1520년 12월, 그들을 환대한 아즈텍 제국은 멸망한다.

당시 중앙고원에만 약 1백만 명이 살았던 멕시코가 그야말로 '문명' 국가였음은 당시 침략자들이 남긴 기록에서도 충분히 알 수 있다. 따라서 처음에 그들은 그곳에 엔코미엔다 제도를 가져와 인디오를 노예화해서는 안 된다고 생각했고, 스페인 왕실도 그렇게 지시했으나, 식민지의 현실은 그렇지 못해 결국 멕시코 인디오도 엔코미엔다 제도에 의해 노예가 된다.

이를 둘러싼 과정이 앞에서 본 바와 같이 진행된다. 물론 식민지에 대한 논의가 더욱 치열해졌고, 멕시코를 통치하는 아우디엔시아는 주로 에라스무스를 따르는 휴머니스트들로 구성되어 인디오 문제는 더욱 진지하게 다루어졌다. 그들의 의도는 분명했다. 즉 인디오의 노예화와 혹사에 반대하고, 인간으로서 정당하게 다루어야 한다고 본 것이다. 그들은 인디오의 참상을 구제하고자 더욱 노력했지만 결코 엔코미엔다 제도를 폐지할 수는 없었다.

산타페의 실험

우리는 그러한 노력의 한 예로 아우디엔시아의 한 사람인 바스코 데 키로가가 산타페에 오스피탈을 건설한 것을 들 수 있다. 오스피탈이란 영어의 '호스피탈(hospital)'에 해당하지만 병원 등을 뜻하지 않고, 사회적·박애적·종교적 사업을 하기 위해 조직화된 지역사회를 뜻했다. 키로가는 멕시코 시 부근에 사재로 토지를 구입하여 인디오 포교를 위한 새로운 마을 산타페를 만든 것이다.

그런데 그것은 라스카사스의 구상과 달리, 에라스무스의 친구인 영국의 토마스 모어가 1516년에 출간한 《유토피아》를 현실 신대륙에 실현하고자 한 것이라는 점에서 주목된다. 당시 인디오 보호관이던 멕시코 대사교 호안 데 스마라가는 에라스무스의 영향을 받은 사람으로, 1930년대에 발견된 그의 소장서 《유토피아》에는 그가 쓴 많은 글이 있어서 그가 그 책으로부터도 깊은 영향을 받았음을 알 수 있다. 특히

《유토피아》제2부에 나오는 이상사회의 구체적 서술에 관심이 컸음을
알 수 있다. 그러나 그 자신이 멕시코에 이상사회를 건설하려고 한 것
은 아니었다. 그는《유토피아》를 읽고 키로가에게 말하여 그로 하여금
산타페 건설에 나서게 한 것이다. 이에 대해서는 뒤에 모어를 설명하면
서 다시 검토한다.

《인디아스사》와《인디아스 문명지》

여기서 라스카사스의 후반 생애에 대해 살펴보자. 1523년부터 집필
한《모든 사람을 참된 가르침에 이끄는 유일한 방법》은 평화적 개종의
원칙을 신학적으로 논증한 것으로, 그 후 그의 행동지침이 된다. 여기
서 그는 언제 어디서도 폭력과 강제는 이교도를 개종시키지 못하고, 신
앙에 따른 생활이야말로 유일한 방법이라고 주장한다.

이어 1527년부터 인디오의 문화와 그들에 대한 정복사를 정리한《역
사》를 집필한다. 그는 말년에 그것을 '발견' 이후의 스페인 정복사를
다룬《인디아스사》와 인디오의 뛰어난 문화와 습관 등을 고대 유럽의
여러 민족과 비교한《인디아스 문명지》로 나누어 완성한다.

1531년, 그는 인디아스 추기경 회의에 편지를 보내 인디언 착취와 정
복선쟁의 부당함을 호소한다. 그러나 그는 강제 소환을 당하고 2년간
설교를 금지 당한다. 그 뒤에도 그는 식민 당국과 끝없이 대립하면서
평화적 개종을 위해 노력하다가 1540년 20년 만에 스페인에 돌아간다.

1552년부터 10년간 그는 《인디아스사》의 집필을 재개한다. 그 서문에서 그는 역사의 역할과 역사가의 자질을 논한 뒤, 다른 사람들이 실제로 보지 않은, 소문으로 들은 것을 역사라고 왜곡하여 기록하는 태도를 비판한다. 그리고 그들이 사물의 표면에만 구애받고, 인간의 이성을 통해 다다라야 할 사물의 내면에 들어가지 못한다고 비판한다. 나아가 그들이 자신의 종교와 문명을 절대적인 것으로 생각하여, 인디오가 구축한 문명이나 그들의 생활습관을 야만이라 여기며 정복을 정당화하는 태도를 비판한다. 즉 문명과 역사에 대한 스페인 중심, 유럽 중심의 사고방식을 비판하고 그런 해석에 이의를 제기한다. 이어 그는 집필 동기를 "우리 스페인 국민이 빠뜨리고 있는, 그리고 지금까지 빠뜨려 온 지극히 중대하고 위험한 오류와 기만에서 벗어나게 하려고"라고 쓴다. 여기서 우리는 당시 거의 절대시된 유럽중심주의를 비판한 역사상 유일한 역사가를 본다.

특히 흥미로운 점은 그가 식민자였던 과거의 자신을 준엄하게 비판한 점이다. 특히 1514년 이후 그가 주장한 흑인 노예의 도입에 대해 스스로를 비판한다. 지금까지도 그는 흑인을 희생하여 인디오를 옹호한 자, 특히 인디오를 대신하는 노동력으로 흑인 노예의 도입을 역사상 최초로 획책한 자로 비판받아 왔다. 그러나 그는 최초의 입안자는 아니었다. 흑인 노예 무역은 이미 1501년 9월의 칙령에 의해 시작되었고, 라스카사스가 당시 요구한 것은 신체가 약한 인디오 대신 설탕 공장의 가혹한 노동을 감당할 신체 강건한 흑인을 몇 명 데려오는 것이었다.

그는 1552년 《인디아스사》를 집필할 때까지 아메리카 흑인 노예의 합법성에 적극적으로 이의를 제기하지 않았으나, 적어도 그때까지 그런 이의를 제기한 자는 스페인은 물론 유럽에도 없었다. 한편 라스카사스 자신은 1547년경, 포르투갈인에 의한 흑인 노예화의 참상을 목격하고, 그것이 인디오에 대한 스페인인의 불법과 조금도 다름이 없다는 이유에서 그 정당성에 의문을 제기했다. 그는 《인디아스사》에서 이를 자신에 대한 비판으로 적극적으로 서술함으로써 도리어 흑인 노예화의 부당함을 호소하고 그들을 옹호한 최초의 유럽인이 된다.

한편 《인디아스 문명지》는 당시 인디오에게 퍼부어진 비방과 중상으로부터 인디오들의 존엄과 명예를 지키기 위해 집필되었다. 자신의 경험과 성직자들이 수집한 정보를 토대로 그는 인디오들의 풍부한 자연조건과 선·후천적 능력 등을 유럽 및 고대 여러 민족과 비교한, 세계최초의 비교민족지였다. 여기서 그는 스페인이 오기 전에 이미 인디오들이 완전한 사회를 구축했음을 상세히 입증하고, 특히 스페인이 정복을 정당화한 인디오의 우상숭배나 인신 희생에 대해 설명한다. 그는 고대 그리스인이나 로마인도 야만적인 인신 희생을 했음을 상기시키면서 인디오의 인신 희생을 신에 대한 돈독한 신앙심에 근거한 것이라고 설명한다. 그는 신앙에 근거한 이러한 인신 희생은 자연법이나 인정법에 비추어 허용될 수 있는 종교행위라고 주장했다. 이는 기독교가 숭배하는 절대신의 존재를 부정하는 것이나, 그는 그런 편협한 정신을 넘어 '인류는 하나'라는 확신에 근거한다. 그는 유럽인과 인디오 간의 인간으로서의 어떤 차이도 인정하지 않았다.

말년의 라스카사스는 국왕, 즉 국가와 결별했다. 그리고 인디오에 대한 스페인 정복자와 식민자에게 배상 의무가 있다고 주장했다. 이어 교회나 수도원의 건설을 위해 식민자로부터 기부를 받은 교회와 성직자에게도 배상 의무가 있다고 주장했다. 결국 그는 국왕의 배상 의무까지 주장했다. 당시 잉카제국이 전제국이어서 스페인 국왕의 정복이 정당했다는 주장에 대해, 라스카사스는 인디아스의 모든 토지를 뺏은 스페인 국왕이야말로 전제자라고 맞서며 인디오에게 자기 영토를 돌려주어야 한다고 주장했다.

라스카사스

라스카사스는 인디언이 지상낙원에서 암소들처럼 온화하게 살던 사람들이라고 보았다. 같은 시대 사람인 이탈리아의 피에트로 마르티레 당기에는 "인디언들은 옛 작가들이 그토록 이야기하던 황금빛 세상에 산다. 그들은 어떤 법의 강요도 없이, 단순하고 순수하게 존재할 뿐이다"라고 했다.[15] 이처럼 인디언이 순수하기 때문에 변화 없이 살았다고 보는 견해는 19세기에 와서 인디언이 게으르기 때문에 변화 없이 살았다는 견해로 변했으나, 그 어느 것이나 인디언의 주체적 능동성을 부정하고 몰주체적 수동성을 강조한 점에서는 마찬가지다.

라스카사스가 교황에게 비기독교인을 관할할 권리가 없다고 주장한 것도 인디언의 주체성을 인정한 것이 아니었다. 라스카사스가 교황과 그 권위 하에 있는 자들은 이교도에게 기독교를 강요할 수 없고, 그들에게 그들 신의 허위성과 그리스도의 진실을 가르치는 것만이 허용된다고 한 것도 마찬가지였다. 그러나 모든 인간이 자유롭고 신은 이를 인간의 본질적 속성으로 부여했다고 라스카사스가 믿은 것은 부정할 수 없다. 즉 인류는 하나라는 것이다. 그 점에서 우리는 라스카사스의 인류애를 부정할 수 없다.

콜럼버스의 인디언 이미지

라스카사스가 엮은 콜럼버스의 《콜럼버스 항해록》은 본래 라틴어로 쓴 것인데 지금 우리말 번역본[16]은 라틴어 원전에서 옮긴 것이 아니어서 정확성에 문제가 있다. 이제 그 책을 통해 콜럼버스가 본 인디언이 어떠했는지 살펴보자.

앞에서 보았듯이 콜럼버스가 1492년 아메리카에 이르렀을 때 그는 그곳을 아시아나 인도라고 생각하여 그곳 사람들을 인디언이라고 불렀다. 그는 쿠바를 마르코 폴로가 일본이라고 말한 '지팡구'로 착각했고,[17] 그곳에 상륙한 뒤에는 마음을 바꾸어 그곳을 자신이 찾으려고 한 중국 본토라고 생각했다.[18] 그는 인디언이 카리바(카리브 해의 주민)라고 말하자 카니바(아시아 칸 황제의 신하)로 알아들었다.

그 이상으로 모순된 것은 콜럼버스가 아메리카에 상륙하면서 인디언에 대한 두 가지의 모순된 기독교적 관점을 신봉했다는 점이다. 그 하나는 그를 호의적으로 맞아준 인디언에 대해 그들을 기독교로 동화될 수 있는 '고상한 야만인'으로 본 것이고, 다른 하나는 그에게 적대적인 인디언을 노예로 삼거나 몰살해야 할 대상인 '사악한 야만인'이라고 본 것이었다. 이처럼 모순된 인디언관은 그 후 서양의 이중적 인디언관을 형성했다.

1492년 8월 3일 시작된 최초의 항해는 10월 11일 현재의 바하마 제도에 도착하는 것으로 일단락된다. 그곳에서 그들은 '벌거벗은 사람들'인 인디언을 만난다.[19] 앞에서도 인용했듯이 콜럼버스는 이렇게 썼다고 한다. "힘보다는 사랑을 통해 그들을 그릇된 믿음에서 해방시키고 우리의 성스러운 신앙에 귀의시키는 것이 더 낫겠다고 판단하고는, 그들이 우리에게 친근감을 느끼게 하려고 몇 사람에게 챙 달린 붉은 모자와 목걸이로 쓸 수 있는 유리구슬과 별로 가치 없는 물건 몇 개를 주었습니다. 그러자 그들은 몹시 기뻐하며 놀랄 정도로 우리를 잘 따랐습니다."[20]

그러나 인디언이 무엇을 믿었는지, 그리고 그것이 왜 그릇된 것인지 콜럼버스가 알았을 리 없다. 아마도 그는 마르코 폴로 등의 책을 읽었기에 그들이 중국인이라고 생각해 기독교 아닌 타종교를 믿고 있다고 짐작했을 것임에 틀림없다. 그러나 며칠 뒤 "그들에게서 어떤 종교도 발견하지 못"했다고 쓴다.[21] 인디언이 콜럼버스를 잘 따른 것은 콜럼버스로부터 물건을 받아서가 아니라 그들 자신이 본래부터 남들을 환대

하는 사람들이기 때문이었는데 그 점을 콜럼버스는 알 수 없었다.

이어 콜럼버스는 "그들은 무기를 지니고 있지 않았고, 또 그것이 무엇인지도 몰랐습니다. 제가 그들에게 칼을 보여 주자, 아무것도 모르는 그들이 칼날 쪽을 잡아 손을 베었기 때문입니다"라고 하고[22] 인디언에게는 "무기는 물론 법률도 없"으며 그들이 사는 "땅도 아주 비옥[23]하다고 했다. 또 "그들은 성격이 매우 온순하고 악한 것이 무엇인지도 모르는데다가, 다른 사람들을 죽이거나 훔치지도 않"는다고 썼다.[24] 이러한 콜럼버스의 설명이 '선량한 인디언'이라는 신화를 만든 기본적인 소재였다. 그러나 1493년 제2차 항해에서 콜럼버스는 자신이 쌓은 요새가 인디언에 의해 파괴되고 그곳을 지키던 수비대원들이 모두 죽은 것을 보았는데, 이로써 그 신화는 쉽게 무너지고 '선량한 인디언'은 '사악한 인디언'으로 변한다.

콜럼버스를 비롯한 항해자들은 자연법에 따라 사는 자연인이라는 인디언 이미지, 보석과 황금으로 가득한 인디언 사회 이미지를 서양에 전했다. 그곳은 왕과 여왕도, 계급도 빈곤도, 판사도 감옥도 없는 아나키 천국이었다. 그러한 인디언의 아나키 이미지는 그것과 정반대였던 당시 유럽인들에게 그야말로 천지개벽의 충격을 준 이야기였다.

그들은 플라톤과 아리스토텔레스 등의 책을 읽고 고대 그리스 민주주의에 대해 알고 있었지만, 그 철학자들은 그 민주주의 체제에서보다 더 참된 자유를 누리는 사회가 실재한다고는 말하지 않았기 때문에, 그런 사회가 실재함을 인디언 사회를 통해 알고 놀란 것이다. 이것은 그

181

뒤 유럽 우월 신앙에 의해 인디언의 영향을 전혀 인정하지 않게 된 것과 달리, 16세기 서양인에게는 하나의 상식과 같은 것이었다.

1492년 콜럼버스는 처음 본 인디언은 너무도 온화하고 순종적이어서 세상에서 가장 훌륭한 민족이라고 하면서도 그들을 유럽식으로 바꾸어야 한다고 왕에게 보고했다. 5백 년 전이나 지금이나 서양인은 인디언에게 그 원시생활을 버리고 서양식 현대생활로 바꾸어야 한다고 주장하며 그들을 공격해 왔다. 남북 아메리카의 역사는 인디언에 대한 유럽인의 침략사다. 유럽의 가치를 강요하면서 개발, 경제발전, 자금 축적, 투자가 가장 중요하다고 했다.

그래서 인디언의 모든 것은 없어졌다. 언어도, 세계관도, 정치 공동체도, 토지도 모두 없어졌다. 그들은 땅에 대해 우리가 이해할 수 없을 정도로 특별한 애착이 있었다. 그들에게 땅이란 매매되는 물건이 아니라 공동체가 계승하여 조상 대대로 살아온 곳이고, 그들은 그곳에서 태어나 그곳에서 살며 그곳에서 죽었다. 따라서 그 땅을 잃었다는 것은 그들의 삶 모두를 잃는 것이었다.

서양인은 무슨 권리로 그들의 땅을 뺏었는가? 여하튼 땅을 뺏고 난 뒤에 다시 그들은 무슨 권리로 그들에게 동화를 요구하는가? 우리가 그들에게서 땅을 뺏었으니 동화될 수밖에 없다고 하는 것인가? 과거에는 군사적으로 우세하면 다른 나라를 침략해도 무방했으니 이제 와서 문제될 게 없다는 것인가?

마추 피추

콜럼버스를 비롯한 서양인들이 본 인디언은 야만의 원시인만이 아니라 서양인보다 더욱 문명적인 도시를 형성한 사람들도 있었다. 지금 페루 남부 쿠스코 시의 북서쪽 우루밤바 계곡에 있는 마추 피추, 파블로 네루다가 '숭고한 석단의 도시'라고 부른 잉카의 고도(古都)도 그 하나였다. 깊은 협곡의 절벽 위 좁은 지형을 이용해 지은 주거지, 신전, 묘지 등과 함께, 샘에서 물을 끌어 오는 수도, 자급자족을 가능하게 한 계단식 경작지는 지금 보아도 놀라운데 당시 유럽인에게도 충격이었을 것임에 틀림없다. 수백 년 전 안데스 산 속에 이런 도시를 건설했다는 것은 누구도 믿을 수 없는 일이다.

그 후예들은 지금도 그 주변에 살지만 그들은 이미 선조들처럼 그 나라의 주인이 아니다. 주인은 바로 5백 년 전에 그들 인디언 선조를 정복한 백인들이고, 그 선조의 유적은 마추 피추의 폐허로만 남아 있으며, 후예들은 민속품을 팔아 연명하고 있다. 이런 사정은 아메리카 대륙 어디에서나 마찬가지다.

1492년 스페인군은 이미 이베리아 반도에서 무어인을 완전히 추방했고, 콜럼버스에 이어 스페인은 서인도 제도를 정복했으며, 1521년에는 콜테스가 멕시코를 정복했고, 1532년에는 피사로가 페루를 정복하여 스페인은 유럽 최대의 제국이 되었다. 스페인은 무어인을 추방하는 데 7세기나 걸렸는데, 그 사이에 규모가 커진 군인들은 무어인을 모두 추방하자 일자리를 잃을 판이었다. 그러자 신세계 정복이 그들에게 새로운 일자리를 제공했다. 그러나 인디언은 무어인과 달리 스페인을 점령한 군인들이 아니었다. 스페인이 무어인을 스페인에서 추방한 것은 정당했다. 그러나 인디언을 정복하는 것은 어떻게 정당한가?

그들은 인디언을 그야말로 완전히 정복했다고 할 정도로 몰살했다. 사제는 병사들과 그 완전 정복에 참여했다. 그리고 우주의 왕인 예수가 성 베드로를 로마 교황으로 임명하고, 로마 교황이 아메리카를 스페인 왕에게 주었다고 선언했다. 그러나 스페인어를 한 마디도 모르는 인디언은 그 정황을 당연히 이해하지 못했다. 여하튼 인디언은 집과 마을에서 쫓겨나 광산 노동자, 농노, 하역 동물로 강요되었고, 매매되지 않았다는 의미에서 노예는 아니었으나 실제로는 노예나 다름없었다. 그리고 그들의 땅은 주로 스페인 군인에게 주어졌다.

스페인의 정복이 시작된 지 반 세기가 지난 1540년경 인디언은 사실상 절멸했다. 1990년 5월 8일, 로마 교황 요한 바오로 2세는 멕시코에서 "신세계의 발견, 정복, 기독교화는 어두운 그림자가 없지 않았으나, 전체로 보면 빛나는 위치를 차지했다"고 했다. 그러나 이는 거짓말이다. 이미 5백 년 전에 이를 거짓말이라고 한 사람이 있었다. 바로 라스카사스다. 그는 1552년에 간행한 《인디아스 파멸에 대한 간결한 보고》에서 유럽인의 식민지 살육을 규탄하고 인디언을 구하자고 주장했다.

베스푸치와 바카의 인디언 이미지

'선량한 인디언'이라는 신화는 1505년 아메리고 베스푸치가 출간한 항해기 《아메리고 베스푸치의 최초의 네 항해Quattuor Americi Vespuccij navigationes》라는 날조된 기록으로 증폭됐다. 그 책에서 베스푸치는 인디언 사회에는 왕도 군주도 없고, 모두 자유롭게 살기 때문에 누구의 명령에 따르지도 않으며, 사법제도나 종교도 없이 자연스럽게 살며, 세속의 소유물을 얻기 위해 일하지도 않는다고 썼다. 콜럼버스는 왕[25]이나 민족장 등에 대해 언급했으나 서양의 그것들과 같이 묘사하지는 않았는데, 베스푸치는 그런 것들이 아예 없다고 한 것이다.

베스푸치의 책은 우리말로 소개된 적이 없는 반면 우리말로 번역된 스페인 탐험가 카베사 데 바카(Cabeza de Vaca)의 《조난일기Naufragios》 (1542)는 인디언이 "서로 잘 지냈으며 인심 좋은 사람들이"고 "그들 사이에 주인은 없었다. 한 핏줄을 타고난 모든 사람들은 동등했다"[26]고 전했다.

그런 책들에 인디언은 자유로우며 화폐 없이 평등한 사회를 이루었으며 특히 부에 대한 욕망이 없다고 묘사된 것은 그 후 모어, 로크(John Locke, 1632~1704), 루소, 프랭클린, 제퍼슨, 페인, 마르크스, 엥겔스를 비롯한 유럽의 많은 혁명 사상가들에게 영향을 미쳤고, 동시에 인디언에 대한 그 뒤 5세기 동안의 약탈을 정당화했다. 말살의 대상이 된 민족이 동시에 그 말살자의 문화를 일변시킨 영향력을 지녔다는 것은 인디언을 둘러싼 역사 특유의 혼란과 모순을 말해 준다.

콜럼버스와 베스푸치 이래 이른바 '고상한 야만인'이라는 개념으로 이상화된 인디언 이미지는 베스푸치의 사례에서 보듯이 분명 날조된 것으로서 인종주의적 고정관념의 하나에 불과하지만, 그것이 유럽이나 아메리카의 백인들에게 끼친 영향은 엄청난 것이었다. 특히 미국 독립혁명이나 프랑스 대혁명을 위시한 계몽주의에 끼친 영향은 컸다.

모든 고정관념이 그러하듯 '고상한 야만인'이라는 것도 복잡한 현실을 단순화한 것으로서 실상을 왜곡하는 결과를 낳았다. 그 중에서도 가장 큰 왜곡은 인디언이 실제로 누린 생명과 자유와 행복을 규율하는 법과 전통, 관습 등을 무시하고 오로지 그들이 숲 속에서 고상한 야만인으로 살았다고 하는 것이다.

여하튼 유럽인이 아메리카에 건너온 것은 분명한 사실이고, 그 유럽인이 물질적 풍요를 추구함과 동시에 정신적 자유를 추구했다는 점도 분명한 사실이며, 그러한 추구가 이루어질 수 있을 만큼 인디언 사회가 충분히 풍요했고 자유로웠던 점도 사실이다. 그러나 부의 추구는 당연히 인디언의 저항을 초래했다. 여기서 '선량한 인디언'과 함께 '사악한 인디언'이라는 이미지도 나타났다. 유럽인이 찬양한 인디언의 '자연상태'를 파괴하는 행위가 동시에 벌어진 것이다. 이는 에덴동산에 거대한 교회를 세우는 것이나 마찬가지였다.

4. 인디언 아나키 민주주의와 근대 민주주의

모어

에라스무스와 함께 모어도 우리나라에서는 주로 가톨릭 사상사나 가톨릭 수난사 중의 성인 또는 《유토피아》(1516)의 작자로만 소개되어 왔다. 한편 그의 말년의 정치사를 다룬 영화 〈사계절의 사나이〉는 우리 나라에서 개봉되지는 않았으나, 죽음을 무릅쓰고 지조를 지킨 한 지식 인의 모습을 보여 준다.

그러나 이 책에서 나의 관심은 《유토피아》가 모어 자신에게는 물론 당시 사람들에게 《콜럼버스 항해록》과 마찬가지로 이상적인 식민지 사 회로 인식되었다는 점이다. 마치 미국에 대한 오늘의 담론 일부가 아메 리카 드림을 말하는 것과 같다. 《유토피아》는 사회사상사의 중요한 흐 름의 하나인 유토피아 사상의 효시이고, 당시의 영국을 비롯한 유럽 사 회에 대한 비판서로도 읽힌다. 그러나 그 책이 식민지 사상의 계보 위에서도 읽혀야 한다는 점은 지금까지 깡그리 무시되어 왔다.

콜럼버스가 아메리카에 온 지 24년 뒤 토마스 모어는 《유토피아》에서 콜럼버스를 비롯한 아메리카 대륙을 처음으로 여행한 사람들, 특히 아메리고 베스푸치가 보고한 '화폐가 없고 평등한 점'을 유토피아의 특징으로 묘사했다. 《유토피아》는 유럽 최초의 반체제문학이어서 영국이 아닌 벨기에의 안트베르펜에서 출간됐고, 영국에서는 그가 처형당하고 16년 뒤인 1551년에 나왔다.

당시 외국에 대한 유럽인의 호기심은 르네상스 시대의 경향으로서 이미 중세 후기부터 시작되었다. 마르코 폴로의 《동방견문록》을 비롯하여 수많은 여행기나 가상의 책들이 나와 인기를 끌었고, 16세기에는 더 그러했다.

그 이유는 두 가지였다. 하나는 그리스·로마 고전문화의 부흥이라는 것이다. 그리스의 소크라테스는 전 세계를 자신의 고향으로 보았고, 로마의 스토아학파도 세계시민이라는 이념을 지녔다. 특히 그리스의 헤로도토스는 여러 나라의 민속에 관심을 가진 자로서 16세기에 널리 연구되었다. 예컨대 그는 그리스에서와 달리 이집트에서는 물건을 머리에 이고 운반하며 여성이 서서 소변을 본다는 사실을 기록했다. 16세기 사람들은 아메리카 인디언이 태어나면서부터 노예인가, 아니면 사유재산이 도입되기 전의 황금기를 지금도 누리고 있는 것인가에 대해 논쟁을 벌였는데, 그 시각은 고대인의 그것에 입각했다. 또 하나의 이유는 이른바 '지리상의 발견'이다. 그 후 인디언을 둘러싼 논의는 동정적이거나 반발이거나 중립 중의 하나였으나 대체로 반발이 많았다.

《유토피아》의 주인공 라파엘 히슬로다에우스는 베스푸치와 아메리카를 여행한 사람으로, 유럽인이 한 번도 찾지 않은 유토피아에서 5년 동안 산 것으로 나온다. 그곳에서는 자신의 의견을 말했다고 해서 죽임을 당하지 않고 교회가 영혼의 순결을 엄격하게 규제하지도 않는다. 변호사나 판사나 채무감옥(채무자를 가두는 감옥) 없이 서로의 동의로 다스리는 나라다. 사람들은 대표를 선출하고, 대표가 국민을 노예화한다는 의심이 들면 파면한다. 그들은 여가를 소중히 여기고 사유재산, 특히 황금의 소유를 멸시한다. 그곳에는 부유하고 일하지 않는 귀족계급이 없고 누구나 하루 여섯 시간만 일하면 모든 것이 충분하게 제공된다. 빈곤은커녕 욕심도 없으며 필요 이상을 요구할 이유도 없다.[1] 이상의 내용은 《유토피아》가 베스푸치의 편지에서 아이디어를 얻었음을 보여준다.

에른스트 블로흐(Ernst Bloch, 1885~1977)는 모어가 베스푸치의 두 번째 아메리카 여행 회고록에서 인디언을 "자연과 동화되어 살아가며", "스토아적이라기보다는 향락주의적"이라고 명명할 수 있고, "어떤 특별한 소유의 관념 없이 생활한다"고 한 점을 참고했다고 본다. 또 당시의 역사학자 마르티레(P. Martire)가 "아메리카 섬에 사는 사람들"의 "돈의 저주 없이, 법 없이 그리고 불공평한 재판관 없이" 사는 생활 상태를 찬양했다고 한다.[2] 모어의 친구 에라스무스(Desiderius Erasmus, 1466?~1536)도 《우신예찬愚神禮讚, *Encomium Moriae(Laus Stultitae)*》

(1511)에서 인디언을 "지상에서 가장 행복한 종족"으로 묘사했다.

> 황금 같은 시절을 살아 온 이 단순한 종족에게는 학교의 지식이 필요
> 없다. 자연만으로도 그들을 안내하기에 충분하며, 어떻게 살아야 할
> 것인가를 본능이 일깨워 준다. 나쁜 행위가 전혀 존재하지 않는 그들
> 에게 법 지식을 심어 주는 것이 무슨 의미가 있는가? 좋은 법률이 많
> 다는 것은 그만큼 나쁜 행위들이 많다는 뜻이다. 따라서 분명한 것은
> 그들에게 지식을 심어 줌으로써 우리는 그들을 세상에서 가장 불행한
> 인간으로 만들고 있는 것이다. 불멸의 신들에 대고 분명히 맹세하건
> 대, 세상이 바보, 얼간이, 숙맥이라고 부르는 그들보다 더 행복한 인
> 간 계층은 세상에 존재하지 않는다.[3]

그러나 모어도 마르티레도 에라스무스도 인디언을 주체적인 인간으
로 보지 못하고 수동적인 존재로만 보았다. 모어의 《유토피아》가 묘사
하는 그 구체적인 이상사회상은 당대의 인디언 사회와는 달랐다. 모어
가 《유토피아》를 낸 이듬해 모어의 처남인 존 러셀(John Russel)이 그
유토피아를 찾아 여행을 떠나려고 했다. 계획은 뜻대로 되지 않았지만
그는 아메리카 대륙을 식민하는 것을 옹호하는 책을 썼고, 그 아들은
1536년 여행을 떠났다.[4] 모어의 작품은 당시 유럽의 여러 나라 말로 번
역되었고, 근대 이후에는 범세계적으로 번역되어 영향을 미쳤다. 그가
만든 유토피아라는 말은 1900년 전후 세계지도에서 '미지의 땅'이라는

말이 사라지기 전까지 평등주의의 이상향으로 회자됐고, 그 후에도 영
향을 미쳤다.

라 보에티

1493년 아메리카 대륙의 발견에 대한 콜럼버스의 편지가 파리에서
출간됐고, 1503년에는 베스푸치의 첫 번째 여행기의 라틴어 번역본이
출간됐다. 1507년에는 베스푸치 여행기의 또 다른 판본에서 아메리카
라는 말이 처음 등장하고, 1515년부터는 포르투갈인들의 여행기가 프
랑스어로 번역되어 파리에서 인기를 끌었다. 동시에 프랑스인들의 서
인도 제도 등을 향한 항해가 시작돼 아메리카에 대한 정보가 광범위하
게 보급됐다.[5]

라 보에티는 1547년에 《자발적 복종Discours de la Servitude Volontaire》
을 쓰기 전에 이러한 아메리카 대륙에 대한 정보를 통해 인디언이 신
앙도, 왕도, 법도 없이 살고 있다는 것을 알았음에 틀림없다.[6] 그리고
인간을 자유를 향한 존재로 새롭게 인식하고 그런 인간이 왜 인디언이
누리는 자유를 잃고 '자발적 예속'을 하게 됐는지를 분석했다. 그것은
인간의 자유에 대한 최초의 외침이었고, 독재타도론이었으며, 최초의
아나키즘이기도 했다. 따라서 그 책은 1574년에야 익명으로 겨우 출
간됐다.

라 보에티는 독재와 그것에 대한 자발적 복종을 비판한 뒤 인간의 평

등과 자유에 대해 다음과 같이 말한다.

> 자연에는 누구도 간과해서는 안 될 사항이 한 가지 포함되어 있다. 그
> 것은 평등이다. 신의 시녀이자 인간의 교사인 자연은 인간을 오로지
> 어떤 한 가지 형태로, 구체적으로 말하면 동일한 설계에 따라 창조했
> 다. 그리하여 우리 모두가 서로 동지로서 그리고 나아가 형제로서 인
> 식하도록 조처한 것이다.[7]

> 우리는 자유를 지녔을 뿐 아니라 자유를 지키려는 충동을 지닌 채 태
> 어났다. 어느 누구도 이러한 관계에 대해 의심할 필요가 없을 것이다.
> 만약 자유의 가치 그리고 타고난 자유에 대한 열망을 인식하지 않았
> 다면 우리는 타락하고 말았을 것이다.[8]

라 보에티는 《자발적 복종》에서 그러한 평등과 자유의 사회를 인디
언 사회라고 명시하지는 않는다. 그러나 다음 문장은 당시 막 발견된
인디언에 대한 암시임에 틀림없다.

> 오늘날 완전히 새로운 인민이 이 세상에 태어났다고 가정해 보자. 그
> 들은 억압에 익숙하지 않을 뿐 아니라, 자유 없이는 살 수 없는 순진
> 무구한 사람들이다. 그들은 억압이나 자유라는 명칭조차 들은 바 없
> 다. 만약 누군가 그들에게 노예 신분과 자유로운 삶 두 가지 가운데

하나를 택하라고 한다면, 그들은 과연 무엇을 택할까? 새로운 인민은 의심할 여지없이 이성에 따라 행동했을 것이다. 그들은 결코 강요나 기근 없이 독재자를 만들어 낸 이스라엘 사람들처럼 노예근성을 드러내지는 않을 것이다. 이스라엘 민족의 역사를 읽어 내려갈 때마다 나는 극도의 혐오감을 느끼지 않을 수 없다.[9]

당시 프랑스는 가톨릭이 지배했고, 그 가톨릭의 성경이 바로 이스라엘 민족의 역사였다. 따라서 라 보에티는 성경을 혐오하고 인디언 사회를 지향해야 한다고 말한 것이다. 성경의 역사가 바로 독재군주에 대한 자발적 복종의 역사였다.

라 보에티는 위 글을 쓴 10년 뒤 《정월 칙령에 대한 소견서》를 썼다. 이 글은 당시의 종교적 대립에 대하여 종래 신앙이 뿌리 깊으므로 없앨 수 없으나, 신교도를 탄압하고 구교를 강요해서는 안 되고 공정하게 처벌해야 하며, 구교는 온갖 악폐를 고쳐야 한다고 주장한다. 그리고 그 중재자로 고등법원이 나서야 한다고 말한다. 여기서는 《자발적 복종》의 '자유'라는 개념이 완전히 무시되고 그 대신 군주에 대한 복종을 열심히 설득하고 있어서 모순된다. 그러나 라 보에티가 《자발적 복종》을 쓴 1547년에도 이미 종교 간 대립은 격심했고, 따라서 그 글이 종교 간 대립에서 신교 편을 든 것이 아님을 주의해야 한다.

몽테뉴

모어보다 조금 뒤에 프랑스의 미셸 드 몽테뉴(Michel Eyquem de Montaigne, 1533~1592)가 브라질 인디언에 대한 보고에 근거하여 모어와 유사한 묘사를 했다. 즉 《에세Essai》 1권 31장 "인디언에 대하여"[10]에서 인디언은 "여전히 자연법 지배를 받고, 우리의 법에 의해 조금밖에 타락되지 않았다"고 썼다. 또 인디언 사회에서 장관도, 강제노동도, 부도, 빈곤도 상속되지 않음을 특기했다. 모어와 마찬가지로 인디언 사회가 유토피아고, 인디언이 이상사회를 창출했다고도 했다.

당시 야만으로 여겨진 원시사회에 대한 새로운 인식은 몽테뉴의 《에세》가 '새로운 판단의 시도'라는 정신에 입각함을 가장 잘 보여 주었다. 그 최초의 글인 "인디언에 대하여"에서 몽테뉴는 먼저 '속인들의 의견'이나 '일반의 여론'에 매이지 않고 '이성의 방법으로 판단해야 한다'고 주장한다.[11] 이러한 몽테뉴의 논의는 신세계에 대해 당시의 부정적인 상식과 달리 과학적으로 검토했다는 점에서 그 의의가 대단히 크다.

"인디언에 대하여"는 몽테뉴가 1562년 10월 루앙에서 브라질 인디언 세 명을 만나 회견한 것을 계기로 썼으므로 그때로부터 적어도 10년 이상 뒤에 썼을 것이다. 학자들이 "인디언에 대하여"를 1579년에 썼다고 보는 견해에 따르면 17년 뒤에 쓴 셈이다. 인디언을 만난 당시 몽테뉴의 나이는 29세이며 보르도 고등법원에서 판사로 근무 중이었다. 그러나 인디언 이야기는 글의 마지막에 등장하고, 글의 처음에서 몽테뉴는 먼저 자신이 브라질에 10년 이상 살았던 하인에게 신세계에 대한 정보를 얻었다고 주장한다.

나는 오랫동안 어떤 남자를 데리고 있었는데, 그는 우리 시대에 발견된 저 다른 세계에서 비르가뇽이 상륙하여 남극 프랑스라고 이름 붙인 곳에서 10년인가 12년을 살았다.[12]

비르가뇽(1510~1571)은 프랑스 항해자로, 1555년 6백 명을 데리고 남아메리카 동해안에 식민지를 건설하고자 항해했다. 그는 브라질의 아구아브라 만(지금의 리우데자네이루 만)에 도착하여 그곳에 콜리니 성과 앙리빌이라는 마을을 세우고 그곳을 '남극 프랑스(la France Antarctique)'라고 명명한 뒤 스스로 총독으로 취임했다. 그러나 칼뱅이 스위스에서 보낸 사람들과 종교분쟁이 생기고 포르투갈인들이 침략하여 비르가뇽은 1559년 말 그 땅을 포기한 뒤 1560년 2월 귀국했다. 앞에서 말한 인디언 세 명은 그때 비르가뇽과 함께 프랑스에 왔거나 아니면 달리 왔을 것이다.

비르가뇽과 항해한 프란시스코 수도회의 프랑스인 사제 앙드레 테베(André Thevet, 1516~1590)가 1557년 《남극 프랑스, 별명 아메리카 견문록Les Singularitez de la France, autrement nommée Amerique: et de plusieurs Terrse et Isles decouvertes de nostre temps》을 파리에서 출간했다. 그는 브라질 사람들이 동물처럼 생활하고 있다고 하면서도, 그들이

우상을 숭배하지만 유럽의 무신론자보다는 진실하다고 주장했다.

프랑스의 신교도였던 장 드 레리(Jean de Léry)가 1578년에 낸 《브라질 여행기 Histoire d'un voyage fait en la terre du Brésil》에서도 같은 입장에서 브라질 사람들을 인간의 타락 이후 그것을 예증하는 야만인이라고 주장하면서도, 그가 본 인디언의 인간애를 강조하여 그들의 평화, 조화, 자비가 프랑스에서 무고한 사람들이 학살당하는 시기의 기독교도를 부끄럽게 한다고 주장했다.

레리가 이런 주장을 한 것은 성 바르테르미의 대학살이나 프랑스 종교전쟁의 잔혹행위를 비난하기 위한 것이었음은 분명하다. 이는 로마의 위대한 역사가 타키투스가 《게르마니아》에서 야만적인 게르마니아인의 용기와 단순 소박한 남성적 생활을 묘사하여 그가 살았던 당시 로마 남성들의 여성화를 비판한 것과 같았다. 레리와 함께 데베의 주장은 몽테뉴의 그것과 가까운 것이라고 볼 수 있으나, 몽테뉴는 그들보다 인디언에 대해 더 호의적이었다.

몽테뉴가 살았을 때 식민지 정책에 반대한 사람이 전혀 없었던 것은 아니었다. 예컨대 앞에서 본 스페인인 라스카사스는 1552년 《인디아스 파멸에 대한 간결한 보고》에서 유럽인의 식민지 살육을 규탄하고 인디언을 구하자고 주장했다. 이 책은 1579년 프랑스어로 번역되었으므로 몽테뉴도 읽었을 가능성이 있으나 확인할 수는 없다. 또한 이탈리아 밀라노의 지롤라모 벤조니(Girolamo Benzoni)는 1565년 14년간 아메리카에서 본 스페인인의 잔혹과 인디언의 생활양식을 《신대륙의 역사

Histoire nouvelle du nouveau Monde》에서 동정적으로 설명했다.

몽테뉴가 화제로 삼은 브라질에 대해서는 그의 집필 이전 20년 사이에 유럽에서 상세히 연구되었다. 가령 독일의 한스 슈타덴은 토우피난바 민족에게 포로로 잡혀 있는 동안 그들의 말을 배우고 도망친 뒤 1557년 그들의 관습에 대한 책을 출간했다. 몽테뉴가 그런 책들을 읽은 것으로는 확인되지 않으나 당시에는 이런 책들이 유행했고, 몽테뉴도 이런 책들을 읽었을 것으로 짐작된다. 당시 그들은 지구지학자(cosmographe)라고 불렸다.

그들의 저술 외에도 당시의 저명한 시인들은 프랑스의 내분으로부터 떠나 인디언 세계를 동경하는 시를 지었다. 그 대표적인 사람이 몽테뉴가 《에세》에서 찬양하는 롱사르와 몽테뉴의 친구 라 보에티였다. 롱사르는 1560년에 쓴 《운명에 반박하는 논설시*Discours contre Fortune*》에서 비르가뇽을 향해 '자연의 법에 따라 사는 야만인이 있는' 남극으로 가고 싶다고 노래했다. 라 보에티는 몽테뉴에게 바치는 시에서 내전을 개탄하고 신세계에서 새로운 생활을 하고 싶다고 노래했다.

그런데 몽테뉴는 앞에서 말했듯이 자신의 하인으로부터 인디언에 대해 들었다고 했다. 그는 그 사람이 비르가뇽과 브라질에서 살았다는 점 외에 이름이나 출신을 밝히고 있지 않으나, 그의 말이 믿을 만하다는 점을 모랄리스트답게 주장한다. 이어서 그는 독자들의 의표를 찌르는 의외의 결론, 아니 지구지학자들이 말하는 것과 정반대의 결론을 내린다. "누구도 자신의 습관에 없는 것을 야만이라 불러야 한다면,

그 나라에서 야만적이고 야생적인 것은 무엇 하나도 없다고 나는 생각한다."[13] 이는 문화상대주의라고 할 만한 견해다. 이어 다음과 같이 말한다.

> 진적으로 우리는 자신이 사는 나라의 의견, 관습의 실제 보기나 관념 밖에는 진실과 이성의 기준이 없는 듯하다. 그 나라에는 항상 완전한 종교, 완전한 통치, 모든 것의 완전한 습관이 있다. 그들은 야생적이나, 그것은 자연이 스스로 그 통상의 걸음으로부터 만든 과실을 우리가 야생이라고 부르는 것과 마찬가지다. 그것에 대한 진실은, 우리가 그 기교로 변질시켜 만물의 질서로부터 일탈시키는 것을 야생이라고 불러야 하는 것이리라.[14]

몽테뉴가 야만이나 미개가 아니라 야생이라고 불러야 한다고 주장하는 것에 우선 주의해야 한다. 나아가 그는 야생의 의미를 반전시키고 인위와 자연을 둘러싼 논의도 역전시킨다. 이러한 가치의 역전이야말로 그의 근본사상이고 《에세》의 근본사상이다. 여기서 야생에 대한 새로운 논의는 자연의 과실에 대한 것만이 아니라 그곳에 사는 인간, 즉 인디언 또는 야만인의 미덕과 특질에 대한 논의로까지 나아간다.

그들에게는 진실하고 더욱 유익하며 자연스러운 미덕과 특질이 생생하게 살아 있다. 그것을 우리는 자신 속에서 타락시켜 부패한 취미의

즐거움에 맞출 뿐이다. 그러나 저 문화가 없는 나라의 사람들이 이루어 놓은 여러 성과에는 우리의 취미로 보아 우리 것에 비해 그 묘미와 맛까지도 탁월한 것이 있다. 인공이 우리의 위대하고 강인한 어머니인 자연보다 명예를 얻는다는 것은 당치도 않은 말이다. 우리는 자연의 작품이 지닌 풍부한 아름다움을 우리가 꾸며낸 기교로 너무 덮어 씌워 자연의 순수한 아름다움을 모조리 질식시켰다.[15]

몽테뉴는 그 야만국이 당시까지 '시가(詩歌)에 아름답게 묘사되던 황금시대'나 '사람들이 상상해 내는 모든 행복한 상태의 개념이나 욕망 자체보다 더 아름답다'고 주장한다. 즉 "플라톤의 이상국가보다 더 아름답다"고 주장하며 플라톤에게 다음과 같이 충고한다.

나는 플라톤에게 말하고 싶다. 이 나라에는 어떤 종류의 매매도 없다. 문자의 지식도 수의 지식도 전혀 없다. 관리나 그 위의 정치가라는 명칭도 없다. 사람을 부리는 습관도 빈부를 가르는 제도도 없다. 계약, 상속, 분배도 없고, 직업도 힘 안 드는 것밖에 없다. 친척 간의 관계도 없고 모두가 평등하다. 의복도, 농사도, 금속도, 포도주나 곡식의 사용도 없다. 거짓말, 배신, 은닉, 탐욕, 시기, 비방, 용서 등을 뜻하는 언어 자체가 없다. 그는 자기가 상상한 '공화국'이 그 완벽함에 있어 '신의 손에서 방금 나온 인간들'(세네카)의 사회인 이곳에 비해 얼마나 못한지 알아보았을 것이리라![16]

그러나 위 문장에는 정확하지 못한 점이 많다. 인디언은 매매를 했고, 문자가 있으며, 숫자를 알았고, 지식도 풍부했기 때문이다. 이어 몽테뉴는 자신이 들은 신세계를 묘사한다. '기후가 좋은 대단히 온화한 나라'로서 '병자도 거의 없다.' 이어 주거, 식사, 음료, 악기, 종교, 점술, 전쟁 등을 묘사한다. 특히 전쟁을 묘사면서 그는 '식인'에 대해 언급한다. 즉 그것은 '먹기 위한 것이 아니라 최고의 복수를 나타내는 것'이라고 하여 일반인의 오해를 바로잡고자 한다.[17] 그 증거로, 몽테뉴는 인디언들이 포르투갈 사람들의 더 잔혹한 처형 방식을 보고는 그것을 따랐다는 점을 들었다. 그리고 다음과 같이 말한다.

나는 이런 행위 속에 야만적인 잔혹함을 인정하여 슬픈 것이 아니다. 그들 인디언의 잘못은 잘 비판하면서 우리 자신의 잘못에 대해서는 그토록 맹목적인 것이 슬프다. 나는 죽은 인간을 먹는 것보다 살아 있는 인간을 먹는 것이 더 야만적이고, 아직 충분한 감각이 있는 몸을 고문과 태형으로 찢고 조금씩 불에 굽고 개와 돼지에게 물어뜯어 죽이게 하는 일(우리는 이런 일을 책에서 읽었을 뿐만 아니라 눈으로 보아 생생하게 기억하고 있다. 그것도 옛날 적들 사이에서가 아니라 이웃이나 동포 사이의 일이고, 더욱 나쁜 것은 그것이 신앙이나 종교를 구실로 한 점이다)이 죽은 뒤 구워서 먹는 것보다 더욱 야만적이라고 생각한다.[18]

이어 몽테뉴는 스토아학파의 제논 등이 시체로 식량을 삼아도 좋다고 말한 사실, 프랑스인의 선조인 갈리아인들이 전쟁에서 시체를 먹은 사실 그리고 의사들이 건강을 위해 인육을 사용한 사실을 거론한다. "그러나 우리가 늘 저지르는 배신, 부정, 폭정, 잔혹이라고 하는 배덕 행위를 어떤 혼란된 사상으로도 변명할 수 없다. 그러므로 우리는 이성의 법칙에 비추어 그들을 야만이라고 부를 수는 있지만, 우리와 비교해서는 야만이라고 부를 수 없다. 우리는 모든 종류의 야만에서 그들을 넘어선다."[19]

몽테뉴는 다시 야만인의 전쟁을 '지극히 고상하고 용감한 것'으로 찬양한다.

> 인간의 이 병폐가 가질 수 있는 만큼의 변명과 미덕을 가지고 있다. 전쟁은 그들에게 용기에 대한 집착 외에 달리 근거가 없다. 그들은 새로운 땅을 정복하기 위해 싸우는 것이 아니다. 왜냐하면 노동도 수고도 없이 그들에게 필요한 모든 것을 제공하는 저 자연의 풍요를 누리기 때문에 영토를 넓힐 필요가 없기 때문이다. 그들은 아직도 자연스러운 요구를 느끼는 정도밖에 욕심내지 않는 행복한 상태에 있다. 그 정도를 넘는 것은 그들에게 모두 쓸데없다.[20]

'자연스러운 요구' 이상을 바라지 않고 자연에 따라 사는 것이 《에세》 전체에서 몽테뉴가 추구하는 삶이고, 《에세》에서 표현된 그의 삶이다. 그런 삶에서 전쟁이란 용기를 다투는 일종의 스포츠에 불과하다.

만일 이웃이 산을 넘어 공격해 와서 그들을 무찌른다면, 승리자의 소득은 명예이고 무용과 용기에서 우월하다는 우월감이다. 왜냐하면 패자의 재산 등은 필요가 없기 때문이다. 그리하여 패자들은 자기 나라로 돌아간다. 그들에게는 필요한 것에 부족이 없고, 자기들 조건을 행복하게 누리고 그것으로 만족해 하는 저 뛰어난 자질에도 부족이 없다. 공격당한 쪽이 승리해도 마찬가지로 행동한다. 포로에 대한 배상으로 패했음을 고백하여 인정하는 것밖에 요구하지 않는다.[21]

여기서 몽테뉴는 용기에 대해 말한다. '팔다리가 건장함은 짐꾼의 소질이지 도덕의 소질이 아니고', '날쌤은 생명 없는 육체의 소질이며', '검술에 능숙함은 꾀와 기술의 재간이다.' 반면 "인간의 품위와 가치는 그 마음과 의지로 이루어진다. 그것이야말로 인간의 참된 명예다."[22] 여기서 몽테뉴는 그의 강직한 면모를 드러낸다. 이 부분에 와서 몽테뉴는 말년에 몇 가지 역사적 전투 사례를 첨가했다.[23] 여기서 우리는 몽테뉴가 반전을 주장한 당대의 에라스무스와 달리, 마키아벨리와 같이 전쟁을 현실의 것으로 인정하되 전쟁의 도리를 주장하고 있음을 알 수 있다.

이어 몽테뉴는 브라질 포로가 쓴 시를 인용하며 야만이 느껴지지 않는다고 평하고 다음과 같이 말한다.

거짓말이 아니라, 우리와 비교하여 이것이 야만적인 인간들이라고 말하는 이유다. 왜냐하면 그들이 참으로 야만인가, 아니면 우리가 야만인가, 어느 쪽이어야 하기 때문이다. 그들의 생활방식과 우리의 생활 방식 사이에는 놀라울 정도의 거리가 있다.[24]

이어 몽테뉴는 야만인의 일부다처제를 '남편에게 다른 여자의 사랑을 끌어 주려는 것'으로 변호한다.[25] 그러나 일부다처제가 야만인의 사회에서도 일부 특권 계층의 것이었음을 그는 비판하지 않는다.

마지막에는 앞에서 말한 대로 세 명의 브라질 인디언 이야기가 나온다. 그들은 "이쪽 땅의 부패를 아는 것이 언젠가 자신들의 안녕과 행복에 값비싼 희생을 지우게 할지도 모르고, 이 구대륙 사람들과 사귀다가는 자기들이 멸망할 지도 모르며(그것이 이미 상당한 정도로 진척되었다고 나는 생각하지만) 가련하게도 새 것을 보고 싶은 욕망에 속아서" 왔다.[26] 그들은 자신들이 이상하게 생각한 점을 말했다. 첫째는 힘 센 무장들이 어린아이 같은 왕에게 복종하는 것이고, 둘째는 빈부의 차이에 아무런 불만이 없다는 점이다.

이에 대해 몽테뉴는 아무런 논평도 하지 않지만, 10여 년이 지난 뒤에도 그것을 기억하는 자체가 흥미롭다. 왕의 세습제가 없어진 것은 3백 년이 더 지난 1789년 프랑스 대혁명의 일이고, 빈부격차는 지금까지도 없어지지 않고 있으니, 지금부터 5백 년 전에 이런 것들을 기록한 몽테뉴의 선견지명과 용기가 돋보인다.

한편 몽테뉴가 그들에게 장군이나 왕에게는 어떤 특권이 있는지 묻자 그들은 "전쟁에 앞장서서 나가는 것"이라고 답한다. 몽테뉴는 다음과 같이 글을 맺는다. "그런데 웬 말인가, 양복바지도 입지 않고 있다니!"[27] 이는 이른바 문명에 대한 몽테뉴의 마지막 풍자이자 이른바 야만에 대한 몽테뉴의 마지막 찬양이다.

몽테뉴는 인디언들이 유럽과 교류하면 곧 멸망할 것이라고 예상했고, 그것은 그 후 사실로 드러났다. 아니, 이미 그 수십 년 전 멕시코와 페루에서 살육의 착취가 행해졌다. 그러나 당시 유럽 사람들은 대부분 그와 반대로 유럽이 야만을 문명화한다고 생각했다. 사실 몽테뉴조차 '교류'나 '전쟁'이라고 표현한 것 자체가 넌센스였다. 왜냐하면 인디언들은 강제로 정복 당했고, 앞의 브라질 인디언도 끌려온 것이지 교류를 하고자 자발적으로 온 것이 아니었기 때문이다. 여하튼 몽테뉴의 식민지 인식은 당시의 역사적 현실을 그대로 반영한 것이라고는 볼 수 없다.

이상과 같은 몽테뉴의 새로운 인식에도 불구하고 그를 문화상대주의의 선구자로 볼 수 있는 여지는 없다고 할 수도 있다. 왜냐하면 《에세》 3권6장 '마차에 대하여'에 나오는 다음 부분과 같이 그 역시 신대륙을 유아에 비교하여 서양이 ABC부터 가르쳐야 한다고 주장했다고 읽을 수 있기 때문이다.

만일 우리의 용기와 타고난 힘이 그들보다 더하여 그들을 매질하고 우리의 훈련에 굴복시키지 않았던들, 그리고 우리의 정의와 선심을 베풀어 우리의 강력한 힘으로 굴복시키지 않았던들, 그곳은 아직도

어린애의 세상으로 남아 있었을 것이다.[28]

이러한 흑인=유아론은 5백 년 동안 유럽의 뿌리 깊은 전통이 되었다. 우리는 20세기의 슈바이처 같은 사람의 비유럽인=유아론에서 이와 전혀 다를 바 없는 예를 본다. 노벨평화상을 받은 아프리카의 '성인'이라는 알버트 슈바이처는 《물과 원시림 사이에서》에서 흑인을 미개인, 토인, 식인종으로 부르며 유럽인의 노예 소유를 정당화했다.[29] 그는 그 이유를 다음과 같이 설명했다.

흑인은 어린이다. 어린이들은 권위 없이는 아무 일도 못한다. 따라서 나는 흑인과의 교제 형식 속에 나의 자연적인 권위가 나타나도록 만들지 않으면 안 된다.[30]

이것이 그가 기독교를 전한 이유다. 그러나 이처럼 서양의 우월함을 주장한 것으로 보이는 몽테뉴의 앞 문장은 사실 번역이 잘못된 것이고, 따라서 내가 그 번역본만 읽고 몽테뉴를 원주민=유아론의 선구로 본 것은 잘못이었다. 앞 문장을 제대로 번역하면 다음과 같다.

그곳은 아직도 어린이의 세상으로 남아 있다. 우리는 태어나면서 지니는 가치와 힘의 우월로 그들을 매질하여 우리의 규율에 따르게 하지 못했다. 또 우리가 가진 정의와 선의로 마음을 다잡아도 큰 도량으

로 정복하지도 못했다.[31]

이 글이 실린 《에세》 제3권은 1580년 3월 《에세》 제1-2권을 출간한 뒤 1586년부터 쓰기 시작하여 1588년에 간행한 것이다. 그 사이에 몽테뉴가 읽은 책 중에는 로페스 데 고마라(1512~1572)의 책이 두 권 포함되었다. 고마라는 멕시코 정복자 코르테즈(1485~1547)의 사제이자 비서였던 자로, 스페인에 의한 신대륙 발견의 역사와 코르테즈에 의한 멕시코 정복과 식민지 건설을 그것들에 참여한 증인들에게 직접 듣고 쓴 《동인도 통사와 멕시코 정복》을 1552~1553년에 간행했다. 이 책의 프랑스어판이 1584년 파리에서 출간되었는데, 몽테뉴는 그것을 읽었을 것이다. 또 하나의 책은 《페르낭 코르테즈 경 이야기》였다.

몽테뉴가 《에세》 제3권에서 쓴 앞의 이야기는 특히 《동인도 통사와 멕시코 정복》에서 얻은 정보에 의한 것이었다. 당시 스페인 황제 카를 5세에게 헌정된 이 책은 원주민이 우상숭배자이고 식인종이며 동물과 성행위를 하는 수간자(獸姦者)라고 기록했다. 그리고 스페인에 의해 그들의 생활양식을 바꾸고 기독교로 개종시키는 것을 신의 뜻이라고 주장했다.

몽테뉴가 스페인에 의한 정복을 비난하는 만큼 고마라의 이런 사고에 찬성한 것은 물론 아니었으나, 고마라의 책에서 충분한 정보를 얻었다. 그래서 《에세》 제3권에 오면 위에서 본 제1권의 글들과는 달리 유럽이 식민지를 철저히 착취했다는 역사적 현실에 대한 몽테뉴의 의식

이 더욱 날카로워짐을 읽을 수 있다. 그는 먼저 멕시코 시를 비롯한 원주민 사회의 위대함에 대한 묘사부터 시작하여 그들의 기예가 유럽보다 못하지 않다고 주장한다. 그런데도 왜 그들은 멸망했는가? 몽테뉴는 그 이유를 다음과 같이 설명한다.

> 그러나 신앙, 법률의 준수, 선의, 관용, 신의, 솔직함에서 우리가 그들만큼 갖고 있지 않은 것이 우리에게는 다행이었다. 그들은 그 우월함으로 인해 멸망하고 매도되고 배반 당했다.[32]

특히 몽테뉴가 찬양하는 것은 원주민들의 용기다.

> 대담함과 용기, 또 고통과 기아와 죽음에 맞서는 강인함, 굳은 지조, 결단에 있어 내가 그들 속에서 본 예는 우리가 바다 이쪽의 세계에서 기억하는 가장 이름 높은 고대의 예와 비교하는 것도 두려워하지 않으리라.[33]

몽테뉴는 그런 민족을 정복하기 위해서는 용기와 미덕을 갖춘 고대인처럼 고귀해야 했다고 주장한다. 여기서 우리는 몽테뉴가 비록 고대 그리스·로마를 지칭하는 것이기는 하지만 역시 서양 중심주의에 젖어 있음을 보게 된다.

이 정도로 고귀한 정복이 왜 알렉산더나 저 고대 그리스·로마 사람들에 의해 행해지지 않았는가? 이 정도로 많은 제국과 국민에 대해 이토록 거대한 변화와 변모를 가한다면 왜 그것이 야생적인 곳을 부드럽게 개척하고 닦아서 대자연이 그곳에 이루어 놓은 좋은 씨앗을 강화하여 발육시킬 사람들의 손에 의해 행해지지 않았는가? 그러한 손이었다면 토지 경작과 도시 미화에 필요한 범위 내에서 이곳의 기술을 섞을 뿐만 아니라 그 나라의 원초적 미덕에 그리스·로마의 미덕을 섞을 수도 있었을 텐데! 그랬다면 저 너머에서 보여 준 우리의 최초 시범과 행동이 그곳 나라 사람들에게 미덕의 찬미와 모방으로 향하게 하고, 그들과 우리 사이에 우호적인 교류와 이해를 도모했다면 전 세계에 얼마나 훌륭한 개량과 개선이 이루어졌을까! 그렇게도 배움에 굶주린 터에 대부분이 아름답게 타고난 소질들을 갖추었기 때문에 그러한 혼을 훌륭하게 살리는 것에는 어떤 조작도 없었던 것이다![34]

그러나 현실은 그렇지 않았음을 몽테뉴는 지적한다. "반대로 우리는 그들의 무지와 무경험을 이용하여 우리의 풍습을 따라 배반, 사치, 탐욕 쪽으로, 온갖 종류의 비인간적인 잔인 쪽으로 그들을 손쉽게 휘어갔다."[35]

누가 과거에 통상과 교역의 편의에 이렇게도 값어치를 부여했던가? 저 수많은 마을들이 파괴되어 없어지고, 저렇게 많은 인민이 살육되고, 저렇게 많은 사람들이 칼끝에 꿰이고, 세상에서 가장 풍요하고 아름다운 토지가 진주와 후추의 무역을 위해 궤멸 당했다. 졸렬한 승리의 갖가지 모습이여! 과거의 이같은 국가의 야심이, 국가의 적대감이 인간에게 서로 칼을 겨누게 하고 이토록 엄청난 적대 행위와 비참한 재앙에 빠지게 한 것인가?[36]

요컨대 유럽에 의한 제압은 지적인 우월에 의한 것도, 도덕적인 우월에 의한 것도 아니라고 몽테뉴는 주장한 것이다. 만일 그 제압이 기독교의 포교라는 종교상의 목적에 의한 것이라 해도 몽테뉴는 그 정당성을 부정한다. 그는 유럽의 정복자들이 원주민에게 가한 여러 악행을 길게 나열한 뒤 자신이 들은 이야기를 쓴다.

그리고 다른 때, 그들 스페인 사람들은 단번에 460명의 인간을 산 채로 불태워 죽였다. 그들은 4백여 명의 서민과 어떤 지방의 주인이자 영주였던 60명으로, 모두 전쟁 포로에 불과했다. 우리는 이 이야기를 스페인 사람에게 들었다. 왜냐하면 그들이 그렇게 고백했을 뿐만 아니라 그 이야기를 자랑하며 퍼뜨리고 다녔기 때문이다. 이것이 그들의 정의와 종교에 대한 열정의 증거란 말인가? 실은 그것은 물과 기름같이 신성한 목적과는 너무도 모순된 방식이다. 만일 그들이 우리 신앙의 지평을 넓히고자 했다면 그것은 토지의 소유에 의해서가 아니라 마음의 소유에 의해 넓어지는 것이라고 생각했어야 했다.[37]

그런데 이 글의 제목은 앞에서도 보았듯이 《마차에 대하여》다. 위에서 본 식민지 정복에 대한 이야기 앞에 몽테뉴는 용기에 대해 말하면서 마차도 가마도 배도 자신은 오래 참고 타지 못한다고 고백하고, 그러나 마차가 전쟁에서 유용하게 쓰였다고 말한다. 그리고 위의 이야기를 한 뒤에 마지막 문단에서 마차 이야기로 돌아간다.

즉 페루에서는 마차가 없이 왕이 사람의 어깨에 진 황금 의자에 앉아 움직였다. 정복자들이 페루의 마지막 왕을 죽이고자 짐꾼을 죽이면 다시 다른 사람이 그 자리를 메워 도저히 왕을 죽이지 못해 마지막에는 말 탄 사람이 달려가 왕을 잡아채어 직접 땅으로 끌어내렸다는 이야기다.[38]

이 왕이 잉카 제국의 아타와르바를 말하는 것이라면 그 장면은 1533년 프란시스코 바자로가 이끈 스페인 군대 2천 명 이상이 잉카 군을 반 시간도 안 되어 학살하고 잉카 제국을 멸망시킨 전투를 뜻한다. 말이 없었던 잉카 제국은 말 탄 사람에 의해 멸망했다는 몽테뉴의 이야기인 것이다.

여기서 우리는 그의 문화상대주의가 고전고대에 대한 예찬에 의해 극복되는 것을 본다. 물론 반대로 그의 문화상대주의가 고전고대라고 하는 절대기준에 의해 역시 유럽 중심주의에 빠진다는 비판도 가능하다. 그러나 《마차에 대하여》에서 멕시코와 페루 사람들이 스페인 사람들에 저항하며 보여 준 용기와 항상심에 대한 몽테뉴의 찬양을 상기하면 우리는 몽테뉴를 쉽게 유럽 중심주의자라고 보기는 어렵다.

셰익스피어

《에세》는 1603년 프로리오에 의해 영어로 번역됐다. 제3장에 기록된 야만인에 대한 묘사를 읽은 셰익스피어는 《템페스트》(1611~1612)에서 그 부분을 적절히 가감하여 다음과 같이 썼다.

> 그 국가에서 저는 만사를 보통과는 정반대로 처리하겠습니다. 즉 어떠한 상거래도 인정하지 않고, 관공리(官公吏)는 없을 것이며, 학문도 금지하고, 빈부도 없을 것이며, 고용도 전혀 없을 것입니다. 계약, 상속, 경계, 소유지, 경작지, 포도원 같은 것도 전혀 없을 것입니다. 금속, 곡물, 주류, 유류 등의 사용도 없을 것이며, 직업도 없고, 남자는 무위도식할 것이며, 여자는 순진무구할 것이며, 군주권도 없고 …… 만인이 필요한 물건들은 죄다 땀도 노력도 없이 자연이 생산해 줄 것이며, 칼, 창, 단도, 총 또는 이 밖에 전쟁 무기 같은 것도 필요 없을 것이며, 자연은 풍요한 오곡을 생산하여 순박한 백성들을 양육해 줄 것입니다.[39]

셰익스피어가 이 글을 쓰기 몇 년 전인 1607년 영국인은 제임스타운 (Jamestown)이라는 첫 식민지를 아메리카에 세웠다. 당시 영국인은 자신이 태어난 마을을 떠난 경험이 거의 없었으므로 제임스타운의 건설은 대단한 일이었다. 영국인이 상륙했을 때 그들을 맞아 영어로 인사한 인디언 스콴토(Squanto)[40]는 기아에 허덕이던 백인들을 도왔다.

> 스콴토는 그들의 안녕을 위해 신이 보낸 대리인이자 도구였다. 그는
> 백인들에게 옥수수 씨를 뿌리고 낚시를 하고 양식을 모으는 방법을
> 알려 주었다. 그는 그들에게 모든 것을 가르쳐 주었다.[41]

그럼에도 백인들은 인디언이 미개인이고 잔인한 야만인이며 악마의
자식일 뿐이라고 생각했다. 인디언들도 처음에는 백인에게 호의적이
었으나 점점 그들을 이해할 수 없었다. 특히 아이들을 학대하고 예고도
없이 불쑥 찾아오며 초대에도 응하지 않는 백인들을 이해할 수 없었다.
무엇보다도 놀란 것은 백인들이 나무(빵)를 먹고 피(포도주)를 마신다는
점이었다.

스콴토도 백인들에게는 마찬가지였다. 그는 1614년 백인에게 체포
돼 영국에 송환됐다가 5년간 영국에 머문 뒤 매사추세츠로 돌아왔다.
그러나 그는 영국에 대해 어떤 앙심도 품지 않아서 플리머스 식민지
도 그 덕분에 재앙을 면할 수 있었다. 그 전에도 다수의 인디언이 영
국인과 합의 하에 또는 강제로 영국에 왔다. 그 중에는 카니발의 구경
거리로 돈벌이에 이용된 한 무리의 인디언을 강제로 데려온 경우도
있었다.

포카혼타스

아메리카 대륙에 건너온 백인들에게 인디언은 자발적으로 호의를 베풀었다. 1608년 백인과 인디언 처녀 포카혼타스[42]의 결혼은 하나의 상징이었다. 인디언은 그런 방식으로 상호존중과 평등을 토대로 한 두 공동체의 평화로운 공존을 시도했다. 그러나 백인은 그런 시도를 받아들이지 않았다.

인디언 중에서 백인들에게 가장 유명한 포카혼타스는 1995년 디즈니 만화영화로 제작되어 세계적으로 유명해졌으나 그 자체는 허구였다. 무대는 1607년 건설된 영국인 최초의 식민지 마을 제임스타운. 백인은 금을 찾아 그곳 민족장 파우하탄(Powhatan)의 영토에 침입하여 인디언과 대결하는 가운데 백인 청년 장교 존 스미스(John Smith, 1579/1580~1631)와 민족장의 딸 포카혼타스가 서로 사랑하게 되고, 존이 인디언에 잡혀 처형당하기 직전 포카혼타스의 간청에 의해 구출되어 동료들과 영국으로 돌아간다는 내용이다.

존은 멋진 청년 장교로 만화에 그려졌으나, 실은 대단히 불량한 자로서 다수결에 의해 동료들로부터도 추방될 뻔했다. 인디언들은 그를 보고 놀랐다. "부하들보다도 작은 땅딸막한 키에 붉은 수염이 온통 얼굴을 뒤덮고 있어서 인디언들의 눈에는 사람이라기보다 짐승처럼 보였다."[43] 그러나 디즈니 만화영화에서 그는 최고의 얼짱, 몸짱으로 나온다.

영국에 돌아간 그는 《버지니아에서 생긴 사건들의 진실한 관계A True Relation of Such Occurrences and Accidents of Note as Happened in Virginia》(1608)에서 제임스타운 이야기를 썼고, 16년 뒤 《버지니아, 뉴잉글랜드, 서머 제도의 역사The General Histories of Virginia, New England, and the Summer Isles》(1624)에서도 언급했다.[44] 그러나 두 책에는 표현의 차이가 있다. 가령 민족장이나 자신의 포로 생활에 대해 전자에는 호의적으로, 후자에는 악의적으로 묘사했다. 특히 전자에는 처형 장면이나 포카혼타스의 간청이 없으나 후자에는 그것이 있다.

왜 이처럼 이야기에 큰 차이가 난 것일까? 이는 그 사이 백인들이 인디언을 약탈하고 공격했기 때문이다. 인디언과의 충돌은 《버지니아에서 생긴 사건들의 진실한 관계》를 쓰기 전 해인 1607년부터 시작되었고 존 일당과 인디언들은 계속 충돌했다. 1610년 백인 두 명이 인디언에게 살해되자 백인들은 마을 두 곳에 불을 지르고 아이들과 여인들까지 학살했다. 백인들의 약탈, 가혹행위, 파괴에 대한 보복으로 1622년 인디언은 백인 350명을 살해했다. 이어 백인에 의한 인디언 대학살 사건이 벌어졌다. 2년 뒤에 쓰인 《버지니아, 뉴잉글랜드, 서머 제도의 역사》에서 인디언을 극도로 비난한 것은 그 결과였다. 그러나 그렇게 쓴 더 근본적인 이유는 식민 지배를 정당화하기 위한 것이었다.

1646년, 인디언은 영토의 일부를 포기한다는 내용의 화평조약을 맺었다. 이는 백인의 강요에 의한 것이었으나, 백인들은 그것이 인디언의 간청에 의한 것이라고 주장했다. 포카혼타스의 간청이라는 것도 1860

년대부터 허위임이 밝혀졌으나, 버지니아가 포함된 남부에서는 여전히 그것을 사실이라고 믿었다. 지금까지 밝혀진 포카혼타스의 생애는 대략 다음과 같다.

> 1595년경 파우하탄 대민족장의 딸로 출생.
>
> 1607년 스미스와 만남. 스미스를 구출하고 제임스타운의 식량난을 타개하는 데 도움.
>
> 1612년 선장 아골에게 유괴되어 제임스타운에 갇힘.
>
> 1613년 죄수로 기독교 귀의.
>
> 1614년 영국인 존 롤프와 결혼.
>
> 1615년 아들 토마스 낳음.
>
> 1616년 영국에 여행하여 인디언 여왕으로 받들어짐.
>
> 1617년 영국에서 사망.

즉 포카혼타스는 12세에 스미스를 구출한 뒤 17세에 영국군의 포로가 되어 영국군과 결혼하고 22세에 영국에서 죽었다. 영국에서 그녀는 벤 존슨의 궁정 가면극 〈뉴스 협회〉와 〈환희의 환상〉에 출연했다.[45] 5년 동안 가지 못한 조국에 돌아가려고 배를 탔으나 도중에 병이 들어 되돌아와 죽었다. 그리고 아들은 후에 아메리카로 가서 인디언 토벌에 앞장섰다.[46] 포카혼타스의 삶은 당대 인디언의 운명을 상징한다. 포카혼타스가 등장하는 버지니아에서와 마찬가지로 뉴잉글랜드 등에서도 피로

물든 식민지화가 전개됐다.

인디언 사회에 의한 청교도 사회의 변모

1607년 영국인이 파우하탄에 침입한 지 5년 뒤인 1612년, 청교도와 제임스타운 식민자들은 파우하탄 민족을 포함한 인디언 쪽으로 도망친 남녀를 사형에 처하는 법을 만들었다. 청교도는 인디언을 반인반수인 악마의 자식이라고 보았으나, 당시 식민자 중에는 인디언에게 음식이나 집을 빌리고 인디언과 사는 사람들도 적지 않았다. 1642년, 코네티컷 주 고등법원은 '신앙 깊은 사회'를 버린 식민지 주민을 3년간 감화원의 강제 노동에 처했다. 동포를 떠나 인디언과 동거하는 불경의 방식을 택했다는 이유에서였다.

당시 식민자 중에서 토마스 모튼(Thomas Morton, 1576경~1647)은 30권 이상의 저서를 남긴 지식인으로, 인디언이 영국인보다 더욱 인간적이고 우호적이며 "인간의 이성에 따라, 자연의 빛에 의해서만 인도되어 더욱 행복하고 자유로운 삶을 보내고 있다. 기독교도의 마음을 고뇌하게 만드는 걱정이 없기 때문이다"라고 했다. 그는 인디언 사회를 '가나안'이라고 부른 반면 유럽을 '소돔'이라고 했다. 또 인디언 사회야말로 플라톤이 말한 공공복지가 그대로 실현된 곳이라고 찬양했다.[47] 그가 묘사한 인디언 사회는 몽테뉴와 루소의 견해, 그리고 최초의 아메리카 여행가들의 기록과 일치한다.

그러나 모튼이 처음부터 그렇게 생각한 것은 아니었다. 그는 다른 식민자들처럼 그들이 '미개인'이라고 부른 인디언을 기독교도로 개종시키려고 접촉했으나, 도리어 그 반대로 돌아선 사람이었다. 모튼과 같은 사람들의 기록은 계몽주의, 특히 자연법 이론이 생기는데 절대적인 영향을 끼쳤다. 당시의 유럽인이 인디언 사회를 몰랐더라면 자연법이나 자연상태라는 것을 상상하기 어려웠을 것이다. 왜냐하면 당시에 그것들은 인디언 사회에서만 발견되었기 때문이다.

당시 모튼처럼 아메리카에 건너온 식민자와 여행가들은 그 전에 계급 사회에서 살았기 때문에 인디언 사회에서도 그런 계급, 특히 왕과 여왕과 왕족을 찾았다. 그러나 그들이 왕이라고 부른 사람도, 또 그들이 지배하는 사람들도 모두 같은 부류인 점에 놀랐다. 즉 그들이 왕이라고 부른 사람들이 유럽의 왕들처럼 자신들을 거창하게 꾸미며 최상 계급으로 군림하지 않은 점에 놀랐고, 인디언의 왕이 보통 사람들을 전혀 지배하지 않는다는 데 더욱 놀랐다. 그들이 합의에 이르는 절차와 민의에 따라 통치하는 것에 유럽인들은 감복했다. 가령 1611년 제임스타운에 두 교회를 세운 알렉산더 휘테커(Alexander Whitaker, 1585~1616)는 포카혼타스의 파우하탄에 대해 다음과 같이 말했다.

그들 사이에는 인민의 지지를 받는 민주정 통치가 행해지고 그것이 '자연법'에 의함을 보여 준다. 소박한 공공복지와 원시적 정부가 존재하고, 왕이나 부모나 관리에 대해서도 가리지 않고 존경하고 복종한다. 재산 소유의 제한도 잘 지켜지고 이웃집에 침입하지도 않는다. 살인은 중죄에 처해지지만 거의 없다. 간통도 엄벌에 처한다.[48]

그 결과 초기 퓨리탄들이 생각한 인디언의 악마 같은 이미지는 점차 자립적인 '고상한 미개인', 특히 자연법에 근거한 자치연합을 형성하는 사회인의 이미지로 변했다. 그리고 이는 당시 유럽 군주제에 불만이 었던 식민자들에게 개인의 권리에 근거한 국가의 실천 모델을 제공했다. 이는 당시 유럽에서 추상적 이론으로 전개된 생명, 자유, 행복을 포함한 자연권의 근거 하에서 비교적 자산이 평등한 사람들이 합의로 만드는 국가 모델 바로 그것이었다. 그들은 그것이 과거에도 성공했고 당시에도 행해지는 이상 신생 아메리카에서도 충분히 가능하리라고 생각했다.

그러한 식민자들의 실천은 식민 최초부터 시작되었다. 인디언의 폐촌에 최초의 식민지를 세운 그들은 플라톤의 가르침에 따라 공동 경작에 의한 식민지 건설을 목표로 세웠으나, 첫 해 겨울에 식민자의 3분의 2가 죽어 그 목표는 좌절되었다. 이어 시도된 것은 인디언처럼 가족에게 토지를 분배하는 것이었다. 이러한 가족 중심의 토지 분배는 유럽에서는 존재한 적이 없었다. 그러나 식민자들은 모계 중심으로 토지를 분배한 인디언과 달리 부계 사회였던 유럽 전통을 살려 부계 중심으로 토지를 분배했다. 최초의 마을회의(town meeting)도 인디언 사회의 그것을 모방한 것이었다.

호데노소니에 대한 초기 기록

인디언에 대한 유럽인 최초의 상세한 보고는 16세기부터 간행됐다. 가령 우리가 2장에서 본 호데노소니에 대한 최초의 기록은 17세기 초엽부터 나왔다. 1620년 네덜란드인에 의해 호데노소니의 전시 민족장은 다음과 같이 기록됐다.

> 그들은 모두 거의 평등하게 살고 있다. 마을마다 다른 사람들보다 어딘가 뛰어난 사람이 있고, 전쟁이 터져 모든 마을에서 전사들을 모으면 그가 절대적인 지휘권을 갖는다. 그러나 일단 전쟁이 끝나면 그 권위는 소멸한다.[49]

그 기록에 의하면 호데노소니 사회에는 사자마(Sacjama)[50] 라는 전시 민족장이 있고, 그 위에는 해와 달을 다스리는 더욱 위대한 사자마가 있다. 또 인디언끼리 싸울 때는 마을마다 울타리를 치고 반격하는데, 마을 중앙에는 나무가 있어서 파수꾼이 거기 올라가 적을 감시하고 화살을 쏜다.

다른 기록에 의하면, 전쟁이 나면 호데노소니 연방은 오논다가에서 협의회를 열어 평화 교섭을 개시하고 일단 교섭이 시작되면 협의는 계속 이어진다. 그 밖에도 당시의 많은 기록은 연방의 민족들이 그러한 협의에 의해 평화를 구축했다고 했다.

그런 초기 기록 중에서 가장 중요한 것은 퀘이커교도인 윌리엄 펜 (William Penn, 1644~1718)의 것이다. 1682년 미국에 건너가기 전에 그는 자칭 '캐나다의 황제'라는 호데노소니 민족의 어느 민족장에게 보낸 편지에서 퀘이커교도와 호데노소니 족이 구가하는 평화와 정의를 확인하고, 함께 위대한 신의 작품이 되는 우호적 공존을 모색하자고 호소했다.[51] 이 편지는 호데노소니의 '위대한 평화의 법'의 기초인 평화와 정의를 주장한 것으로 특히 델라웨어 민족에게 인정돼 그 민족장인 타마니(Tammany)의 환영을 받았다. 델라웨어 민족은 현재의 뉴욕 주 남부로부터 메릴랜드 주 동부(당시는 펜실베이니아 주 동부 전역을 포함)에 살았다. 타마니는 1682년 10월 27일, 펜이 아메리카에 도착할 때 그를 환영했다. 그 후 펜은 델라웨어 민족 및 호데노소니 민족과 우호적이고 평화적인 관계를 맺었다. 이어 1683년 그는 다음과 같이 썼다.

> 왕들은 모두 협의회가 있는데, 그것은 왕국의 모든 현자들로 구성된다. …… 전쟁, 평화, 토지, 물건의 매매 등 모든 일을 그들은 상담하지 않고는 하지 않는다. 게다가 그 상담에는 젊은이들도 참여한다. …… 왕들은 …… 그 백성의 숨에 의해 움직인다. 숙고는 인디언의 관습이다. …… 이렇게 자연스러운 총명함은 지금까지 본 적이 없다.[52]

펜은 미국 동해안의 인디언 연방을 모계 상속의 족장제를 갖는 정치 사회로 보았다. 그 연방을 20년 가까이 경험한 펜은 1697년 '아메리카 식민지 연합안'을 작성하여 '보편적 동의에 따른 상호 평화와 안전에 도움이 될' 것을 기대했다. 그 안에서 각 식민지가 각각 두 명의 대표를 중앙에 보내 상거래와 방위에 대해 토의하자고 제안한 것은 분명 인디언의 영향을 받은 것이다. 이는 뒤에 1754년, 벤자민 프랭클린이 제안한 알바니 연합안으로 이어졌다. 한편 타마니는 1694년 펜실베이니아 지방회의와 인디언 대표단의 회담에서 유럽인과 그 정책을 강력하게 지지하고부터 18세기 이후 식민지 주민의 친구이자 상담자로 유명해져 '타마니의 날'이라는 축제를 시작하게 했다.

17세기 말까지 유럽 여러 나라 사람들이 호데노소니 연방에 대해 더욱 상세한 보고를 했고, 이와 함께 유럽의 전제적 통치제도에 대한 비판도 깊어졌다. 특히 로크를 비롯한 유럽 사상가들의 이론을 입증하는 근거로 제시되어, 주권은 인민에게 있고, 지도자가 사회질서를 유지하려면 권력만이 아니라 민의와 합의에 의해야 한다는 주장에 원용되었다. 인디언의 유연한 자치조직과 개인적 자유의 존중에 의한 참여민주주의는 유럽인의 경우 그리스 민주주의의 추억으로만 존재했기에 더욱 설득력이 있었다.

인디언의 사회적 조화를 가장 생생하게 전한 사람은 선교사들이다. 본래 그들은 기독교를 모르는 문명사회란 있을 수 없다는 생각으로 아메리카에 왔으나, 그들이 돌아갈 때는 강제 없는 정부, 교회 없는 신앙,

그리스도를 모르는 자선을 알았다. 가령 1734년 기독교지식보급협회의 《볼지우스 목사의 수기 발췌An Extract from the Journals of Reverend Mr. Bolzius》를 보자.

> 그들의 왕은 독재로 지배하지 않고 사람들과의 상담에 따른다. 왕은 장로들에게 제안하고, 장로들은 젊은이들에게 그것을 보여 주며, 그 후 제안은 실행된다. …… 왕이 그 직책에 적합하지 않으면 사람들은 다른 왕을 뽑는다. 가장 지혜로운 자가 왕이 되지만 그는 사람들과 다른 옷을 입지 않는다. …… 왕이 선물을 받으면 그것을 자기 것으로 삼지 않고, 모든 사람들에게 나누어 주고, 자신을 위해서는 아무 것도 남기지 않는다.[53]

> 그들은 평등을 사랑한다. …… 그들은 다른 사람에게 고용되어 노동하는 것을 예속으로 본다. 따라서 이익을 위해 일하지 않는다.[54]

명령권이 없는 인디언 지도자들은 설득의 기법을 연마하고, 협의의 장에서 품격과 예절을 갖추어야 했다. 호데노소니가 완전한 공화정부였기 때문이다. 당시 유럽계 아메리카인들은 인디언의 회의가 유럽의 의회나 대중집회보다 더 우수하다고 찬양했다.

로저 윌리엄스

로저 윌리엄스(Roger Williams, 1603?~1683)는 최초의 유럽 출신, 아메리카 대륙의 혁명가로서 미국 독립혁명의 사상적 토대를 이루었다. 케임브리지대학교를 졸업한 뒤 목사로 있으면서 올리버 크롬웰이나 토머스 후커(Thomas Hooker, 1586~1647)[55] 같은 청교도 정치지도자들과 가깝게 지내던 그는 비국교도적인 뉴잉글랜드 식민지에 가서 영국 국교회와는 완전히 다른 자신의 종교적 이상을 실현하고자 1631년 보스턴에 도착했다. 많은 청교도와 같이 그도 인디언을 기독교로 개종시키고자 아메리카로 왔다. 보스턴에서 그는 알곤킨어를 비롯한 인디언 언어를 습득하고, 여러 인디언들과 친구가 됐다.

그는 아메리카 대륙에 청교도 식민지를 건설한다고 맹세한 '메이플라워 서약'에 대해 인디언이 이미 살고 있는 곳을 '발견에 의한 권리'로 청교도가 소유할 수는 없고, 인디언이 종교와 자치에 대해 갖는 권리를 청교도가 부정할 권리는 없다고 주장했다. 또 교회가 법적인 강제로 신자를 늘리고 기부금을 모을 권리도 없다고 주장하여, 청교도교회가 행정조직을 겸해야 한다고 본 당대의 상식을 흔들었다. 당시 목사의 급료는 세금으로 지급됐고, 교회에 등록한 신자가 아니면 공직에 취임할 수 없도록 법률에 의해 강제됐다. 또 식민지 행정관은 10계 가운데 앞의 네 가지 계를 집행하는 권한이 있었다. 이에 대해 윌리엄스는 교회에는 그런 권한이 없고 권력은 교회 귀속을 식민지 시민선서에 포함시킬 수 없다고 주장했는데, 이는 인디언과 비청교도 주민의 권리를 옹호하고 유럽의 정교일치 전통을 부정한 것이기도 했다. 이러한 정교분리 사상은 제퍼슨과 프랭클린에게 이어져 미국 헌법에 명시됐다.

윌리엄스는 청교도보다 인디언 종교를 지지했다. 이미 1624년 종교적인 이유로 기독교도를 살인하는 미개인은 없다고 주장했다. 인디언 사회에는 '위대한 정령(Great Spirit)'의 지혜에 대한 특정 민족장의 견해를 강요하기 위해 종교재판을 하는 관행은 존재하지 않았다. 인디언들은 종교를 이유로 전쟁을 한 적이 없었다. 윌리엄스는 영원한 평화와 사랑의 이름으로 살인하는 바보는 없다는 신념을 공유했다. 그는 사회를 다양한 인간이 타는 배에 비유하고 각자의 의견을 존중한다면 논의는 있어도 전쟁을 할 이유는 없다고 생각했다. 따라서 그는 영혼의 강제에 반대하고 다양성의 미를 추구했다.

1635년 청교도 정통파 관료들은 그를 영국에 추방하여 투옥시키고자 했다. 그를 아메리카 황야에 추방하면 그가 독자의 식민지를 개척하여 그의 '전염병'이 청교도 식민지에 퍼질 것이라 우려했다. 그러나 건강상태가 좋지 않아 그는 즉각 추방되지는 않았다. 그 후 그는 친구인 왐파노가스(Wampanogas) 민족의 민족장 마사소이트(Massasoit, Pokanokets라고도 함)에게 식민지 건설에 충분한 토지를 무상으로 제공받아 프로비던스와 로드아일랜드 식민지를 건설하여 영혼의 자유, 정치적 자유, 경제적 평등이라는 그의 이념을 실천했다. 그 뒤 프로비던스는 재세례파·퀘이커교도 등과 같이 자신들의 신앙을 공개적으로 나

226

타낼 수 없는 교파의 피난처가 되었다. 윌리엄스가 세운 이상사회는 자산을 평등하게 분배하고 자연법에 따라 정치적 권리를 보장하는 점 등에서 인디언 사회와 유사했다. 모든 시민적 자유는 사람들의 동의에 의해 확립되고, 자연권과 시민적 권리가 모든 개인, 피통치자, 시민에게 인정됐다.

1643년 그는 로드아일랜드에 대한 특허장을 얻기 위해 영국으로 가는 배에서 자신이 수년 간 모은 자료에 근거하여 영어로 쓴 최초의 인디언어 문법서인 《아메리카어의 핵심Key into the Languages of America》을 집필했다. 그러나 이 책에는 인디언을 통한 유럽의 종교와 정치에 대한 비판도 포함됐다. 가령 누구나 환대하며 식사를 제공하는 인디언을 그렇지 못한 기독교인과 대조적으로 묘사하고 유럽인이 인디언보다 우월하지 않다고 주장했다. 따라서 청교도에게 인디언의 토지와 자원을 뺏을 권리가 신에 의해 주어졌다는 백인들의 주장은 터무니없는 것이라고 일축했다. 도리어 기독교의 가치가 인디언 사회에서 더욱 잘 실현되어 있다고 강조했다. 특히 그곳에는 거지도 없고 어떤 고아도 따뜻하게 보살펴지며 범죄도 없다고 했다. 반면 그는 백인의 자민족 중심주의와 만연한 부패와 범죄에 대해서도 철저히 비판했다. 그는 인디언 사회가 민의에 근거한다고 보면서도 그것을 군주제라고 보는 당대 백인들의 통념에서 벗어나지는 못했으나 유럽 군주제와의 차이는 분명히 인식했다. 즉 인디언 민족장은 독단적이지 않고 사람들이 반대하는 전쟁이나 원조나 법률을 결정하지도 않는다고 보았다.

이러한 관찰은 당대의 다른 관찰과도 일치했다. 가령 예수회의 브레사니 신부(Father Bressani)는 자유가 무질서로 이어진다는 주장에 이의를 제기하면서, 그가 관찰한 휴런 민족의 자치조직은 극단의 자유 속에서 전혀 무질서하지 않고 유럽의 정부와 같은 효과가 있다고 보고했다. 그리고 그 지도자들은 왕도 절대군주도 아닌 일종의 공화제 사회의 우두머리에 불과하다고 보았다.

윌리엄스가 쓴 《아메리카어의 핵심》은 영국에서 출간되어 존 밀턴, 크롬웰, 홉스, 로크에게 중대한 영향을 끼쳤다. 이듬해 출간된 《피의 교리The Bloody Tenent of Persecution》(1644)는 1646년 청교도 혁명의 교과서가 됐다. 1644년 영국 하원은 그 책의 공개 소각을 명령했으나 무허가 출간이 이어졌고, 그 책을 모방한 수많은 소책자가 발간됐다. 물론 그를 비난하는 책들도 쏟아졌다. 이에 윌리엄스는 "양심을 강제함은 영혼의 강간이다"라고 하고 그리스도가 반그리스도 사상에 대해 관용의 마음을 가지라고 명했다고 주장하며, 기독교를 인디언 사회의 종교적 관용성과 대비하며 맞섰다. 즉 그는 인디언이 시민사회와 종교사회를 구분하고, 예배에 있어서 양심에 대한 어떤 간섭도 하지 않음과 대비했다.

특히 그는 종교로 인한 전쟁을 방지하는 유일한 수단은 모든 종교에 대한 관용이라고 주장했다. 그는 기독교도가 아니면 양심과 영혼이 없다는 주장을 거부하고, 만일 모든 인간이 태어나면서부터 평등하다면 종교적인 성전 따위는 전혀 의미가 없으며 이것이야말로 신의 말이자 법이라고 주장했다. 그는 종교란 명시적인 교의가 아니라 태어나면서 갖는 정의와 도덕의 감각이고, 그 능력은 기독교인이든 아니든 누구에게나 내재하는 것으로 보았다. 인디언을 관찰하면서 그는 인류에게는 자연스러운 도덕심이 갖추어져 있으며, 특정 교회에 속하거나 교의를 신봉할 필요가 없음을 배웠다.

1651년에서 1654년 사이에 윌리엄스가 영국을 다시 찾은 것은 청교도의 공격으로부터 토착 종교를 지키고자 한 인디언을 대변하기 위해서였다. 그는 인디언이 토착의 평화적 종교에 따라 청교도들을 환대했음에도 청교도에 의해 자신들의 땅에서 추방되었음을 고발하고 그들이 함께 평화롭게 살게 해달라고 요구했다. 그 후 그는 로드아일랜드의 초대 총독이 되었으며 죽을 때까지 공직에서 떠나지 않았다. 그는 나라간세트 인디언 민족의 언어를 알았으며 그들에게 신임받고 있었기 때문에 그들과의 중재역을 도맡아 로드아일랜드 주와 주변 식민지에 지속적인 도움을 주었다. 그러나 필립 왕 전쟁(1675~1676) 기간에는 인디언들에 대항해서 로드아일랜드 주를 방어하기 위해 나섰다.

홉스와 로크

윌리엄스는 토마스 홉스와 존 로크에게도 영향을 미쳤으나 홉스는 원시주의에 대한 최초의 비판자가 됐다. 아메리카에 한 번도 가보지 못했으면서 그는 《레비아탕Leviathan》(1651)에서 인디언을 "고독하고 가

난하며 불결하고 조야하며 단명한" 자들이라고 매도하고 이어 자유라
는 관념도 비판하면서 통치자에 대한 전면 종속을 주장했다. 홉스는
"만인에 대한 만인의 투쟁"이 인디언 사회에 실재했다고 한다.

> 사람들은 어쩌면 그러한 시대나 그러한 전쟁 상태는 결코 존재하지
> 않았다고 생각할 것이다. 물론 전 세계에서 일반적으로 그러한 상태
> 가 존재한 것은 아니었을 것이다. 그러나 지금도 사람들이 그러한 방
> 식으로 살고 있는 곳이 많다. 사실상 아메리카 대륙 곳곳에서 야만인
> 들은 그 화합이 자연적 탐욕에 달려 있는 소가족들의 국가를 제외하
> 고는 국가라는 것을 전혀 알지 못한다. 내가 앞서 말했듯이 이들은 오
> 늘날에도 거의 동물적인 방식으로 살고 있다.[56]

홉스가 정부나 국가 없는 사회는 사회가 아니라는 것, 따라서 '야만
인'들은 사회성 밖에 존재하고 만인에 대한 만인의 전쟁이 지배하는 인
간의 자연적 조건 속에서 살아간다고 본 것, 국가의 부재는 전쟁을 일
반화하고 사회제도를 불가능하게 한다고 본 것은 당시 유럽인의 상식
이었다. 이러한 주장은 뒤에 스펜스가 《사회학 원리》에서 "야만인들과
미개인들의 삶 속에서 지배적인 사건들이란 전쟁이다"라고 한 것으로
이어졌다.

영국의 철학자이자 정치사상가로 계몽철학 및 경험론철학의 원조로
일컬어지는 존 로크는 홉스와 반대였다. 그는 《통치론*Two Treaties on*

Government》(1690)등의 유명한 저서를 남겼다. 그는 사회계약설에 입각하여 홉스의 전제주의(專制主義)를 자연상태보다 더 나쁘다고 비판하고 주권재민(主權在民)과 국민의 저항권을 인정하여 대표제에 의한 민주주의, 입법권과 집행권의 분립, 이성적인 법에 따른 통치와 개인의 자유·인권의 양립 등을 강조하며 종교적 관용을 역설했다.

그러나 그의 민주주의 사상이 인디언 아나키 민주주의 사상에서 나왔다는 사실은 전혀 알려진 바가 없다. 그의 정치사상은 명예혁명을 대변하고 프랑스 혁명이나 아메리카 독립 등에 커다란 영향을 주어 서구 민주주의의 근본 사상이 되었지만 로크 당대 영국의 정치체제는 그의 민주주의 사상과는 달랐다.

그는 《통치론》 제2론 제2장에서 '자연상태'를 다음과 같이 설명했는데, 이는 앞에서 본 윌리엄스의 인디언에 대한 묘사와 전혀 다르지 않다.

> 그러한 상태란 사람들이 타인의 허락을 구하거나 그의 의지에 구애받지 않고, 자연법의 테두리 안에서 스스로 적당하다고 생각하는 바에 따라 자신의 행동을 규율하고 자신의 소유물과 인신을 처분할 수 있는 완전한 자유의 상태다. 그것은 평등의 상태이기도 한데, 거기서 모든 권력과 권한은 호혜적이며 무릇 어느 누구도 다른 사람보다 더 많이 가지지 않는다. 이 점은 같은 종류의 피조물은 차별 없이 자연의 동일한 혜택을 받고 태어나 동일한 재능을 사용하기 때문에, 그 피조물의

231

주인이자 지배자가 그의 의지를 명시적으로 선언함으로써 어느 하나를 다른 하나보다 위에 놓고 뚜렷하고 명백한 지명을 통해 의심할 여지 없는 지배권과 주권을 그에게 부여하지 않는 한, 어떠한 복종이나 종속 없이 서로 평등해야 한다는 데서 명백하게 드러나 있다.……

그러나 이 자연상태는 '자유의 상태'이지, '방종의 상태'는 아니다. …… 자연상태에는 그것을 지배하는 자연법이 있으며 그 법은 모든 사람을 구속한다. 그리고 그 법인 이성은 조언을 구하는 모든 인류에게 인간은 모두 평등하고 독립된 존재이므로 어느 누구도 타인의 생명, 건강, 자유 또는 소유물에 위해를 가해서는 안 된다고 가르친다.[57]

자연상태에 대한 이런 묘사에 대해 로크는 그것이 인디언 사회를 묘사한 것이라고 밝히지는 않지만, 이 글 뒤에서 인디언에 대해 언급하고[58] "이처럼 태초에 모든 세계는 아메리카와 같았다. 지금의 아메리카보다 더욱 아메리카적이었다"고 했다.[59] 또 로크가 자주 인용하는 토마스 후커는 아메리카 식민지 개척자였다.

로크는 인류가 자연상태에서는 평화롭고 선의로 서로 도우며 살았으나, 편의와 신이 사람들에게 집단을 만들게 하고 언어와 이해가 그런 집단의 결성을 촉진했다고 보았다. 그에 의하면 자연상태의 인류에게 결여된 것은 적절하게 수립한 권위가 집행하는 확립된 불문율이다. 이런 주장을 토대로 로크는 영국의 결함(특히 제임스 2세가 주장하는 신권통치)을 지적하고 새로운 사회의 비전을 제시했다.

로크는 많은 사람이 단결하여 하나의 사회를 만들고 단일한 최고정부 아래 단일 정체를 형성한 경우, 그들은 하나의 사회계약을 맺어 개인으로서의 집행권을 포기하게 된다고 한다. 이는 호데노소니 연방에서 본 '위대한 평화의 법'이라는 사회계약의 형성 과정과 유사하다. 로크는 절대군주제가 시민사회의 기본과 합치되지 않는다는 이유에서 절대군주제를 부정했다. 절대군주제에서 피통치자는 지배자의 노예에 불과하고, 자신의 동의 없이 타인의 정치권력에 종속되기 때문이다. 인간은 각자의 동의 하에 하나의 사회를 형성할 때 다수의 결정에 따른다고 승인하게 된다. 전원일치는 불가능해도 토의와 의견 조정에 의해 결정을 내릴 수 있다.

로크는 모든 국가는 사람들의 합의에 의해 성립됐다고 하면서 인디언처럼 "평화나 전쟁 시 상황이 요구함에 따라 그들이 원하는 방식으로 우두머리를 선출"[60]한다고 본다. 그리고 인디언 사회에서는 왕이라해도 군대의 장군과 별로 다르지 않고, 평시에는 적은 권한만 갖다가 평화와 전쟁에 대해서는 인민들이나 회의에서 결정한다고 설명한다.[61] 로크는 이를 '국가의 유년기'[62]라고 한다. 이를 자연상태라고 보는 견해가 일반적이지만 자연상태에서 더 나아간 것으로 봄이 옳다.

로크에 의하면 타락한 인간들의 부패와 악덕이 없으면 자연상태로 충분하고 사회도 불필요하지만 사람들의 "생명, 자유, 소유물을 보존"[63]하기 위해 집단을 만들 필요가 생긴다. 여기서 로크의 이론이 '위대한 평화의 법'과 차이가 나는데, 그것은 바로 '소유물'의 보존이 더해진 점

233

이다. 호데노소니 사람들에게 소유물은 관심 대상이 아니었다. 이와 관련하여 미국 독립선언에서 제퍼슨이 로크의 '소유물' 대신 '행복'을 규정한 것은 로크가 아니라 호데노소니 연방의 법리로 돌아간 것이라고 할 수 있다. 즉 제퍼슨이나 프랭클린은 인디언에게는 소유물이 아니라 행복이 체현됐다고 생각한 것이다. 로크는 비옥한 땅이지만 노동을 통해 개간하지 않아 인디언이 가난하게 산다고 보고[64] 자연이 본래는 공유였지만 노동 등의 소유주로서 인간이 소유권의 주된 기초가 되는 것을 가지고 있다고 보았다.[65] 로크의 민의에 근거한 정부 구상도 호데노소니를 비롯한 인디언 정부의 복사에 불과했다.

로크의 사상은 1669년 캐롤라이나 식민지 최초의 헌법에 반영됐다. 그 식민지는 찰스 2세가 로크의 후원자이기도 했던 샤프츠베리 백작(Earl of Shaftesbury) 등의 귀족에게 준 땅이었다. 그러나 그 헌법은 로크의 책만큼 민주주의적 내용을 갖지 못한 봉건적 귀족주의의 그것이었다. 즉 여덟 명의 귀족이 식민지 토지의 40퍼센트를 소유하고 그 중 한 명만이 총독이 된다는 것이었다.[66] 반면 당시 아메리카 식민지 주민들은 인디언들이 자유를 누릴 뿐 아니라 피치자의 동의에 입각한 민주주의를 하는 걸 보고 로크를 제대로 이해할 수 있었다.

'네 명의 인디언 왕'

18세기에 들자 서양은 인디언을 특별히 환대하기 시작했다. 가령

1710년 런던을 찾은 인디언은 앞에서 본 인디언들과는 다른 대접을 받았다. 두 대의 화려한 사륜마차를 탄 '인디언 왕' 모호크 네 명은 열렬한 환영을 받으며 궁전에서 엔 여왕과 대신들을 만났다. 당시 영국 왕실이 그들을 초대한 것은 아메리카에서 경쟁관계에 있던 프랑스를 물리치기 위해 호데노소니 민족과 동맹관계를 맺기 위해서였다.

그러나 그들은 모호크 민족이나 호데노소니 연방에 의해 사절로 임명된 것이 아니라, 영국의 인디언 담당관인 피터 셔이러(Peter Schuyler)가 임의로 뽑은 것에 불과했다. 그들이 모호크 민족이었던 것은 당시 영국의 교역소가 있던 알바니에 개설된 〈긴 집의 동쪽 끝〉에 살고 있는 모호크 족이 영국인에게 가장 잘 알려졌기 때문이다. 영국 왕실은 그 네 명에게 명령을 내리면 모호크 민족과 호데노소니 연방에 전달되리라고 생각했다.

그러나 그 네 명 중 실제로 영향력이 있는 사람은 단 한 사람뿐이었다. 그는 동족에게는 티야노가(Tiyanoga), 영국인에게는 헨드릭(Hendrick)이라고 불렸다. 넷 가운데 가장 젊었던 그는 1700년 기독교로 개종한 뒤 모호크 민족의 전도사로서 뉴욕 식민지 알바니 주변에서 유명했다. 1710년 당시 30세 전후로 영국의 명사들과 만났고, 호데노소니 연방의 황제로 불렸다. 그는 1740년 조지 왕의 초대로 영국을 다시 찾았으며, 1754년에는 알바니 회의의 특별 손님으로 초대되어 프랭클린을 비롯한 대표단에게 호데노소니 연방에 근거하여 식민지 연합에 대한 조언을 했다. 그는 뒤에 영국과 호데노소니가 동맹을 맺는 데 중심 역할을 했고, 1755년 모호크 민족을 이끌고 프랑스군과 싸운 조지 호수(현재의 캐나다 동부에 있는 뉴 프랑스) 전투에서 죽었다. 그는 윌리엄 존슨 경과 함께 디스코 남작(Baron Discau)이 이끄는 프랑스군을 격파하고 뉴욕의 변경 개척지와 뉴잉글랜드를 지켰다.

네 명의 '인디언 왕'은 시인, 작가, 극작가들에 의해 재생산되어 영국 사회에 오랫동안 살아 남았다. 특히 헨드릭은 '타인의 눈'으로 본 사회 비평의 주인공이었다. 가령 당시의 잡지 〈스펙테이터*The Spectator*〉에 나온 다음과 같은 종교풍자를 살펴보자.

이성에 따른다면 …… 이 나라의 인디언은 본래 어떤 예배를 한 것으로 생각된다. 왜냐하면 그들은 7일마다 성스러운 날을 정했기 때문이다. 그러나 그날 그들이 성당에 들어가 보아도 헌신적인 모습은 전혀 보이지 않았다. …… 상당히 많은 사람들이 잠자고 있는 곁에 …… 검은 옷 입은 남자가 높은 자리에서 무엇인가 매우 중요한 것 같은 말을 떠들고 있을 뿐이었다.[67]

가공의 헨드릭은 영국인의 옷에 대해서도 "거의 기성복으로, 몸을 여러 개의 끈으로 묶어 대단히 야만적"이라고 말한다. 인디언들은 정치적인 풍자에도 등장했다. 그들을 돌보는 영국인 하인 한 사람이 "이 섬에는 인간의 모습을 한 휘그라는 이름의 괴물이 살고 있"는데 인디언들이 왕과 헤어지면 그것이 인디언들을 죽일 것이므로 그들을 조심하라고 말한다. 이어 또 하나의 하인은 "휘그 못지않은 토리라는 괴물이 외국인을 공격하므로" 조심하라고 경고한다.[68]

영국에서 재생산된 인디언들에 대한 묘사 중에는 아메리카 대륙에서 인디언을 살육하는 만행에 대한 고발도 포함됐다. 이러한 묘사는 모어의 《유토피아》에서 노예가 황금의 사슬로 묶여 있다든가, 레닌이 프롤레타리아는 언젠가 순금의 변기에 앉는다고 하는 식의 묘사로 이어졌다. 이러한 묘사는 문화상대주의의 주장으로도 이어졌다.

최초의 인디언 민족지

1694년 프랑스 군인이자 모험가인 드 라옹탕 남작(Baron de Lahontan, 본명은 Louis Armand, 1666~1715)이 "미개인 사이에서 유명한" 아다리오와 자신의 대화를 책으로 출간하여 대중적 인기를 끌었다. 이 책은 1703년 영어로 번역됐는데, 그것은 그가 1683년부터 1694년까지 캐나다 인디언 휴런 민족 거주지에 살며 기록한 《북아메리카로의 새로운 항해*Noveaux Voyage dans l' Amérique Septentrionale*》였다. 그 대화의 표면적인 목적은 휴런 민족인 아다리오에게 기독교를 가르치는 것이었으나, 실질적인 목적은 유럽 사회, 특히 프랑스와 그 강제적인 법제도를 비판하는 것이었고, 바로 그 점이 인기를 끈 이유였다. 국제인 인디언인 아다리오는 프랑스에서는 봉건 영주가 국왕의 노예이고 왕만이 자유를 향수하므로 라옹탕에게 휴런 민족이 되라고 권유한다.

237

휴런 족은 그전부터 유럽인과 교섭했으므로 자기들의 생활과 유럽인의 생활을 비교할 수 있었다. 특히 그들은 화폐에 대한 유럽인의 강박관념을 비난했다. 즉 돈 때문에 여자가 남자에게 몸을 팔고, 남자들이 노예화를 위해 그들을 이용하는 탐욕스런 인간들이 군대에 자신의 몸을 판다고 보았다. '내 것'과 '네 것'이라는 말을 끝없이 사용함으로써 그 자유를 잃었다는 것이었다. 반대로 휴런 족은 자유롭고 평등한 생활을 했다. 아다리오는 다음과 같이 말했다.

우리는 자유롭게 결속한 형제로, 각자가 타인처럼 위대한 영주다. 당신들 모두 누군가의 노예가 됨에 비해 나는 내 몸의 주인으로서, 내 일은 내가 하고, 하고 싶으면 스스로 한다. 나는 내 민족의 최초이자 최후의 사람인 위대한 영혼만 따른다.

그 민족지에 의하면 휴런 족은 계층이 없는 사회에 살고, 그 친족 조직에서 분리된 정부 조직은 존재하지 않으며, 개인이 재산도 갖지 않는다. 이러한 사회를 묘사하기 위해 저자는 '지배자가 없다'는 뜻의 그리스어 '아나키'란 말을 사용했다. 그에 의하면 질서 있는 사회란, 그런 질서를 강요하는 정부가 없는 사회였다.

《북아메리카로의 새로운 항해》가 출간된 뒤 라옹탕은 여러 자유주의 단체에 초대되었다. 그의 영향을 받은 극작가 도리슬 드 라 도레반티에르가 파리를 방문한 인디언이 파리 여인과 사랑에 빠져 법과 화폐를 초월한 아메리카 대륙의 자유를 추구하여 떠난다는 줄거리의 연극 〈미개의 아를르캉(광대)〉을 1721년 파리에서 상연했다. 이 연극의 성공으로 이를 모방하여 자유로운 멋진 생활을 묘사한 연극, 코미디, 광대극, 가극이 이어졌다. 흥행주들은 인디언을 많이 데려와 유럽의 여러 수도에 여행을 시켜 아메리카 낙원의 해방과 자유에 대해 말하게 했다. 1730년대에는 〈우아한 인디어스〉와 〈신세계〉가 상연되었다.

정확한 민족지도 계속 발행되었다. 예수회 수도사 조셉 프랑소와 라피트(1671~1746)가 모호크 족에 대해 기록한 《아메리카 인디언과 초기 유럽인 관습의 비교》(1724)는 인디언 사회와 고대 그리스 사회를 이상 사회로 비교한 것으로, 인디언을 트로이 전쟁 망명자의 후손으로 추정하기도 했다. 예수회 수도사들은 국가 권력에서 독립된 존엄과 권리를 갖고 물욕에 사로잡히지 않는 '고상한 야만인'에 대한 이야기를 전파했다. 당시 왕권신수설을 믿었던 유럽인에게 그런 사고방식은 급진적인 것이었다. 또 예수회 수도사들은 인디언이 가정생활을 중시하며 호데노소니인들이 하나의 가족을 이루고 있다고 보고했다.

《걸리버 여행기》

1710년 '네 명의 인디언 왕'을 비롯한 많은 인디언의 영국 방문 이후 문학에서 인디언 사회를 묘사한 최대의 걸작은 《걸리버 여행기》(1735)였다. 원제는 《세계의 변경에 있는 몇 나라의 여행 : 4부 구성*Travels*

into several Remote Nations of the World: In Four Parts〉이다. 스위프트
가 그 책을 쓸 무렵 영국에는 아프리카, 오스트레일리아, 아시아, 남북
아메리카 등을 탐험한 사람들의 보고서가 많았다. '자연의 완전성'을
뜻하는 나라 '휘늠'은 타스마니아, 아프리카, 아즈텍, 모호크 족을 합성
한 것이었다. 당시 유럽인에게 자연인이란 유럽인이 공포와 곤혹을 느
낄 정도로 소박한 평등 사회에서 사는 사람들이었고, 반면 유럽인 자신
은 문명인임에도 너무도 심각한 중압에 허덕이는 존재라고 생각했다.

　스위프트가 묘사한 휘늠의 나라에는 법률도 재판도 없다. 반면 영국
에는 그런 것이 있다고 하는 것이 휘늠들에게는 이해될 수 없다. "소위
이성적인 동물에게는, 무엇을 해야 하고 무엇을 피해야 하는지를 밝혀
주는 데 천성과 이성이 충분한 지침이 된다고 생각하기 때문이다."[69] 법
률가에 대해 걸리버는 다음과 같이 설명한다.

> 우리에게는 한 집단의 인간들이 있는데, 이들은 보수의 액수에 따라
> 검은 것은 희고 흰 것은 검다고 (그런 목적을 위해 집대성된 말을 이용하
> 여) 증명하는 기술을 젊을 때부터 훈련받습니다. 다른 모든 사람들은
> 이 집단의 노예라 할 수 있습니다. 예컨대 저의 이웃이 제 암소를 갖
> 고 싶은 마음이 생기면, 그가 그 소를 가질 권리가 있다는 것을 증명
> 하기 위해 변호사를 고용합니다. 그러면 저도 저의 권리를 지키기 위
> 해 다른 변호사를 고용해야 합니다. 왜냐하면 그 누구도 자기가 스스
> 로를 변호하는 것은 법에 위반되기 때문입니다.[70]

이어 걸리버는 변호사를 이해하지 못하는 휘늠에게 돈의 사용을 설명한다. "야후가 이 귀중한 물건을 많이 갖고 있으면, 그가 갖고 싶은 모든 것, 즉 가장 좋은 옷, 가장 훌륭한 집, 광대한 토지, 가장 비싼 음식을 살 수 있고, 가장 아름다운 암 야후를 골라 가질 수 있다."

부자는 가난뱅이의 노동의 열매를 따먹는데, 가난뱅이 1천 명에 부자는 한 명이다. 우리 국민의 대부분은 다만 몇 명을 잘살게 해 주려고 적은 임금으로 매일 고된 일을 하면서 비참하게 살아가야 한다.[71]

그러나 휘늠은 이해하지 못한다. 걸리버에 의하면 "모든 동물은 땅이 주는 산물에 대한 자기 몫을 가질 권리가 있고, 다른 동물을 다스리는 동물은 특히 그렇"기 때문이다. 그래서 걸리버는 "암 야후가 먹을 아침 음식과 그것을 담을 컵을 구하기 위해서는 이 지구 전체를 적어도 세 바퀴 반을 돌아야 한다"고 말한다. 영국에는 농산물이 많지만 "숫 야후들의 사치와 무절제와, 암 야후들의 허영심을 채워 주기 위해 대부분의 필수품을 다른 나라에 수출"하고 "대신 그 나라에서는 질병과 우행(愚行)과 악덕을 자아내는 재료를 수입하여 국내에서 소비"한다.[72]

따라서 불가불 우리 국민의 태반은 구걸, 강탈, 도적질, 사기, 뚜쟁이질, 위증, 아첨, 매수, 위조, 도박, 거짓말, 알랑거리기, 공갈, 돈 받고 투표하기, 글 팔아먹기, 운수 보기, 독살, 매음, 애걸, 모함, 불온사상

241

선동하기 등을 업으로 삼아 생계를 꾸릴 수밖에 없습니다.[73]

이러한 자본주의의 현상 중 하나인 질병에 대해 걸리버는 "우리는 배고프지 않는데도 먹고, 목마르지 않는데도 마"시며 "밤새도록 한 입도 먹지 않고 독한 술만 마"셔 "그것이 우리를 게으르게 하고, 몸에 열이 나게 하고, 소화를 촉진시키거나 방해"하기 때문이라고 설명한다. 의사인 걸리버는 그런 병을 고치는 의학을 설명한다. 즉 포식이 만병의 근원이니 배설이 그 최선의 치료라는 것이고, 따라서 구토나 하제(관장)가 그 방법으로 사용된다.

그런데 이 의사라는 과학자들은 영리하게도, 자연이 원래의 자리에서 이탈할 때 모든 병이 생기는 것이라고 생각하고, 자연이 제자리를 찾기 위해서는, 신체를 정반대로 작용시켜야 한다고 처방한다. 따라서 두 구멍의 용도를 서로 바꿔서, 고체와 액체 음식을 항문으로 밀어 넣고, 입으로 배출시키는 것이다.[74]

이어 정치에 대한 비판이 나온다. 우선 수상이란 "재산과 권력과 벼슬에 대한 강한 욕망 외의 아무 감정도 이용하지 않"고 "모든 목적으로 말을 사용하지만, 자기 마음을 나타내는 데는 절대 쓰지 않"으며, 항상 거짓말을 한다.[75]

그들은 권력을 "상원과 대회의의 의원들을 대부분 매수함으로써 유지"하고 "면책법이란 편리한 법에 의해 퇴직 후 죄를 규명 당하기를 면하고, 국민으로부터 사취한 재산을 잔뜩 가지고 공직에서 퇴임"한다.[76] 그리고 법률의 제·개정과 폐지나 모든 소유물에 대한 결정권을 갖는 귀족의 생활과 그 후계자에 대한 비판이 제시된다.

> 우리의 젊은 귀족들은 어릴 때부터 게으름과 사치 속에서 자랍니다. 그리고 성년이 되자마자 음탕한 여자에게 정력을 소모하고 고약한 병에 걸립니다. 또 재산을 거의 탕진하면, 순전히 돈 때문에 못생기고 건강도 나쁜, 천한 태생의 여자와 결혼하고, 미워하고 멸시하며 지냅니다. 이런 결혼에서 나오는 것은 대개 연주창과 구루병에 걸리고 일그러진 자식입니다. 이런 자식으로는 가문을 3대 이상 유지할 수 없습니다. 물론 마누라가 혈통을 향상시키고 유지하기 위해 이웃 사람이나 하인 중에서 건강한 애비를 찾게 된다면 문제는 달라집니다.[77]

좀더 뒤에서 왕과 대신들에 대한 비판이 더욱 노골적으로 제시된다. 즉 "지배자격인 야후는" "다른 어느 야후보다 반드시 신체가 더 일그러지고 성질이 더 고약한 놈"으로서 "보통 자기와 가장 닮은 놈을 총애자로 데리고 있는데, 그놈이 하는 일은 자기 주인의 발과 궁둥이를 핥아 주고, 암 야후들을 주인의 우리에 몰고 가는 것"이다.[78]

말의 나라에는 왕이 없다. 소인국과 대인국에는 모두 왕이 있으나 마인국에는 왕이 없고, 의회가 나라를 다스린다. 이성을 가진 말들의 대

의원이 그곳에 모여 논의를 한다. 걸리버를 마인국에서 추방하는 문제
도 의회에서 결정된다.

이러한 말의 나라가 스위프트의 이상국가였다. 그러나 그 나라에 머
물고자 한 걸리버는 그가 이성을 가진 휘늠도 아니고 이성이 없는 야후
도 아니라 그 중간이라는 이유로 추방된다. 걸리버는 영국에으로 돌아
가려 하지 않고 "가능하면 작은 무인도라도" 발견해 사는 것이 총리대
신이 되는 것보다 낫다고 생각한다.[79]

《걸리버 여행기》에는 충격적인 장면이 많다. 그 중에서도 가장 충격
적인 부분은 마지막 4부 11장에 등장하는, 여행에서 돌아온 걸리버가
가족에 대해 다음과 같이 말하는 것이다.

> 그들을 보고 오히려 나는 미움과 혐오와 멸시로 가득 찼고, 그들이 나
> 의 혈족이라고 생각하니 더욱 그랬다. …… 그리고 내가 야후 족의 한
> 마리와 교미해서 더 많은 야후 족을 낳은 애비가 된 것을 생각하니,
> 극도의 창피와 당황과 공포에 사로잡혔다.[80]

그리고 오랜만에 보는 아내가 그에게 반갑게 키스하자 그녀에게 인
사를 하기는커녕 다음과 같이 불쾌감을 느끼고 그 후 완전한 별거생활
을 한다.

> 그러자 나는 기절하여 거의 한 시간 동안 정신을 잃었다. 너무나 오랫

동안 저 역겨운 동물과 접촉하는 데 익숙치 못했기 때문이다. 내가 이 글을 쓰고 있는 지금은 영국에 돌아온 지 5년이 지났는데, 첫 해에는 처자들과 자리를 같이 할 수 없었다. 그들의 냄새조차 견딜 수 없었고, 하물며 같은 방에서 그들과 식사도 할 수 없었다. 이 순간에도 그들은 감히 내 빵에 손을 대거나, 내가 마시는 컵으로 마시지 못한다. 내 손은 식구 누구도 잡지 못한다.[81]

대신 걸리버는 두 마리의 젊은 숫말을 사서 마구간에서 키우는데 그들이야말로 그가 세상에서 가장 좋아하는 것이 된다. "나는 적어도 네 시간 동안 그들과 대화한다. 그들에게 말고삐나 안장 같은 것은 절대 사용하지 않고, 나와 매우 친밀하게 지내며 서로 사이좋게 살고 있다."[82]

《걸리버 여행기》가 나온 5년 뒤인 1740년, 헨드릭이 다시 영국을 찾았다. 그 2년 뒤 두 잡지에 《인디언의 편지》가 연재됐다. 그 글에서 인디언은 "영국에는 자연의 섭리가 거꾸로 되어 있다"고 썼다. 특히 영국의 법 제도, 그 중에서도 법률가가 법의 진의에 대해 논의하는 것으로 이익을 얻는 것을 납득하지 못한다. 법률가들은 법이 무엇인가에 관하여 각각 의견이 다르지만 그것이 아무리 달라도 그것으로 돈벌이를 할 뿐 아니라 그 차이가 크면 클수록 더욱 큰돈을 번다는 식의 풍자는 《걸리버 여행기》와 흡사하다.

1762년 인디언 오스테나코(Ostenaco, Outasette라고도 함)가 영국에 와서 영국 언론과 인터뷰를 했다. 거기서 그는 영국인은 용감한 민족이지만 체로키 민족보다 못하고, 영국인이 대표를 뽑을 때 그가 가진 재산을 기준으로 삼는다고 비난하며, 인디언의 경우 변론과 전투에서의 용맹이라는 능력만으로 뽑는 점과 비교했다.[83]

《리디어》

《걸리버 여행기》와 달리 인디언을 주인공으로 한 최초의 소설인 존 세비어(John Shebbeare)의 《리디어, 또는 효심Lydia, or, Filial Piety》이 1755년 출간됐다. 주인공은 호데노소니 민족장 카나사테고다. 그는 동족이 유럽 물품에 의존하는 것을 우려하고 1744년 랭커스터 조약회의에서 식민지 지도자들에게 호데노소니와 같은 연방의 결성을 권유한 뒤 1745년에 죽었는데 영국을 찾은 적은 없었다. 그러나 당시의 낭만파 작가들은 그를 인간 이상의 존재, 특히 당시 유행한 '고상한 야만인' 이상의 존재로 묘사했다. 세비어는 그를 영국으로 오는 도중 악랄한 영국인 선장으로부터 영국 처녀를 구출하고 영국에 도착한 뒤에는 수많은 모순과 부패를 척결하는 영웅, 즉 별세계에서 마법으로 호출된 그리스·로마 신화의 영웅으로 묘사했다. 이처럼 인디언을 그리스·로마 영웅과 비교하는 방식은, 영어로 쓴 최초의 호데노소니 연방 해설에서도 나타났다.

영국에 도착한 카나사테고는 먼저 인디언 오두막과 유사한 조악한 집들과 지하에서 광부들이 나오는 것에 놀라며, 그래서 사람들이 아메리카로 건너오는 것에 대해 이해한다. 또 그는 영국에 계급이 존재하고 대부분의 사람들이 소수의 이익을 위해 일하는 것을 이해하지 못한다. 그가 영국에 온 목적은 영국 정부에게 인디언의 고통을 호소하는 것이었으나 그의 노력은 수포로 돌아간다. 그가 만난 영국의 민족장인 민족 수상은 너무나 무력하고 불쾌하며 무정견에 변덕이 심하고 무슨 말을 하는지 이해할 수도 없는 인물로 묘사된다. 지도층 인사들의 냉대와 거부 끝에 그가 '인디언의 영혼'을 가진 사람으로 알게 된 이는 리디어 부부뿐이다. 《걸리버 여행기》나 《인디언의 편지》 등에서와 같이 《리디어》에서 영국인은 돈과 황금에 눈먼 사람들일 뿐이다. 그들에 대해 인디언은 자기 고향에서는 인간에 상하 구별이 없고 지혜, 용기, 가족애, 동포애를 비롯한 심신의 미덕이야말로 권위와 존중을 초래하는 유일한 특질이라고 주장한다. 카나사테고는 인디언들에게도 비판적이다. 특히 유럽의 상품과 물물교환하기 위해 모피를 구하려고 광대한 숲을 방황하는 인디언을 노예라고 비판한다.

10년 뒤 아메리카 사람들이 영국에 반기를 들면서 "모든 인간은 평등하게 창조됐다"고 주장한 것은 바로 카나사테고가 비판한 것이었다. 그의 이러한 비판은 당시 유럽에서 제퍼슨이 미국에 보낸 편지에서 다수의 야만상태 위에 소수가 군림하고 황금만능에 젖어있다고 유럽을 비판한 것이나, 프랭클린이 한 비판과도 상통했다. 그럼에도 미국에서 인디언에 대한 냉혹한 정복은 계속됐다.

이러한 인디언 이미지는 미국 독립 이후에도 반복됐다. 가령 1790년

리차드슨(William Richardson)의 희곡 《인디언The Indians》에서 주인공
인 인디언 오논디오(Ononthio)는 영국인에게 문화와 세련을 버리라고
충고한다. 그것 때문에 감각이 없어졌고 부정의와 불성실에 빠져 욕망
과 야망의 노예, 원한의 희생물이 됐기 때문이다. 그래서 자연의 자유
와 간소함을 누리ㄱ 순수하게 살기를, 즉 인디언이 되라고 권유한다.

1796년 출간된 소설 《버클리관, 또는 경험의 학도Berkeley Hall, or,
the Pupil of Experience》에서는 헨드릭이 다시 주인공으로 등장했다. 그
는 서양인이 문명, 기계, 예의, 법, 인습, 허위의 신, 황금의 노예에 사
로잡혀 있다고 비판한다.

이러한 문학의 인디언 동경은 '자연회귀' 운동으로 확대되어 영국에
새로운 정원을 만들게 했고, '간소회귀' 운동은 서양 근대의 속박적인
의상을 인디언풍의 건강하고 쾌적한 의상으로 바꾸게 했다. 이는 아메
리카에서 대량 수입된 면에 의해 가능해졌다. 또 여성들은 인디언 머리
장식의 복제인 창을 단 모자를 썼고, 모자 뒤에 타조 털을 꽂았으며, 아
메리카산 모피를 애호했다. 그러나 이는 아메리카 원생 자연을 파괴하
는 결과를 초래했다.

계몽주의자들의 인디언관

장 자크 루소는 스위스에서 태어난 프랑스의 낭만주의 철학자로
1754년, 학문적 가치보다도 혁명에 영향을 미친 《인간 불평등 기원론》

에서 자연상태나 사회계약을 역사적 사실로 주장했다. 이어 1762년의
《사회계약론》에서는 자유와 평등의 자연권을 국가 상태에서 확정하기
위한 이론적 근거로 사회계약론을 전개하고 국민주권의 이론화를 완
성했다. 권력 행사가 정당화되는 유일한 조건으로서 국민의 전체 의사
와 다른 '항상 정당한' 일반 의사를 두고, 실제로 그것은 다수결에 의
해 확인된다고 했다.

이러한 루소의 사상도 앞에서 본 로크와 마찬가지로 기본적으로는
인디언 민주주의의 영향을 받은 것이었다. 인디언에 대한 루소의 관심
은 앞서 말한 《미개의 아를르캉》을 보고 받은 충격에서 1742년 신세계
의 자유와 유럽의 노예 상태를 대비한 오페레타를 쓰기 시작한 것에서
비롯했다. 루소는 《인간 불평등 기원론》에서 인디언을 비롯한 미개인
사회를 다음과 같이 묘사한다.

> 숲속을 방황하고, 생활 기술도 없고, 언어도 없고, 주거도 없고, 전쟁
> 이나 동맹도 없고, 동포를 필요로 하지 않을 뿐만 아니라 그들을 조금
> 도 해치려 하지 않고, 그들 중 아무도 개인적으로 기억하는 일조차 없
> 었던 미개인들은, 아주 미약하게 정념에 지배당할 뿐 자기 혼자 일을
> 해치울 수 있었으므로 그러한 자연적 상태에 대한 고유한 감정과 지
> 식만을 가지고 있었다.[84]

루소는 그런 상태를 '인간에게 가장 좋은 상태'인 '세계의 청년기'[85]

라고 불렀다. 그 예화로 루소는 앞에서 언급한 '네 명의 인디언 왕' 중 한 사람이 유럽인이 제시하는 어떤 물건도 마음에 들어 하지 않다가 담요만은 짐승 가죽과 같이 좋은 것이라고 한 것을 든다.[86] 그러나 루소의 위 설명이 인디언의 경우에는 정확한 것이 아님을 주의해야 한다. 왜냐하면 인디언 사회에 생활 기술, 언어, 주기, 전쟁이나 동맹, 동포가 없는 게 아니기 때문이다. 이러한 루소의 '고상한 미개인'은 루소가 그들과 그들이 사는 사회를 직접 관찰한 것이 아니라 그들에 대한 각종 보고에 근거해 만든 하나의 가설이었다.

그러나 인디언을 자유와 연결시켜 이상화한 사람들만 근대 유럽에 있었던 것은 아니다. 도리어 일반인 사이에서는 인디언을 야만 식인종으로 보는 견해가 일반적이었다. 사상가들도 예외가 아니었다.

프랑스 계몽주의자인 볼테르(1694~1778)는 17세기에 휴런 족과 함께 살았던 가브리엘 사가르(Gabriel Sagard)의 《휴런 지방에의 긴 여행》을 인용하여 휴런 족의 눈을 통해 프랑스의 전제와 기만을 비판한 《휴런 족 또는 자연의 학도》를 썼다. 그 책에서 휴런 족은 "공기와 같이 자유롭게 살고 있다"고 썼으나 인디언에 대해서는 비판적이었다.

볼테르와 마찬가지로 칸트(Immanuel Kant, 1724~1804)도 인디언 이상화를 비판했다. 칸트 이전에 스웨덴의 카를 폰 린네는 《자연의 체계》(1735)에서 인간을 다섯으로 분류하고 통치 체제에 따른 특징을 각각 설명했는데, 인디언은 "완고하고 만족하고 자유로움", "관습에 의한 통치"라는 특징, 유럽인은 "법치", 아시아인은 "속견에 의한 정치", 아프리카인은 "변덕에 의한 통치"라고 했다.[87] 이런 비교는 말도 안 되는 것이지만 이러한 견해는 칸트 같은 이들에게도 나타났다.

칸트는 1772년 쾨니스버그대학 강의에서 인디언의 문명화는 불가능하다고 선언하고 "애정도 정열도 원동력도 없"고, "서로 사랑으로 매혹되지 않으므로 텅 비었다. 그들은 거의 말을 하지 않고 서로 애무하지 않으며 나태한 자들이다"라고 했다. 나아가 그들에게 자치는 불가능하고 절멸의 운명에 있다고 했다.[88] 이런 점에서 칸트는 독일 인종차별주의의 선구자였다. 이 점에서는 헤겔도 마찬가지다.

프랑스 혁명의 유혈과 함께 사람들의 관심은 아메리카 인디언의 자유가 아니라 남태평양 인디언의 관능으로 옮겨갔다. 그들에게는 통치자가 있었으나 관능은 해방되어 있었기에 19세기 부르주아 서양인의 관심을 끌기에 충분했다. 고갱의 타히티 여인들도 그 하나였다.

5. 인디언 아나키 민주주의와 미국 민주주의

미국 법의 기원

앞에서 우리는 펠릭스 코헨(Felix Cohen)이 미국 특유의 정치적 이상은 인디언의 풍부한 정치적 전통, 즉 남성과 대등한 여성의 보통선거권, 연방주의라고 하는 연방과 주의 관계 설정, 상위에 선 인간을 인민의 주인이 아니라 심부름꾼으로 보는 입장, 공동체는 사람들의 다양성과 그들의 꿈의 다양성을 존중해야 한다는 강력한 주장—이 모두는 콜럼버스가 오기 이전에 미국적 생활방식을 형성했다고 했음을 보았다.[1] 그러나 코헨이 지적한 것 중에서 적어도 남성과 대등한 여성의 보통선거권은 미국 헌법 제정 당시에는 확보되지 못했다.

마찬가지로 앞에서 보았듯이 로렌스 프리드맨(Lawrence M. Friedman)은 미국 법의 주된 역사적 배경은 영국 법이라는 단일 원천에서 비롯했다고 했다. "영국인의 손에 의해 코몬로 제도와 관습, 전통 및 사고방식이 대서양을 건너 미국 땅에 정착한 것이다."[2] 물론 프리드맨은 아메리카에서 영국 법과 다른 법이 주에 따라 다양하게 발전했다고 주장하지만, 이 책에서 나는 그러한 미국 법의 복잡한 기원 전체를 상세하게 검토할 생각은 없다.

미국 법에 대한 책들은 1776년 7월 4일, 당시 영국령 아메리카 식민지의 일종의 임시정부였던 대륙회의(大陸會議, Continental Congress)[3]가 독립선언(Declaration of Independence)[4]을 채택했을 때 법적으로는 13개 식민지가 각각 완전한 주권국가인 state[5]로서 영국에서 독립한 것을 뜻했다. 13개 state는 '미국 연방'(United States of America)의 기본을 정한 연합규약(Articles of Confederation and Perpetual Union)을 제정하고 1871년까지 비준을 완료하여 연방이 성립됐다. 그러나 그 연방은 각 state가 그 '주권, 자유 및 독립'을 보전하는 '견고한 우호 동맹'을 넘은 하나의 국가인 연방국이 아닌, 단순한 국가연합(Confederation)에 불과했다. 독립전쟁이 끝나고 각 state가 정식으로 독립을 인정받은 것은 독립전쟁에서 7년이 지난 1783년 파리조약에 의해서였다.

연합규약에 따라 각 주가 연방정부를 구성했지만 이 연방정부는 권한이 미약하고 주된 권력이 주에 유보되어 있어서 "누구나 실패라고 생각할 만큼 각 주는 중앙의 아무런 통제 없이 제각기 무질서하게 권력을 행사하여 무정부 상태나 마찬가지였다."[6] 당시 미국 연방은 선진국이었던 유럽 여러 나라와 어깨를 겨루기 위해 근대국가로서 통합을 확보하고자 강력한 중앙정부를 필요로 했다. 나아가 북부의 상공업자층과 남부의 대농장주(planter)로 대표되는 '온건파'와 소농민, 노동자로 대표되는 '급진파'의 권력투쟁이 헌법 제정을 촉진했다. 급진파는 주의 권한을 강조하고 급진파는 강력한 중앙정부를 주장했다.

이러한 배경 아래 1787년 연방헌법제정회의(Constitutional Convention)가 소집되어 열띤 토론 끝에 1787년 미국 헌법을 기초하고, 연합규약의 개정 절차에 의하지 않고, 연방헌법 제7조의 절차에 따라 각 state의 헌법회의에 의한 승인을 요구하고, 1788년 6월, 9개 state의 승인을 얻어 연방헌법을 발효시켰다. 그렇게 성립된 미연방국(The United States of America)은 단일국가가 아닌 연방국가였다. 그 후 연방주의는 변화됐는데, 미국 헌법 책은 그런 변화에 초점을 맞추고 있다. 그러나 이 책에서는 변화 자체보다는 그러한 연방주의가 인디언 아나키 민주주의의 영향을 받았다고 보는 점에 초점을 맞춘다.

호데노소니 민족과 백인의 교섭

18세기에 들어 인디언과 백인들의 교섭이 활발해졌다. 당시 영국과 프랑스는 아메리카의 부를 둘러싸고 각축했다. 특히 영국은 호데노소니와 외교관계를 맺었다. 여기서 특히 두각을 나타낸 사람은 앞에서 본 티야노가(헨드릭)다.

1742년, 펜실베이니아 식민지 간부들이 랭커스터에서 호데노소니 민족장들과 만나 프랑스 세력의 진출에 대한 동맹 결성에 대해 협의했다.

카나사테고가 여섯 민족을 대표하여 쌍방의 우호·동맹관계를 확인하고 모든 참석자에게 상호 안정을 위한 굳은 동맹을 선언했다. 이어 2년 뒤인 1744년 7월, 펜실베이니아에서 인디언과 영국인이 만난 자리에서 호데노소니의 민족장인 카나사테고는 자신들이 각각 독자적인 정책을 갖는 13개의 주 행정기관과 교섭하는 것이 불편하므로 인디언들처럼 하나의 연방을 만들면 편하게 된다고 권하며 다음과 같이 말했다.

우리의 현명한 선조들은 다섯 민족 사이에 단결과 우호를 수립했다. 그것이 그들을 강력하게 만들고 이웃 여러 민족에 무게와 권위를 부여했다. 우리는 강력한 연방이다. 그래서 여러분이 현명한 선조와 같은 방식에 따른다면 마찬가지로 강력한 힘을 얻을 수 있으리라. 그리하여 여러분에게 설령 무엇이 내려져도 서로에게 화를 초래하는 일은 결코 없다.[7]

이는 교역의 부정을 방지하고 프랑스와의 '냉전'에 대한 단결을 강조하기 위한 것이기도 했다. 이는 호데노소니에게 있어 그 민족의 상징인 '큰 백송나무'의 흰 뿌리를 아메리카에 사는 모든 사람들에게 뻗치는 일이었다. 이것이 영국인에게 프랑스 식민주의와 영국의 압제에 대항하고 마침내 연방헌법의 연방주의를 형성했으나, 당시 아메리카 백인 지도자들의 대부분은 연방제라는 공화주의 원리는 물론 영국의 관습법이나 애국심에 대해서도 잘 몰랐다.

여기서 두각을 나타낸 최초의 미국인은 벤저민 프랭클린이었다. 프랭클린은 공인 인쇄공이어서 인디언의 집회나 조약 교섭 시의 기록과 연설을 출간하면서 인디언의 정치 조직 운영에 정통했다. 그의 인디언 옹호는 1736년부터 시작되어, 1760년 변경 입식자의 공격에 고통 당하는 인디언을 옹호한 글로 인해 펜실베이니아 의회 의석을 잃을 때까지 계속됐다.

호데노소니 연방에 대한 프랭클린의 관심은 당대의 저명한 정치가이자 과학자인 캐드와런더 콜덴과 주고받은 편지로도 알 수 있다. 그들 사이의 편지는 콜덴의 《다섯 민족사History of the Five Nations》(1727)를 읽고 그 책이 식민지에 크게 도움이 된다며 감사한 것으로 시작됐다. 호데노소니의 웅변술과 정치력이 로마인의 그것을 능가한다고 평가한 콜덴의 책은 같은 취지의 책인 라피토(Joseph-François Lafitau, 1681?~1746)의 《아메리카 미개인의 풍속Moeurs des sauvages Amériquains》이 나온 지 몇 년 뒤에 나왔다. 라피토는 예수회 선교사로 아메리카에 두 차례 체류했으며 북아메리카 고려인삼의 발견자로도 저명했다. 그의 책에 그려진 호데노소니 회의는 로마 원로원처럼 고대 로마인과 같은 긴 옷과 짧은 머리를 한 사람들이 숲 속이 아니라 나무가 거의 없는 이탈리아 구릉지에서 여는 회의처럼 그려졌다.

라피토와 콜덴의 책은 식민지 유식자들에게 인디언 사회를 연방제 공화국으로 인식하게 했다. 이는 당시 루이스 에반스가 쓴 《1753년의 펜실베이니아 개설Brief Account of Pennsylvania》(1753)에서도 확인됐다.

그것은 모두 엄밀한 의미의 공화국이라고 할 수 있다. 각 민족의 회의에는 마을 대표가 참석해 회의의 모든 결정을 다수결로 한다. 아메리카 자치 조직의 최대 특징은 어떤 민족에게도 강제적인 권력이 존재하지 않는 점이다. …… 연방회의는 전쟁을 할 것인지 평화를 택할 것인지를 결정하는 힘이 있지만 …… 병사를 징용하거나 장교를 지명할 수는 없다. 그런 결정은 각자에게 맡겨지고 결집한 전사들 스스로 전시 지도자를 뽑는다. 그러나 그 지도자도 전사들을 강제하거나 임무를 포기했다 하여 처벌할 권한은 없다. 그럼에도 지상에서 그들만큼 충실하게 명령에 따르는 전사는 없다. 강제에 의하지 않고 자신의 의무를 수행한다는 원칙은 그들 사이에서 그 정도로 강한 영향력을 지닌다.[8]

프랭클린과 인디언

인디언에 대한 박식함으로 프랭클린은 1750년대 펜실베이니아 정부의 인디언 담당 위원으로 최초의 외교 임무를 맡았다. 그 경험으로 그는 평생 인디언 사회의 정치 구조를 옹호하고 미국인도 그것을 따르도록 제의했다.[9] 1751년 그는 다음과 같이 말했다.

무지한 미개인의 여섯 민족이 저러한 연방을 결성하고, 오랫동안 그것을 유지하면서 분열을 방지해 왔는데, 열 개나 열두 개 정도인 영국 식민지에 의해 하나의 연방 결성이 불가능하다면 …… 얼마나 이상한 일인가? 단결에 대한 필요성은 우리의 경우 더욱 크고 장점도 많기 때문에 인디언이 지닌 정도의 이해를 구하지 않을 수 없다.[10]

그는 1753년 5월 9일, 친구에게 보낸 편지에서 인디언 아이들이 인디언이라는 말만 들어도 자민족에게 돌아가는 반면, 백인이 인디언에게 잡혀 그들과 지내다가 백인에 의해 구제되어 백인 사회로 돌아가면 두 사회의 간극이 너무 큼을 발견하고 숲으로 돌아가 다시는 백인 사회로 오지 않는다며 개탄했다.[11] 또 그는 오논다가의 회의를 찬양하고 호데노소니 연합이 사람들에게 최고의 예의를 가르치는 것을 설명했다.[12]

1753년 11월 1일, 그는 오네이다 민족장 스카루야디(Scarrooyady)와 모호크 민족장 카얀길레구아(Cayanguileguoa)가 프랑스의 공격으로 죽은 오하이오 인디언[13]들을 위로하는 자리에서 스카루야디가 '위대한 평화의 법'에 대해 다음과 같이 설명한 것을 들었다.

다시금 상기하고자 함은 과거 우리 조상들과 여러분의 조상 사이에 우호 관계가 수립돼 공통 협의의 불을 지폈다는 사실이다. 이 우호 관계에는 당시 지상에 있던 사람들도, 아직 태어나지 않은 자들도 포함됐다. 그리고 이를 아이들의 아이들의 아이들에게 전한다고 서로 맹세했다.[14]

올버니 회의

　1754년 미국 뉴욕 주의 올버니에서 개최된 식민지 회의인 올버니 회의(Albany Congress)는 18세기 중기 영국이 프랑스에 대항하기 위해 아메리카의 각 식민지를 본국의 강력한 지배 아래 둘 필요가 있어 그 한 방법으로 식민지 상호 간의 연방화를 기도하여, 1754년 6월 본국 정부의 훈령에 의해 일곱 식민지 대표가 모여 식민지 연방을 토의한 것이다.

　회의 도중, 조지 워싱턴이 펜실베이니아에서 프랑스군과 인디언 연합군에게 패하여 인디언과의 동맹이 필요했기에 헨드릭을 불렀다. 헨드릭은 친구인 윌리엄 존슨 경이 호데노소니를 담당하는 외교관으로 재임되기를 희망하여 그에 응했다.

　이 회의에서 프랭클린이 기초한 '올버니 연방안'이 채택되었는데, 이는 영국 국왕이 임명하는 연방총독(president general)과 각 식민지 의회에서 선출되는 연방회의에 의해 운영되는 식민지 연방정부의 수립을 기도한 것이었다. 연방총독은 연방회의의 조언에 따라 인디언 관련 사항의 처리, 병사의 징용, 요새 건설, 군함 정비 그리고 그런 목적을 위한 입법과 징세의 권한을 행사하는 것으로 정해졌다. 각 식민지는 연방안이 제한하는 경우를 제외하고는 각각의 헌법을 유지하는 것으로 정해졌다. 이러한 연방의 권한과 각 식민지의 내부 주권 유지는 호데노소니 연방과 같은 것으로, 유럽에서는 전례가 없는 것이었다.

　프랭클린은 연방안의 심의조직을 대협의회(Grand Council)라고 불렀는데 이는 호데노소니의 연방회의를 본딴 것이었다. 그곳의 대표자 수는 38명이며, 호데노소니 연방회의의 대표자는 50명이었다. 호데노소니에서는 전통에 따라 대표자 수를 달리했으나, 올버니 연방안에서는 각 식민지의 조세 수입에 비례해 대표자 수를 할당한 점이 달랐다.

그러나 프랭클린이 밝혔듯이 이 안이 본국 정부 입장에서는 민주주의적인 반면 각 식민지 입장에서는 국왕의 대권을 너무 존중한 것이어서 서로의 견해가 달라 실시되지 못했다. 그러나 이 안은 그 후의 미국 헌법에 중요한 시사점을 준 것으로서 역사적 의의를 지닌다.

타마니 협회

지금까지 살펴 본 사상가나 정치 지도자들 외에 아메리카 독립의 중요한 역할을 한 시민단체들도 많았다. 그 하나인 '성 타마니의 자식들'은 콜럼버스 교단이라고도 불렸는데, 그것은 헌법 제정 후 제임스 메디슨이나 토마스 제퍼슨이 수립한 새로운 민주당의 토대가 됐다. 프랭클린도 그 회원이었다. 타마니 협회는 평시의 약한 행정권(전시는 제외), 민중의 정치 참여, 빈자에 대한 시혜 등 제퍼슨이나 프랭클린이 인디언에게 배운 것을 공유했다. 인디언을 혐오한 메디슨도 1784년의 연합규약에 실망하여 호데노소니 연방을 찾았다.

타마니가 펜의 친구였고 18세기부터 '타마니의 날'이라는 축제가 열렸음은 앞에서 설명했다. 그 축제는 1732년 퀘이커교도들이 어업회사

를 설립하면서 슈일킬 강의 어업권을 타마니로부터 받았다고 하며 그
를 수호성인으로 섬긴 것에서 비롯했다. 그 성인의 기념일이 어업 개시
일이자 영국의 전통적인 5월제(May Day) 날인 5월 1일로 정해졌다. 영
국의 전통적인 5월제와 융합된 그 축제는, 인디언 연방이 체현한 평화,
정의, 자유와 힘을 영국의 전제를 대신하는 것으로 추구한 독립혁명 지
사들에게 광명이 됐다. 그 축제에는 인디언들이 초대됐고, 모두들 인디
언 춤을 췄다.

슈일킬 어업회사는 1747년 타마니가 한 "이것은 나의 권리이고, 나
는 이를 지킨다(Kwanio Che Keeteru)"라는 말을 새긴 대포를 필라델피아
군대에 기증했다. 이 말은 그 뒤 영국에 대한 저항을 상징하고, 자신들
이 유럽인이 아니라 '아메리카인'이라는 것을 주장하는 표어가 됐다.

이어 1760년대에 결성된 '자유의 자식들'(Sons of Liberty)이라는 단
체가 타마니를 자신들의 수호신으로 받들기 시작했다. 당시 대부분 아
메리카에서 태어나고 여러 민족 사이의 혼혈이었던 주민들에게는 영
국의 수호신인 잉글랜드의 성 조지나 스코틀랜드의 성 앤드류가 더 이
상 수호신일 수 없었다.

'자유의 자식들'의 지도자인 알리코크(Joseph Allicocke)는 인디언과
백인의 혼혈로, 1765년 인지조례 성립 후 영국에 대항하는 가두시위를
이끌었다. 1766년 뉴욕 시민이 인지조례 철폐를 축하한 자리에서 그는
장군의 칭호를 받았고, 그를 위해 스물한 발의 축포가 터졌다. 그 뒤에
도 그는 영국군에 맞서 싸웠다. 그는 호데노소니에게 대영전쟁에 참전

할 것을 요청했다. 1772년 '자유의 자식들'을 이은 '타마니의 자식들'이 탄생했고, 이듬해 '성 타마니의 자식들'로 개칭되면서 전국에 지부를 두게 됐다. 1773년 '자유의 자식들'이 부활하여 인디언을 가장한 무장봉기를 일으켰다. 그것이 보스턴 차 사건(Boston Tea Party)이었다.

보스턴 차 사건과 인디언

18세기 당시 보스턴은 아메리카 최대의 항구이자 상업 도시였다. 그 중심인 럼주는 아메리카, 유럽, 아프리카 및 서인도 제도를 연결하는 악명 높은 삼각무역의 토대로, 아메리카에 노예를 공급했다. 1763년에 끝난 프랑스와의 7년전쟁으로 진 막대한 부채를 갚기 위해 영국은 식민지에 인지(印紙)를 부과했다.

그러한 영국의 제국주의적 권력에 반발한 식민지 주민은 1765년 인지조례에 반대하여 '자유의 자식들'이라는 조직을 결성했다. 그들은 1754년의 올버니에 이어, 호데노소니 연방에 대해 영국 왕실 부대의 진군을 저지해 달라고 요청했다. 그들은 호데노소니의 '큰 백송나무'를 본떠 '소나무 기둥'을 세우고 이를 '자유의 나무'라 부르며 그 밑에서 훈련을 했다. 당시 호데노소니 민족은 자치와 아메리카를 상징했다.

1766년 인지조례는 철회됐으나 새로운 관세가 다시 부과됐다. 1767년 수입 차(茶)에 대한 과세에 대항하여 아메리카인들은 영국 차 불매운동을 시작했다. 그 하나의 전략으로 뉴잉글랜드 습지에서 자라는 약초로 만든 인디언 차를 마시는 운동이 일어났다. 1773년 영국 수상 F. 노스는 미국 식민지 상인에 의한 차의 밀무역을 금지시키고 이를 동인 도회사에게 독점권을 부여하는 관세법을 제정하게 했다. 식민지 자치 에 대한 지나친 간섭에 격분한 보스턴 시민들은, 특히 반(反)영국 급진 파가 중심이 되어 인디언, 그 중에서도 모호크 족으로 분장하고 항구 안에 정박 중인 동인도회사의 선박 두 척을 습격하여 342개의 차 상자 를 깨뜨리고 그 안의 차를 모조리 바다로 던졌다. 이것이 1773년 12월 16일 밤 미국 식민지 주민들이 영국 본국으로부터 차 수입을 저지하기 위해 일으킨 보스턴 차 사건이다.

영국 정부는 이 사건으로 식민지 탄압을 더욱 강화했으며, 보스턴 항 법안을 제출하고 군대를 주둔시켜 손해배상을 요구했다. 그러나 보스 턴 시민들은 이를 거절하고 더욱 단결하여 대항했으며 매사추세츠 의 회 하원도 이에 동조하여 '혁명정부'의 모체를 구축했다. 이 사건은 1775년 무력충돌의 도화선이 됐고 결국 미국 독립혁명의 직접적인 발 단이 됐다.

이 사건에서 주목되는 것은 왜 백인들이 모호크 족으로 분장했는가 하는 점이다. 이는 차가 영국의 압제와 중세(重稅)를 상징한 반면, 인디 언 이미지는 그 반대인 자유와 혁명을 상징했기 때문이다. 당시 인디 언, 특히 모호크 족은 혁명의 노래나 슬로건, 판화 등에서 자주 나타났 다. 시인 롱펠로에 의해 '한밤중의 기수(midnight rider)'로 전설이 된 폴 리비어(Paul Revere, 1734~1818)[15]는 브러더 조나단(Brother Jonathan)[16]이나 엉클 샘(Uncle Sam)보다 훨씬 전에 미국 최초의 국민적 상징을 인디언 여성으로 삼은 동판화를 그렸다.

대륙회의와 인디언

1774년 영국 의회가 제정한 '참을 수 없는 법'에 대항하기 위해 버지니아 식민지 의회의 요청에 따라 9월 5일, 열세 개 식민지의 대표가 모여 제1차 대륙회의를 필라델피아에서 열고, 대표 55명은 영국의 압제로부터 식민지의 권리와 자유를 수호할 것과 영국 본국과의 통상 단절을 결의한 뒤 10월 26일 해산하였는데, 제1차 회의에서는 독립을 목적으로 하지는 않았다.

제2차 대륙회의는 1775년 5월 10일부터 개최되었다. 이미 시작된 영국 본국과의 무력충돌에 대처하는 지도기관으로서 군대 조직과 통화 발행 등을 결의하고 조지 워싱턴(George Washington, 1732~1799)을 식민지 총사령관에 임명했으며, '평화의 청원'을 영국에 보냈다. 그러나 영국의 태도가 강경하였으므로, 급진파 사이에 독립을 강력히 주장하여 1776년 7월 2일 독립선언을 채택, 7월 4일 공포했다. 이어 1777년 11월 미국 초기 헌법이라 할 수 있는 연합규약(聯合規約)을 기초했으며, 1781년 이후 연합의회(聯合議會)로 개칭, 독립전쟁을 지도해 영국 본국으로부터 독립을 쟁취했다. 1787년 서북(西北) 토지법 등을 제정했고, 1789년 연방헌법 제정으로 신정부가 수립되자 해체됐다.

그런데 대륙회의의 조직을 둘러싸고 의견이 갈렸다. 즉 일부 대표는 각 식민지로부터 대륙회의가 이어받은 입법권과 행정권을 그대로 유지해야 한다고 주장한 반면, 다른 대표들은 과중한 위원회 시스템을 변경하여 의회에서 독립한 행정부가 입법부의 결정을 더욱 효율적으로 집행하게 해야 한다고 주장했다. 군주제의 색채가 있는 행정부를 창설하자는 주장을 거부한 사무엘 아담스 등은 마을회의가 국가와 지방 차원에서 유효하다고 주장했다. 행정부의 장이 반드시 왕과 같은 권력을 가질 필요가 없다고 주장한 사람들에게는 호데노소니 연방이 실행 가능한 모델이 됐다.

제퍼슨, 프랭클린, 아담스 등의 독립선언 기초 위원들은 호데노소니의 회의 규칙을 도입했다. 즉 누구도 회의 허가 없이 의사 진행 중에 인쇄물을 읽을 수 없고, 다른 의원에게 말을 걸거나 변론하는 의원을 방해할 수 없다는 규칙이었다.

1777년 연합규약은 호데노소니를 그대로 모방하여 외교, 통화 발행, 인디언 관련사의 총괄, 주 사이의 분쟁 해결 등의 권한을 대륙회의(뒤의 미연방의회)에 부여하고, 징세나 통상규제의 권한은 제한했다. 새로운 정부는 각 주의 방위기금으로 운영될 예정이었고, 각 주는 한 표의 투표권을 가졌다.

1777년 대륙회의가 발간한 《호데노소니 민족장 치오코이헤코이의 계시Apocalypse de Chiokoyhekoy, Chef des Iroquois》는 호데노소니 영토의 지배권을 둘러싼 투쟁에서 좋은 야수가 나쁜 야수를 물리치고 '위대한 평화의 법'을 수립했다는 내용으로, 좋은 야수는 아메리카, 나쁜 야수는 영국을 뜻했다. 그 해 대륙회의는 1월 1일, 즉 최초의 청교도와 인디언이 만난 것을 축일로 삼아 감사하도록 각 주에 권장했다.

1777년 말의 엄동을 오네이다 민족의 식량 지원으로 이겨 낸 워싱턴의 군대는 1778년 5월 1일 '타마니의 날'을 성대하게 축하했다. 1778년에는 델라웨어 민족이 아메리카연합에 참가했고, 델라웨어 민족과의 조약에서 그 민족을 하나의 주로 받아들일 계획이었다. 그러나 호데노소니 연방은 분열하여 그 일부는 멸망했다. 그 피해는 당시까지의 전쟁 피해 가운데 최악의 것이었다. 그럼에도 인디언과 백인의 교류는 계속됐고 '타마니의 날'도 성대하게 이어졌다.

독립혁명이 끝난 뒤 1781년 연합규약이 발효됐으나 행정관의 부재라는 결점이 드러났다. 연합규약에서는 공직 교대를 촉진하기 위해 6년 이내에 3년 이상의 대표 재임을 금했는데, 대표들은 그 이상으로 빈번하게 교체됐고 상습적으로 결근하기 일쑤였다. 새 정부는 농장주, 상인, 사업가 등 아마추어가 대부분이었는데, 이들은 공직 취임에 따라 자기 일을 포기해야 했다.

토마스 페인과 인디언

당시 인디언은 유럽 계몽주의에 크게 기여했다. 특히 휴런 민족은 자연 상태에 사는 '고귀한 미개인'으로 추앙되었는데, 그들을 모방하여 군주제와 귀족정치 및 교회를 타도하고 화폐와 개인 재산도 폐지하려는 사람들이 나타났다. 가령 토마스 페인(Thomas Paine, 1737~1809)을 예로 들 수 있다. 어려운 가정형편을 통해 급진적 민주주의자로 성장한 그는 영국을 떠나 미국에 도착하자마자 자연 상태에 사는 인디언에게 관심을 가졌다. 독립전쟁이 터지자 그는 필라델피아 부근 델러웨어 강변의 이스턴에서 호데노소니 족과 교섭하기 위해 파견되면서부터 인디언의 언어를 익혔고, 그 후 이상적 사회의 모델로 인디언 사회를 묘사했다. 반면 인디언을 학대한 영국을 비난하고 미국에서는 최초로 노예제 폐지를 주장했다.[17] 1776년 출간한 《상식Common Sense》은 독립을 요구한 최초의 절규였고, 그 뒤 새로운 나라의 이름을 '아메리카 연방국(United States of America)'으로 지었다. 독립전쟁에서 이긴 뒤 페인은 인디언의 자유를 위해 1787년 유럽에 돌아와 프랑스 혁명을 위해 싸웠고, 그 경험으로 《인권Rights of Men》(1792)을 썼다. 그 후 《토지분배의 정의Agrarian Justice》(1797)에서는 빈곤의 극복을 위한 기본소득[18]을 제안했다.

그는 1795년 "유럽 각국 수백만 명의 상황은, 그들이 문명 시작 이전에 태어났다고 가정한 경우나 오늘의 북아메리카 인디언으로 태어났다고 가정한 경우보다도 더욱 열악한 것이다"라고 하면서도 "자연 상태에서 문명 상태로 이행하는 것은 언제든 가능하나, 그 반대 즉 문명 상태에서 자연 상태로 이행할 수는 없다"고 했다.[19] 그 후 프랑스인들이 나폴레옹을 황제로 받드는 것을 보고 배신감을 느낀 페인은 1802년 미

국으로 돌아왔다. 하지만 미국에서도 그는 인디언과는 달리 자기 만족
과 물질 추구에 빠진 미국인에 실망했다.

페인과 마찬가지로 미국 초대 대통령 워싱턴도 전쟁이나 원정을 통
해 인디언과 접촉했으나 그는 토지 투기와 금전 확보에 더 관심이 있었
다. 특히 1779년 호데노소니 인디언 마을을 습격하여 인디언들은 그를
'전원의 파괴자(Hanadahguyus)'로 불렀다.

제퍼슨과 인디언

미국의 제3대 대통령을 지낸 제퍼슨은 어려서부터 인디언과 친했
다. 그는 인디언에 관한 많은 글[20]을 썼고, 버지니아대학의 유럽 전통
학문과 함께 인디언 및 아프리카의 자연사와 문화에 대해 연구하고 교
육하도록 제안했다. 그는 교육 내용에 대한 통제는, 아일랜드·아프리
카·아메리카 등에서 탐욕스러운 영국 상인이 인간의 피로 세상을 더
럽혀 푼돈을 벌려는 모든 장소에서 영국 제국주의가 인디언을 지배하
고 근절시키는 수단이라고 비판했다. 그는 1787년 다음과 같이 인디언
사회를 예찬했다.

우리 정부의 기반이 민의에 있는 이상, 민의를 올바르게 파악하는 것
이야말로 다른 무엇보다 우선해야 한다. 만일 신문 없는 정부와 정부
없는 신문 가운데 어느 쪽을 취할 것인지 묻는다면 나는 아무런 의심

271

없이 답하리라. 인디언처럼 정부를 갖지 않는 사회의 사람들이 유럽 여러 정부 밑에서 사는 사람들보다 일반적으로 더 큰 행복을 누리고 있음은 의심의 여지가 없다.[21]

제퍼슨은 특히 인디언 언어에 관심이 커서 《버지니아 각서 *Notes on the State of Virginia*》(1782)에서 처음으로 이에 대한 글을 쓰고 20년 동안 인디언 어휘를 수집했다. 1800년, 당시로서는 가장 충실한 인디언 단어집을 출간할 참이었으나, 그 해 대통령에 취임하는 바람에 퇴임 후 1808년에 출간되었다.

제퍼슨은 《버지니아 각서》에서 당시 뷔퐁(Georges Louis Leclerc Comte de Buffon, 1707~1788) 등이 주장한 퇴화이론,[22] 즉 아메리카의 토양과 물과 공기가 인간을 포함한 동식물에게 악영향을 끼쳐서 유럽에서보다 성장이 늦고 생식 의욕이 약하다는 주장에 대해 반론했다. 그런 논쟁의 배경에는 인디언이 생래적으로 지성이 낮다는 인디언 열등론이 있었고, 이는 한 세기 뒤에 두골학, 즉 인종에 따라 두개골의 용량이 다름을 지성과 연결시킨 주장으로 이어졌다.

미국 헌법의 뿌리

미국 헌법과 그 기원에 대한 미국 정부의 공식 견해는 그것이 세계 최초로 "권력분립에 의한 억제와 균형"을 취했고, 그 뿌리가 마그나카르타와 그 전신[23]에 있다는 것이다. 이는 '미국 헌법 제정 2백 주년 위원회' 위원장이었던 전 연방 대법원장 워렌 버거(Warren E. Berger)의 견해다. 이러한 견해는 지금까지도 미국의 통설이다.

그러나 당시 유럽의 국가는 왕권신수설에 의한 왕정이거나 상류계급과 중산계급의 과두제여서 아메리카 헌법 제정자들은 유럽 모델을 배척했다. 그 전에 미국 독립을 예상한 유럽 학자 드 샤테리유(François Jean de Chastellux, 1734~1788)도 그리스·로마의 원리가 아니라 프랭클린과 아담스 형제(John Adams, Samuel Adams) 등의 충고에 따라야 한다고 주장했다.[24]

헌법 제정 4년 전인 1787년, 그 전에 미국 독립선언서를 기초하고, 그 뒤 제1대 부통령(1789~1797)과 제2대 대통령(1797~1801)을 지낸 존 아담스(John Adams, 1735~1826)는 헌법제정회의의 매사추세츠 대표였으나, 회의에 결석하면서 《미국 헌법 옹호론A Defence of the Constitutions of Government of the United States》을 썼다. 그 책에서 그는 세계 여러 국가 형태를 비판적으로 개관하고, 삼권분립, 인디언 모호크 족의 독립, 호데노소니 연방의 민족장 제도 등의 인디언 자치 조직과 법을 연구할 필요성을 역설하고 그 정부의 권력분립은 이의가 있을 수 없을 정도로 정교하다고 분석했다.[25] 이 책은 헌법제정회의의 여러 의원에게 널리 읽혔다.

같은 해, 제임스 윌슨(James Wilson)은 미국에 적용할 수 없는 영국 모델에 지배당하고 싶지 않다는 쪽에 찬성하고, 미국은 너무 거대하고 그 이상이 너무 공화주의적이므로 장대한 연방공화국으로만 성립할 수 있다고 했는데, 이는 아담스가 말한 호데노소니 연방을 말한 것이다. 또 1788년 헌법제정회의의 사우스캐롤라이나 대표인 핑크니(Charles Pinckney)는 다음과 같이 연설했다.

> 자치 가능성을 믿는 인민에게 유럽에서 얻을 수 있는 선례는 없습니다. …… 통치해야 할 나라의 크기로 많은 어려움이 예상됩니다. 우리가 조사한 공화국은 고대와 근대를 막론하고 지극히 제한된 영토밖에 갖지 못했고 아메리카의 10분의 1 정도의 나라도 없었습니다. 사실 우리는 …… 지금까지 공화국이라고 불린 나라가 정말 그 이름값을 하는지, 고대인이 공화제에 대한 올바른 인식을 했는지 의심스럽습니다.[26]

이어 핑크니는 프랭클린이 제시한 알바니 연합안에 따른 정부안을 제안했다.

미국 헌법과 서양 근대의 뿌리인 인디언

'대헌장(大憲章)'으로 번역되는 마그나카르타는 당시 왕이던 존의 실정(失政)에 견디지 못한 귀족들이 런던 시민의 지지를 얻어 왕과 대결하여, 템스 강변의 러니미드에서 왕에게 승인하도록 한 귀족 조항을 기초로 작성되었다. 그러나 새로운 요구를 내놓은 것은 없고 종래의 관습적인 권리를 확인한 문서로서 교회의 자유, 봉건적 부담의 제한, 재판 및 법률, 도시 특권의 확인, 지방 관리의 직권 남용 방지, 사냥, 당면한 애로 사항의 처리 등 여러 규정을 포함했다. 이처럼 본래는 귀족의 권리를 재확인한 봉건적 문서였으나, 17세기에 이르러 왕권과 의회의 대립에서 왕의 전제에 대항하여 국민의 권리를 옹호하기 위한 최대의 전거(典據)로 이용됐다. 특히 일반 평의회의 승인 없이 군역대납금(軍役代納金)과 공과금을 부과하지 못한다고 정한 제12조는 "의회의 승인 없이 과세할 수 없다"는 주장의 근거로, 자유인은 신분이 같은 사람에 의한 재판이나 국법에 의하지 않으면 체포·감금할 수 없다고 정한 제39조는 보통법 법원에서의 재판 요구의 근거로 이용됐다. 이같이 마그나카르타는 국민의 자유와 권리를 지키는 투쟁의 역사 속에서 항상 생각하게 되고 인용되는 가장 중요하고 기본적인 문서로서 영국의 헌정뿐만 아니라 국민의 자유를 옹호하는 근대 헌법의 토대로 원용되었다.

역사가 일천한 미국인이 1215년 영국의 마그나카르타와 그 전신을 미국 헌법의 뿌리라고 주장하는 것은 이해되지 못할 바도 아니지만, 이는 아래에서 설명하듯이 헌법 제정 당시 인디언의 영향을 받았고 인디언 법이야말로 더욱 더 중요한 또 하나의 '마그나카르타'였다는 역사적 사실을 철저히 무시한 것이다. 또한 미국에서는 또 다른 뿌리로 영국의 존 로크(John Locke, 1632~1704) 등의 서양 근대 사상을 거론하지만 그런 영향도 사실은 약한 것이었다. 게다가 로크의 사상 자체가 인디언의 영향을 받았음은 앞에서 본 바와 같다.

즉 헌법 제정 당시 유럽의 국가는 왕권신수설에 의한 왕정이거나 상류계급과 중산계급의 과두제여서 아메리카 헌법 제정자들은 모든 유럽 모델을 배척하고 인디언 모델을 선택했다.

당시 파리를 방문한 제퍼슨은 프랑스 인구 2천만 명 중 1천9백만 명이 아메리카에서 가장 불행한 사람들보다 더 불행하다고 보았다. 당시 영국에 투표권이 있는 국민은 5퍼센트에 불과했고, 왕은 의회에 대한 절대적 거부권이 있었다. 그래도 아메리카 주민들 중에는 영국의 1689년 권리장전을 참조하여 헌법을 만들자고 주장한 사람들이 있었다.

그러나 당시 억압적인 영국에 반대해 미국으로 온 토마스 페인은 영국의 권리장전에 근거한 정치 체제를 왕과 귀족이라는 전제 정치의 유산에 하원이라는 공화제적 요소가 혼합된 것으로 보고 미국의 새로운 국가 형태는 인디언 사회와 같은 자연 상태에서 힌트를 얻어야 한다고 주장했다.[27]

또 미국의 제3대 대통령을 지낸 제퍼슨도 1787년, 유럽 국가는 대부분 전제국가이고, 지상에서 미국 정부와 대비할 수 있는 것은 당시에도 미국보다 법이 적은 인디언의 통치기구뿐이라고 했다. 식민지 주민, 특히 제퍼슨이 살았던 버지니아 주 주민은 투표소도 없이, 투표일에 다른 유권자와 후보들 앞에서 자신이 지지하는 후보를 공표하는 구두투표 민주주의에 익숙했다. 이는 바로 인디언식 민주주의였다. 제퍼슨은 인디언식 민주주의가 "소리개가 비둘기를 통치하는 국가"인 유럽형 국가보다는 낫다고 보았다.

제퍼슨은 과잉 통치와 법이 전제의 기본이라 보고 영국과 프랑스의 통치제도가 아닌 인디언 통치제도를 선택했다. 그에 의하면 프랑스와 영국은 탁월한 과학 문명에도 불구하고 하나는 도둑의 소굴, 또 하나는 해적의 소굴이고, 과학은 전제, 살인, 약탈, 민족적 도덕의 결여만을 초래하며, 도리어 미국이 인디언처럼 깨끗하고 성실하며 존경할 만하다는 것이었다. 제퍼슨은 인디언 사회를 다음과 같이 묘사했다.

> 어떤 법에도, 어떤 강제 권력에도, 국가의 그림자에도 복종한 적이 없다. 그들을 통제하는 유일한 것은 그들 나름의 예절과 선악에 대한 윤리감이다. 그것을 어기는 자에게는 사회에서의 추방을 포함한 굴욕이라는 징벌이 주어진다. 또는 살인과 같은 중죄의 경우 피해자의 관련자에 의한 직접 징벌도 행해진다. 그러한 통제가 불완전해 보이는데 그들 사이에는 범죄가 거의 없다.[28]

제퍼슨이 언론의 중요성을 강조한 말로 흔히 인용되는 271쪽의 인용문도 인디언과 관련이 있다. 이 인용문에서 '정부(국가)를 갖지 않는다'는 것은 '사회질서를 갖지 않는다는 것'을 뜻하지 않는다. 제퍼슨은 인디언 사회에서 가족과 마을에 관련된 사항, 민족에 관련된 사항, 그리고 연방에 관련된 사항은 각각 그 사회에서 자치적으로 해결된다고 보았다. 이어 제퍼슨은 그 두 사회를 비교하고, 미개한 인디언처럼 법을 갖지 않은 것과, 문명화된 유럽처럼 과잉의 법에 속박된 것 가운데 어느 쪽이 인간을 악에 물들게 하는지 묻는다면 두 가지 상태를 보아온 자로서 예외 없이 후자라고 단언할 수 있다는 결론을 내렸다.

페인, 제퍼슨과 함께 미국 독립의 아버지인 프랭클린도 인디언의 눈으로 유럽 문명을 비판했다.

당시의 겉만 번드르르한 풍조인 욕망을 충족하기 위한 고통의 노동, 대부분의 부자들이 과잉의 부에 탐닉하는 대부분의 빈민들은 빈곤에 허덕이는 모습, 관료의 횡포와 억압적인 관습 등 모든 것이 인디언에게 문명을 혐오하게 했다.[29]

통치제도와 함께 서양인이 인디언에게 배운 것은 토지에 대한 자연권, 즉 토지 소유권이 원래의 주민에게 속한다는 평등주의적 재산 배분이다. 그것은 미국 독립선언에서 '재산'이 아닌 '행복'을 원리로 채택하게 했다. 즉 로크가 말한 국가 원리인 "생명, 자유, 재산" 가운데 '재산'을 '행복'으로 바꾸게 했다. 제퍼슨은 그 근거로 재산이 없어도 행복한 인디언을 들었다. 재산의 평등은 정치제도처럼 적극적으로 미국에 수용되지는 못했으나 유럽에 비해서는 평등한 계급 구조를 낳은 것이다.

미국 독립선언에 나타난 인디언에게 배운 점 중에서 더욱 중요한 것은 기독교의 신이 아니라 '세계 최고 판사인 자연의 신'을 언급한 점이다. 그 자연신은 인디언식으로 '위대한 정령'이나 '위대한 입법자'로도 불렸다. 그것은 모든 인간은 태어나면서부터 평등하다는 보편적인 윤리의 감각이었다. 그것은 당연히 인종이나 성별을 초월하는 것이었으나, 여성의 평등을 주장한 것은 페인 등 소수에 그쳤다.

이처럼 당시의 헌법 제정자들은 유럽에서는 사라진 민주적 전통이 인디언 사회에서 유지되고 있다고 보았다. 앞에서 존 아담스의 예를 살펴보았거니와, 아담스는 당시 유럽의 중요한 사상가들인 튀르고(Anne-Robert-Jacques Turgot, 1727~1781), 로크, 흄(David Hume, 1711~1776) 등에 대해서도 그들이 주장하는 국가 형태는 너무나 추상적이고 인디언 사회와 그에 따른 공화정부를 이해하지 못한다고 비판했다. 특히 로크가 스스로 만든 캐롤라이나 입법부안(案)에서, 식민지 영주에게 입법권을 부여하는 과두제적 주권론, 즉 여덟 명의 귀족이 식민지 토지의 40퍼센트를 소유하고 그중 한 명만을 총독으로 삼는다는 안에 대해 "누가 그런 국가에서 살고 싶어 할까? 그런 국가를 수립하기 전에 그런 제안에 따른 통치를 감수할 신종 생물을 만들어야 하리라"고 야유했다.[30] 아담스의 책은 헌법제정회의의 여러 의원에게 널리 읽혔다.

1787년, 제임스 윌슨(James Wilson, 1742~1798, 뒤에 최초의 연방대법원 판사)은 미국에 적용할 수 없는 영국 모델에 지배당하고 싶지 않다는 쪽에 찬성하고, 미국은 거대하고 그 이상이 너무 공화주의적이어서 장대한 연방공화국으로만 성립할 수 있다고 했는데, 이는 아담스가 말한 인디언 연방국가를 가리키는 것이었다. 이듬해 헌법제정회의의 사우스캐롤라이나 대표인 핑크니(Charles Pinckney)는 274쪽의 인용문과 같은

279

연설을 하고 프랭클린이 1754년에 제시했던 알바니 연방 설립안에 따른 국가, 즉 인디언 연방을 따른 정부안을 제안했다. 프랭클린은 이미 1751년부터 인디언 연방제를 찬양했다. 그가 1775년에 만든 연합규약안도 인디언 연방제와 마찬가지였다. 특히 새로운 연방을 '우호의 확고한 동맹'이라고 부른 말은 인디언의 말 그대로였다. 프랭클린이 인디언의 화살묶음에서 힌트를 얻은 그림이 1782년 미국의 상징인 국장(國章)에 포함됐다.

그는 자신의 안(案)만이 아니라 미국 헌법의 최종 형태도 유럽의 그것과는 다른 인디언의 것이라고 믿었다. 즉 자유롭고 독립된 각 주가 연방을 형성하여 각 주 공통의 편의와 이익에 도움이 될 수 있는 시도와 연방의 방위와 안전보장을 위해 통일 정부 밑에서 단결하고, 주 입법부에 의한 승인은 연방 전체를 구속한다는 것이었다. 그리고 지역 문제는 그 성격과 규모에 적합한 지역의 자치정부가 해결한다는 것이었다.

이러한 연방주의의 주장은 헌법제정회의의 다른 의원들에 의해서도 지지됐다. 이는 당시의 유럽에서는 볼 수 없는 정치 제도로서 인디언에게 배운 것인 바, 당시 미국의 경제나 외교가 대부분 인디언을 상대로 한 점으로도 뒷받침됐다. 1783년 파리 조약[31]에 의해 미국 영토로 인정된 것은 당시까지도 대부분 인디언의 영토였다. 당시 미국 지도자들은 인디언과 일상적인 교류[32] 체험에서 그들의 정치 체제를 배웠다. 아니, 그 2백 년 전부터 아메리카인은 인디언과 끊임없이 교류했고 많은 아메리카인이 인디언에 매료됐다.

미국 헌법의 제정 과정에 미친 인디언의 영향에 대해서는 뒤에서 상세히 설명하겠지만, 인디언이 미국 헌법에만이 아니라 서양 근대에 깊은 영향을 미쳤음도 상세히 설명하겠다. 특히 페미니즘과 아나키즘과 마르크스주의를 비롯한 정치운동과 사회운동에도 큰 영향을 미쳤다. 그러나 이는 인디언에 대한 침탈과 동시에 이루어진 것임을 주의해야 한다. 이는 앞에서 본 인디언에 대한 이중적 이미지, 즉 '선량한 인디언'과 '악랄한 인디언'이라는 두 가지 모순되는 이미지에 의해 형성됐다. 그것은 콜럼버스에 의한 인디언 '발견' 이후 지금까지 지속되는 서양의 인디언관(觀)이다.

State 헌법

영국에서 독립한 각 State[33]는 각각 독립한 주권국가로서 1776년부터 1780년 사이에 각각 성문헌법을 제정했다.[34] 그 헌법들은 1653년 크롬웰이 제정하고 1660년의 왕정복고에 의해 실효된 통치장전(Instrument of Government) 이후 세계 최초의 성문헌법들이다. 성문헌법이 거의 제정되지 않았던 시대에, 게다가 아직도 전쟁 중인 상태에서 이러한 성문헌법이 제정된 것은 식민지 시대에 이미 그 통치기구가 영국 왕으로부터의 'Charter(특허장-국왕이 부여한 특권의 증서)'에 의해 정해졌고, 식민지 측이 끊임없이 권리장전을 요구했으며, 특히 뉴잉글랜드에서는 사회계약설적 사고방식이 강했기 때문이다. 그 결과 통치기구와 인권조항이 별개로 제정됐다.

통치기구에서는 State별로 급진파와 보수파의 구별이 나타났다. 즉 급진파는 계층적 사회구성을 개혁하여 민주주의를 실현하고자 한 반면 보수파는 종래의 사회구조를 유지하고자 하여, 어느 정도 재산이 있고 지력이 있는 자가 인민을 통치해야 한다고 주장했다. 그러나 일반적으로 식민지 시대 왕의 뜻을 받든 총독과 충돌한 경험에 의해 집행부 수장의 권한을 약화시키고, 임기는 대부분 1년으로 하며, 수장의 조언기관으로 인민이나 입법부가 선출하는 감찰위원회(Council)를 두었다. 또한 입법부를 인민의 의사로 선출하도록 했다. 이러한 제도는 인디언에게 상당 부분 영향을 받은 것들이다.

연합규약과 인디언
·

영국에서 독립한 13개의 State는 공통의 문제를 처리하기 위해 1777년 국가연합인 United States of America를 조직하고, 1781년 대륙회의는 연합규약를 채택했다. 연합규약은 13개주 주민들이 자연권의 원리에 근거하여 국가를 형성한 최초의 시도였다. 연합규약이 남긴 유산은 자연권이었다. 그 자연권은 인디언에게서 나왔다. 미국 헌법을 제정하면서 미국인들이 부딪힌 문제는 그 전에 만든 연합규약에서 상정된 정부보다 더욱 강한 정부가 필요하지만 이는 자신들이 부정한 군주제를 부활시킨다는 것이었다. 여기서 그들은 인디언과 같이 친족에 근거한 국가 건설은 비현실적이지만 광대한 국토에 인민주권을 확립한 인디언의 연방정부로부터 배울 점이 있다고 생각했다.

연합규약의 성과 중 최대의 것은, 1787년 북서부 영토법(Northwest Territory Ordinance)이었다. 이는 서부의 토지를 병합하면서 그곳에 사는 인디언과의 조정 절차를 정한 법이었다. 그 전에 인디언 지역은 병합과정에서 제외됐다. 프랭클린은 연합규약에 인디언의 "영토를 보전하고 침해하지 않는다"고 명기했다. 이는 알바니 연합안에서 규정된 것을 그대로 적용한 것이었다. 또 연합규약에는 식민지와 인디언이 알력을 빚은 요인이었던 '변경 개척지 최전선에서 사유지 구입'을 금지했다. 나아가 장래의 토지 거래는 새로운 중앙정부와 호데노소니 연방회의 직접 교섭에 의해서만 가능하다고 규정됐다. 프랭클린의 초안에는 연방회의가 매년 각 주를 돌면서 열리도록 하여 불공평을 없애는 방안도 포함됐다.

미국 헌법

미국 독립 후 1781년에 제정된 13개 독립주(州)의 연합규약 개정을 위하여 1787년 필라델피아에 소집된 헌법제정회의가 새로 제정한 미국 헌법은 세계에서 가장 오래된 성문헌법이었다. 이는 연방제에 의하는 것보다 완전한 통일국가를 목적으로 하는 헌법으로서 다음해 9개 주의 승인을 얻어서 발효했다.

헌법은 본래 전문과 본문 7조로 이루어졌으나, 가장 최근인 1992년에 추가된 것을 포함하여 27조에 이르는 수정조항(amendment)이 가해졌다. 전문은 국민주권의 원칙과 국가 목표를 나타냈고, 이어서 ① 연방의회, ② 대통령, ③ 연방사법부, ④ 주와 연방과의 관계, ⑤ 개정 절차, ⑥ 국가 최고법규의 규정, ⑦ 비준에 의한 발효의 규정 등으로 구성된다.

이 헌법의 기본원칙은 다음과 같다.

① 국민주권에 의하여 권한이 제한된 정부: 정부는 주권자인 국민에 의하여 위임된 권한만을 행사할 수 있다.

② 연방주의: 각 주는 독립된 헌법과 의회를 가지며, 연방정부와 함께 각기 영역에서 권한을 행사한다.

③ 연방정부의 우위: 헌법은 국가 최고 법규이고 연방정부에 부여된 권한에 대하여 주(州)는 그 행사를 방해하지 못한다.

④ 삼권분립: 연방정부의 권한은 입법부(상원·하원)·행정부(대통령)·사법부(최고재판소)로 명확히 분리되어, 삼자의 억제균형(抑制均衡)에 의하여 권력의 집중화를 막는다.

⑤ 사법권의 우위: 연방최고재판소는 연방 및 주정부에 의한 입법·행정조치가 헌법을 위반했을 경우에는 무효를 선언할 수 있다.

헌법 제정 당시 많은 주는 연방정부의 강화를 염려하여 권한을 제한하기 위해 권리장전의 부가(附加)를 승인 조건으로 했기 때문에 1791년 수정 10개조로서 권리장전이 부가되었다. 또 남북전쟁의 결과인 전쟁 수정조항—노예제도의 폐지를 목적으로 하는 수정 제13조(1865), 시민권의 평등한 보장 및 법에 의한 시민의 평등한 보호 등에 관한 수정 제14조(1868), 선거권 관련 인종차별을 금지하고 흑인에게 선거권을 부여한 수정 제15조 외에 부인 참정권을 인정한 수정 제19조(1920), 대통령의 3선을 금하는 수정 제22조(1951) 등이 있다.

미국 헌법 속의 인디언 아나키 민주주의

미국 헌법 제정 과정에서 호데노소니 제도를 채택하고자 한 프랭클린은 카나사테고가 안을 낸 지 10년 뒤인 1754년에 그 안에 찬성하고 호데노소니 연방의 다른 특징도 채택하자고 주장했다.[35] 그러나 그의 의견은 30년 뒤 미국 헌법이 채택되기까지 크게 주목받지 못했다. 프랭클린은 호데노소니에 따라 일원제를 주장했으나, 헌법에서는 양원제가 채택되었다. 프랭클린은 튀르고와 같이 그 양원제를 영국 관습법의 불합리한 모방이라고 비판하고 1776년 펜실베이니아 주헌법에서 채택된 일원제를 찬양했다. 이는 "가장 좋은 정부는 가장 적게 통치하는 것이고, 관료기구도 가장 간단해야 한다"는 프랭클린의 소신에 따른 것이었다. 또 호데노소니의 경우와 같이 "총회의 문은 예절을 지키는 모든 사람들에게 열려 있다"는 규정도 있었다.

펜실베이니아 주헌법에는 호데노소니의 장로협의회와 같은 감찰위원회(Council of Censors)도 규정됐다. 그 직무에는 헌법이 준수되고 있는지, 입법부와 행정부가 인민의 수호자로서의 임무를 수행하고 있는 지를 심사하는 권한이 포함됐다.

또 프랭클린은 호데노소니에서 공공복지를 위해 평의원이 토지를 갖지 않고 자기 일에 대해 돈을 받지 않는 전통을 모방하여 미국 공무 원에게도 급료를 주지 말자고 제안했으나, 미국 헌법에서 채택되지는 않았다. 단 공무원 취임 시 재산 제한 규정을 두었고, 급료도 최소한으 로 정했다.

또 프랭클린은 군대 지휘자를 그 부하들이 선출해야 한다는 호데노 소니 전통에 따르고자 했지만 이를 채택하게 하지는 못했다. 그러나 부 유한 자가 군대 지휘권을 매수하는 유럽식 관습은 없어졌고, 지휘층이 귀족에 국한되지 않고 계급 간 이동을 허용했다.

호데노소니 정부 구조도 미국 헌법에서 그 일부만 채택되었으나 그 중에는 대통령 선거 방법 등 중요한 제도가 많다.[36] 호데노소니 연방에 서는 대통령을 인정하지 않았지만, 미국 헌법의 대통령 선거인단은 연 방평의회를 모방한 것이었다.

미국 헌법에서 호데노소니로부터 채택한 또 하나의 제도는 새로운 주를 식민지가 아니라 동등한 구성원으로 인정하는 것이었다. 호데노 소니는 연방에 새로운 민족이 가입하는 것을 인정하되 그 민족을 식민 지로 삼지는 않았다. 이는 당시 유럽에서 새로운 영토를 식민지로 지배 하는 전통과 다른 것이었다.

또 문무의 권위를 구별하는 등 호데노소니의 여러 제도가 미국 헌법에 포함되었다. 이는 호데노소니 평의원이란 입법자로서 전쟁에는 참전할 수 없고, 입법자 자격을 포기해야 참전할 수 있다는 인디언 전통에서 나왔다. 이에 따라 미국 헌법에서도 양원 의원과 재판관 등의 공무원은 선출된 그 직을 고사하지 않고는 군대 지휘자를 겸할 수 없게 됐다. 이는 군대 지휘자도 마찬가지로 그것을 고사해야만 정치적 직무를 가질 수 있음을 의미했다. 이는 당시 영국 전통과는 다른 것이었다. 즉 영국에서는 교회나 군대의 지도자가 상·하원 의원으로 근무했다. 문무의 구별이 얼마나 중요한 것인지는 한국을 비롯한 수많은 후진국에서 일어난 쿠데타를 생각해 보면 충분히 알 수 있다.

호데노소니에서는 어느 회의 의원의 행동이 적절치 않다고 판단되거나 선거민의 신뢰를 잃을 경우 그 의원이 속하는 씨족의 여성들이 '탄핵'하여 공공조치로 제명하고 새 평의원을 뽑는다.[37] 이 탄핵이라는 개념도 유럽에서는 볼 수 없는 것으로, 영국의 경우 가령 조지 3세처럼 왕이 미쳐도 죽을 때까지 통치하는 것이 전통이었다. 미국 헌법 제정자들은 호데노소니 전통에 따라 탄핵 제도를 채택했으나, 그 결정권을 호데노소니에서와 달리 여성에게 맡기지는 않았다.

의회에 대한 호데노소니의 가장 큰 공헌은 정파의 대립이 아니라, 타협을 통한 합의에 이른다는 것이었다. 그 결과 미국에서는 논점마다 의원이 입장을 달리하지만, 유럽에서는 정당이 의원들의 투표를 통제한다. 이는 유럽의 의회가 아닌 미국의 의회를 모방한 한국의 의회에서도 볼 수 있는 점이다.

또 하나의 모방은 의회에서 한 번에 한 사람만 발언하고 그 발언을 차단하지 못하도록 철저히 보호하는 것이다. 이는 당시 유럽 의회에서 발언하고 있는 자에게 찬반 의사를 고성으로 표현하거나 경우에 따라서는 물건을 던지거나 상처를 입히는 관습과 다른 것이었다. 호데노소니에서는 발언의 차단이 금지되었고, 연설이 끝나면 일정한 침묵 시간이 강제되었다. 이는 발언자가 중요한 것을 잊거나, 더 상세히 설명하고 싶거나, 앞서 말한 것을 고치고 싶은 경우를 대비한 것이다. 미국 의회에서도 발언 뒤에 기록을 수정하거나 부연할 수 있게 했다.

미국 의회에서 의원들이 그 고유 이름이 아니라 직명(가령 "미네소타주에서 선출된 선임 상원의원" 등)으로 불리는 것도 호데노소니 전통에서 비롯한 것이다. 즉 개인이 아니라 그 주의 대표라는 것을 분명히 인정한다는 것이었다.

인디언에게서 채택한 정치 제도 중에서 가장 중요한 것은 코가스다. 미국의 정당이 당 대회에서 대통령 후보를 결정하는 경우 등에 사용하는 이 제도는 특정 논점에 찬반 투표를 하지 않고 토의를 진행하는 방식으로, 유럽에서는 거의 볼 수 없는 것이다.

남부의 그리스주의

앞에서 말한 페인과 프랭클린은 그리스·로마 문화에 조예가 깊지 않아 인디언에게 관심이 컸음이 미국 민주주의 역사에서는 큰 다행이

었다. 그러나 그들의 동시대에도 미국 지식인의 대부분은 노예제에 입
각한 그리스·로마 문명에 탐닉했다. 특히 당시 엄청난 노예를 거느린
남부인이 그러했다. 당시 유럽에서는 그리스에 탐닉했던 바이런(6th
Baron Byron, 1788~1824)이나 키츠(John Keats, 1795~1821)의 유행이 지
나고 개인적 형식의 낭만주의에 빠져 있었으나, 유럽에 비해 후진이었
던 미국에서는 무엇이든 그리스 것이라면 받아들였다. 심지어 노예나
동물들에게 키케로, 아테네, 카토, 펠리클레스, 호메로스, 아폴로, 네로
등의 이름을 붙이고 그리스풍의 대저택을 지었다.

이러한 그리스풍이 유행하기 이전의 미국 건축은 지극히 간소한 형
태였으나 남부에서 그리스풍이 유행한 뒤 미국 전역의 건축이 그리스
풍으로 바뀌었다. 그래서 지어진 것이 앞에서 말한 미국 연방의회 건물
이다.

그러나 남부에서도 가난한 백인과 흑인 노예들은 모세를 해방자로
믿었고, 서부에서는 인디언과의 접촉을 통한 민주주의가 더욱 확대되
었다. 앤드류 잭슨(Andrew Jackson, 1767~1845)과 같은 서부 출신 대통
령이 동부에 민주주의를 고취했고, 특히 1836~1838, 1841~1844년에
텍사스 주지사를 지낸 샘 휴스턴(Sam Huston, 1793~1863)은 오랫동안
체로키 족과 함께 지낸 사람으로, 자유에 헌신했다.

미국 역사에서 민주주의는 서부에서 발전했다. 미국 헌법 수정 제19
조에 의해 여성에게 투표권이 주어지기 4년 전인 1916년, 몬타나 주에
서 최초의 여성 하원의원이 선출되었다. 서부에서는 주의회가 아니라

주민이 상원의원을 뽑았고, 재판관 등도 직접 뽑았다. 이는 여전히 간접선거 중심인 동부와 현저히 다른 점이었다.

6. 인디언 아나키 민주주의와 현대 민주주의

체로키의 눈물

앞에서 언급한 잭슨은 이른바 잭슨 데모크라시로 유명하지만, 그는 인디언 탄압자로도 유명하다. 그것이 미국 민주주의다.

체로키는 2000년 통계에 의하면 인구 약 73만 명(국세 조사의 복수인종 기입 방식에 의해 다른 민족이나 인종 집단에도 귀속의식을 느낀다고 조사된 45만 명이 포함되어 있다)으로, 연방정부가 인정하는 전국 5백여 민족 가운데 최대 민족이다. 1700년 당시 2만 명이던 그들은 애팔래치아 산맥을 원류로 하여 동서로 흐르는 강 유역에 살았다. 그들의 영역은 켄터키 주와 테네시 주 대부분, 웨스트버지니아·버지니아·노스캐롤라이나·사우스캐롤라이나·조지아·알라바마 주 일부에 이르렀다.

그들은 일곱개 모계 씨족으로 구성됐고, 각 씨족원은 60개 이상의 집단에 분산되어 살았고 생업은 수렵과 농경이었다. 각 집단에는 공동

농지가 있었고, 밭농사에는 여성과 아동 및 노인이 종사했다. 전통적으로 옥수수, 리마콩, 강낭콩, 담배를, 이어 수박과 고구마 등을 재배했고, 스페인인이 들어온 뒤로는 사과와 복숭아를 재배했다.

정치적으로는 집권적 조직이 없이 각 집단이 정치 단위로서 자립했고, 각 집단의 회의는 지도자를 임면(任免)하는 권한이 있었다. 회의에서는 남녀 모두 발언권이 있었고, 심의사항은 합의로 결정되었으며, 반대의견이 있으면 회의장에서 떠나는 것이 관습이었다. 모든 집단이 참여하는 연방회의에서는 전투 행위, 화평 체결, 광범한 규모의 무역에 관한 사항 등이 심의되었고, 연방회의에서도 발언은 자유였다.

인간, 자연, 초자연과의 관계에서 가장 중요한 것은 조화였고, 이를 위해 필요한 의식과 기도가 행해졌다. 땅 위에는 자비로 가득한 영혼이 존재하는 '위의 세계', 땅 아래에는 악령이 사는 '아래의 세계'가 있다고 생각한 그들은 그러한 영혼에 대한 종교적 의식이 우주의 조화와 균형을 위해 불가결하다고 생각했다.

체로키는 1634년 영국인과 만난 뒤 1690년대부터는 사우스캐롤라이나의 영국인 입식자와 빈번하게 접촉했다. 당시 영국인은 담배, 목재, 가죽을 생산하기 위해 인디언 토지와 노동력이 필요했고, 인디언은 유럽 물건을 희망했다. 1712년에는 사우스캐롤라이나 총독이 찾아와, 백인들이 인디언 씨족 집단과 개별적으로 교섭하는 것이 불편하니 일괄 허가를 얻어 교역을 하자며 인디언 왕을 만나자고 요구해 민족장이 선출됐다. 그러나 교역이 확대된 1700년대부터 1800년대 초기, 특히

1738~1739년의 천연두, 1775~1783년의 독립전쟁에 의해 토지는 손실되고 인구는 감소되었으며, 1805~1806년에는 수렵지를 양도해야 했다. 1812~1814년의 크리크 내전으로 토지와 인구는 더 큰 타격을 입었다.

미국의 제3대 대통령 제퍼슨(재직 1801~1809)은 광대한 루이지애나 토지를 구입함과 동시에 그곳에 동부 인디언을 이주시키는 것이 인디언의 독립과 발전에 필요하다고 생각하여 '이동과 교환'안을 제시했다. 교환이란 동부 인디언의 이동에 따른 토지 손실을 이동지인 미시시피 강 서쪽 토지로 보상하여 손실이 없도록 한다는 것이었다. 이를 두고 체로키에서는 심각한 대립이 생겼다. 전원의 동의 없이 일을 진행한 일부 지도자는 청년들의 반발을 샀고, 백인들에 의해 전통적인 인디언 정치제도가 혼란에 빠졌다. 1808년 워싱턴에서 제퍼슨을 만난 체로키족 약 8백 명은 자유의사에 따라 아칸소로 이동했다.

그 후 이동에 찬성하는 lower towns와 그것에 반대하는 upper towns로 나뉘어 심각하게 대립했지만 그 대립을 해소하려는 노력도 있었다. 특히 1819년부터 1829년 사이에 문화적으로도 체로키식 알파벳을 발명하는 등 체로키 르네상스로 불리는 문화운동이 일어났다.[1] 1828년에는 체로키 알파벳과 영어로 인쇄한 인디언 최초의 신문 〈체로키 피닉스Cherokee Phoenix〉가 발행되었고, 이는 지금까지도 발행되고 있다.

또한 1827년 국민회의에서 헌법 제정이 요구되었다. 이는 체로키가 문명과 공화주의에 근거한 국민이고, 백인과 마찬가지의 헌법을 제정하여 체로키가 자립 정부임을 대외적으로 밝히고자 한 것이었다.[2]

한편 기독교 선교사가 인간은 모두 평등하다고 말하는 것을 듣고 기독교가 단지 백인의 종교가 아니라고 생각하여 개종하는 인디언이 나타났으나, 선교사가 희망한 영어 교육은 체로키 알파벳의 발명으로 저지되었다. 그런데 이 르네상스기에 체로키 사이에 빈부갈등이 심화되어[3] 인구의 12~15퍼센트를 차지하는 엘리트는 흑인 노예의 노동력으로 농장을 경영하기도 했다.[4]

눈물의 강제 이동

1827년, 조지아 주는 계획했던 운하용지의 양도를 체로키 족에게 요구했으나 거부당하자 그 지역을 강제로 수용했다. 당시 조지아 주 동부에 금이 발견되었기 때문이다. 하지만 인디언 민족국가는 언제나 연방과 조약을 체결하는 입장이었으므로 주가 이를 위배할 수 없었다. 그러나 인디언의 이동을 인정하려는 잭슨이 1829년 대통령에 당선되자 버지니아 주의 태도를 인정하는 것으로 바뀌었다.

1828년에 아칸소 주는 이미 19세기 초에 그곳에 이주한 체로키 족을 다시 서쪽으로 옮겨 가라고 요구했다. 그러나 체로키 족이 살았던 땅은 연방정부가 영구적으로 보증한 곳이었다. 그래서 연방정부는 오클라호마 주에 대체 토지를 확보하여 그곳에 인디언을 이주시키고자 했다.

1828년 인디언 대표단은 이에 동의했으나, 그 대표단은 새로운 조약을 체결하기는커녕 과거 조약의 이행을 위한 대표단에 불과했다.

존 퀸시 아담스(John Quincy Adams, 1767~1848) 대통령(재직 1825~ 1829)은 체로키 족 심의를 기다리지 않고 그 조약안을 상원에 제출하여 비준을 요구했고, 이어 잭슨 대통령은 의회가 가결한 1830년의 인디언 이동법에 서명했다. 잭슨은 테네시 출신의 대토지 투기꾼이자 노예농 원 경영자이며 제2차 영미전쟁에서 활약한 장군으로, 플로리다 획득의 공로자로 대통령에 당선됐다.

잭슨은 체로키 족에게 '이동이냐, 아니면 미국 시민이냐'를 선택하 도록 강요했다. 미국 시민이 된다는 것은 당시까지 그들이 보유한 토지 에 대한 모든 권리를 포기한다는 것을 뜻했다. 체로키 족은 있던 곳에 머물면서 문명을 받아들이겠다고 주장했지만 거부당했다.

눈물의 여로로 알려진 체로키 족의 이동은 1836년 비준된 뉴 에초타 조약에 근거했다. 뉴 에초타는 당시 조지아를 뜻한 말이자 체로키의 수 도였다. 그 중요한 내용은 다음과 같다.

1. 미국에 양도하는 체로키 영토 가운데 미시시피 강 서쪽의 인디언 영지 내에 체로키 족과 토지의 공동권을 인정한다.
2. 조약 비준 후 2년 내에 모든 체로키는 이동한다.
3. 이동 비용과 목적지에서의 일년 분 생활비는 연방정부가 지급한다.

그러나 당시의 존 로스 민족장을 비롯한 체로키 족의 반 이상이 이 조약에 반대하여 그들 약 1만3천 명에 대한 강제이동이 1838~1839년에 시작되었다. 이동 중 피로와 질병, 불안과 절망, 눈과 태풍으로 4천 명 이상이 죽었다.

종착지는 오클라호마 북동부였다. 우여곡절을 거친 뒤 1839년 체로키 헌법을 제정하여 토지는 공유로 하며 8개 지역으로 구분한다고 결정했다. 그 뒤 남북전쟁(1861~1865) 때에는 체로키도 남북으로 분단되었다.

도스 법

1893년 미국 연방의회에 5개화민족 위원회가 설치되었다. '5개화민족'이란 미국 남동부에 살던 체로키, 치카소, 초크토, 크리크, 세미놀로, 각각 정부가 있으며 스스로 국가라고 할 정도로 개화된 민족 다섯을 가리켰다.[5] 이 위원회는 제안자의 이름을 따 '도스' 위원회라고도 불렀다. 즉 1887년의 도스 법에 의해 설치된 것이다. 주요 내용은 다음과 같다.

1. 각 민족 소유지를 민족원 개인에게 분할한다. 이에 따라 개인 재산의 관념이 생겨나고 재산 소유의 경험은 책임감을 갖게 하는 동시에 거류지의 경제발전을 촉진시키리라 기대되었다. 그러나 사유화

는 백인에 의한 토지 매입을 쉽게 하려는 계산이 있었다.

2. 거류지에서 떨어진 곳에 기숙학교를 세운다. 즉 인디언 자녀를 그 사회에서 분리하여 문명화를 촉진시킨다.

3. 신앙 도덕상의 지도에 의한 문명화. 즉 백인 선교사가 학교 교육에 참여하도록 요구하고, 기독교 전도에 반하는 인디언 종교의식을 금지한다.

제1의 목적을 위해 도스 위원회는 1897년 5개화민족과 조약을 체결하여, 각 민족 구성원 명부를 작성한 뒤 민족 소유지를 개인 소유지로 바꾸기 시작했다. 명부 작성 작업은 12년간 계속되어 1906년에 끝났다. 등록인 수는 77,942명이었고, 조사된 토지는 약 8만 평방킬로미터에 달했다.

그러나 도스 법은 효력이 충분히 발휘되지 못했고, 극단적으로 억압적인 문명화 정책이라는 비판을 받아 1934년 인디언 재편법에 의해 수정되었다.

수정의 요점은 민족 영토를 더 이상 개인에게 할당하지 않고, 기숙학교 대신 거류지 내에 통학 학교를 설치하며, 인디언을 주민 속에 정치적으로 통합하기 위한 수단으로 각 민족에 민족대표회의를 설치한다는 것이었다. 즉 도스 법보다는 인디언 민족의 자주성을 어느 정도 인정한 것이었다.

그러나 그 시점에서 이미 대부분의 동쪽 영토는 개인에게 분할되었고, 서쪽 영토는 백인에게 넘어가 민족 단위의 거류지는 거의 남아 있지 않았다. 개인 분할이 이루어지지 않은 곳은 남서부의 나바호, 호비, 푸에블로 그리고 서북부의 평원지대 등 인디언 토지 서쪽 일부였다. 또한 종래의 기숙학교도 그대로 유지되었다. 기숙학교는 민족 간의 정보 교환과 인디언 의식을 높이는 역할을 했다.

체로키 헌법

1914년 체로키 정부는 해체되었다. 그러나 1934년의 인디언 재편법에 의해 자율적 민족회의가 창설되어 다시 체로키 국가가 출현했으며, 제1차 대전 때 국가 공헌을 이유로 체로키 족 전원에게 미국 시민권이 부여되었다. 이어 제2차 세계대전 때에도 오클라호마 인디언과 함께 참전했다.[6]

체로키 헌법은 1976, 1999년에 개정되었다. 영토 규정을 둔 1839년 헌법과 달리 1976년 헌법에는 그것이 없고, 대신 미국의 일부라고 규정했다. 그리고 1999년 헌법은 헌법 개정의 효력을 연방정부에 부여하는 조항의 폐지를 위한 것으로, 이는 체로키 국가의 독립성만이 아니라 다른 인디언 민족에게도 중요한 문제였다.

현재 19만 명 정도의 체로키 족의 역사는 오클라호마 주 탈레코아에 있는 체로키 문화유산 센터에서 확인할 수 있다. 그곳에는 인디언 지역 최초의 공공건물인 대법원(1844), 미시시피 서쪽에서 최초의 여성 대학인 체로키 여성 세미나(1849, 현재의 오클라호마 노스이스트 주립대학), 세코이야 고등학교, 체로키 국가역사협회(1963) 등이 있다.

인디언이 강제 이주된 오클라호마 주에는 현재 67개 민족이 있으나, 그들 민족에게는 토지가 없다. 영어가 일상 언어이고, 민족어를 사용하는 사람은 거의 없으며, 민족 간의 혼교도 흔하다. 그러나 각 민족에는 헌법이 있어서 여전히 귀속의식은 강하게 남아 있고, 고유의 문화를 되살리려는 움직임도 최근 활발해졌다.

인디언 강제 이동과 이미지 조작

미국에서는 20세기가 오기 전에 인디언이 거의 몰살당했다. 그 최초의 시작은 미국 의회가 1830년, 미시시피 강 서쪽에 인디언 지역(Indian territory)을 정하고 미시시피 동쪽의 인디언을 이동시키는 법을 제정한 것이었다. 이는 미국 사회와 인디언을 분리하여 서로의 충돌을 방지하려는 것이었으나, 실제로는 백인 농민의 토지를 확보하기 위해 필요한 것이었다. 19세기 후반에는 샤이언, 코만치, 아파치 등 평원에서 살던 인디언들도 그곳으로 강제 이주되었다.

그러나 인디언 지역도 영원한 인디언의 땅이 아니었고, 결국 19세기 말부터 그 주변에 들어온 백인들에게 대부분 분할 양도되었다.

1846년 캘리포니아에서 사금이 발견되고 서부 각지에서 금광이 발견되자 황금에 미쳐 서부로 향하는 백인에게 인디언은 그야말로 방해

301

꾼이었다. 여기서 그들을 배제하고 살육하기 위해 인디언이 야만적이
고 잔학하다는 이미지가 조작되었다. 최초의 조작은 1800년대의 대중
문화였고, 1900년 초의 영화를 통해 결정적으로 굳어졌다.

19세기와 인디언

19세기는 인디언에게 참혹한 세월이었으나 인디언의 자유는 여전히
강력한 매력이었다. 특히 그것은 로마 공화정과 결부됐다. 가령 뉴욕
주 타마니 협회 회원이자 뉴욕 시장으로 호데노소니를 관찰한 드위트
클린턴(Dewitt Clinton, 1769~1828)은 호데노소니 민주주의를 찬양하고
그들을 '서반구의 로마인'이라고 불렀다. 독립혁명 뒤에도 타마니 협
회는 자유, 독립 및 연방의 단결 촉진에 기여했고, 미국에 과두제와 왕
제가 도입되지 않도록 노력했다. 가령 1826년 뉴욕 주에서는 채무자구
금 폐지를 위한 법제화에 노력했다. 미국의 제6, 7대 부통령을 지낸 존
캘훈(John C. Calhoun, 1782~1850)은 《정부론 그리고 미국 헌법과 국가
론A Disquisition on Government and a Discourse on the Constitution and
Government of the United States》에서 같은 의견의 다수가 다스리는 정
부는 호데노소니인이 채택한 방식이므로 실천적이라고 했다.

18세기의 '고귀한 미개인'상을 포기한 19세기에는 인디언 정치제도
를 객관적으로 다룬 책들이 많이 나왔다. 특히 루이스 헨리 모건의 《호
데노소니 연맹The League of the Ho-de-no-sau-nee or Iroquois》(1851)이

주목을 받았다. 모건은 미국의 정치가이자 인류학자로 젊어서부터 인디언을 연구했으며, 호데노소니 민족 속에 들어가 양자가 됨으로써 그들의 제도와 풍습 등을 가까이서 관찰하고 연구하여 고대 사회사를 구명하려 했다. 호데노소니의 관습과 사회체계를 연구하여 최초의 근대적 민족지라 부를 수 있는 《호데노소니 연맹》과 《호데노소니 민족의 혈통의 법칙Laws of Descent of the Iroquois》을 출간한 모건은 이 책들에서 호데노소니의 의례와 종교와 정치를 다루어 혈족과 인척의 연구를 시작했다. 호데노소니의 정치 조직은 혈통의 규칙에 기초하고, 그 혈통의 규칙은 모계를 따르고 있으며, 친족은 직계와 방계가 구분되지 않고 하나로 인식된다는 것이 주 내용이다.

이어 모건은 친족 연구를 전 세계로 확대해서 《인류 가족의 혈족과 인척 체계Systems of Consanguinity and Affinity of the Human Family》 (1869)를 썼다. 그 제1부에서 모건은 유럽 민족들은 사유재산제가 발달하여 서술적 친족체계인 반면 제2부에서 다룬 가노와노 민족[7]은 사유재산제를 갖추지 못했기에 분류적 친족체계였다고 비교하며 인류의 친족 체계는 분류적 체계에서 서술적 체계로 진화했다고 주장했다. 분류적 체계란 직계친척과 방계친척을 구분하지 않고 하나로 범주화하는 체계이고, 서술적 체계는 직계친척과 방계친척을 구분하는 체계를 말한다.

《고대사회Ancient Society》(1887)에서 모건은 몽테스키외(Baron de La Brède et de Montesquieu, 1689~1755) 이론을 차용하여 인간의 발전단계

를 몽매(蒙昧)·미개·문명으로 나누고, 혼인관계가 난혼에서 비롯한다고 보는 한편, 혈연집단이 지연집단에 선행한다고 보아 큰 반향을 불러일으켰다. 진화론적인 그의 견해는, 오늘날에는 거의 무시되지 않지만, 엥겔스를 통하여 마르크스주의 역사학에 많은 영향을 주었다. 모건은 1842년 호데노소니를 복사한 미국 헌법을 가르치기 위해 '호데노소니 대협회(Grand Order of the Iroquois)'를 창설하기도 했다.

마르크스와 엥겔스

마르크스와 엥겔스는 1848년 《공산당 선언*Manifest der Kommunistischen Partei*》에서 "지금까지 존재한 모든 사회의 역사는 계급투쟁의 역사"라고 썼다. 이는 역사가 가부장적이고 군주제적인 국가에서 시작됐다고 보는 서양중심주의적 사고였다. 그러나 1888년 영어판에서 엥겔스는 "그것은 쓰여진 역사에 한한다"고 수정했다. 이는 그사이 40년간 마르크스와 엥겔스가 공부한 선사사회, 특히 모권씨족의 본질을 알았기 때문이다.

> 시초의 모권제 씨족이 문화 인민들의 부권제 씨족의 선행단계라는 이 새로운 발견은 생물학에서의 다윈의 진화론, 정치경제학에서의 마르크스의 잉여가치론과 원시사에서 동일한 의의를 지닌다. …… 모권제 씨족은 이 과학 전체의 중심축이 되었다.[8]

304

마르크스는 모건의 책을 읽고 인디언 사회에 매료된 뒤 1883년 죽기까지 연구를 계속하여 많은 노트를 남겼다. 그것을 토대로 엥겔스는 1886년 《가족, 사유재산, 국가의 기원Der Ursprung der Familie, des Privateigentums und der Staats》을 썼다. 부제는 "루이스 모건의 연구에 비추어"로, 이 책은 모건과 인디언에 대한 찬사였다. 엥겔스는 다음과 같은 모건의 주장에 공감하면서 인용했다.

> 통치에서 민주주의, 사회 내에서의 우애, 권리와 특권의 평등, 전반적 교육 등은 경험, 이성 및 과학이 지향하는 보다 높은 단계의 사회를 창조할 것이다. 그것은 고대 씨족이 지닌 자유, 평등, 우애보다 고양된 형태의 부활일 것이다.[9]

엥겔스는 당시 해결하지 못한 그리스·로마 게르만 초기 역사의 수수께끼를 아메리카 인디언 친족집단을 통해 풀었다고 했다. 그는 인디언 사회를 "군인도 헌병도 경찰관도 없으며, 귀족도 왕도 총독도 지방장관도 재판관도 없고, 감옥도 소송도 없지만 모든 것이 규정된 절차에 따라 운영된다. 온갖 분쟁과 알력은 관계자들에 의해 공동으로 해결된다고 했다."[10] 현대의 광범하고 복잡한 행정기구의 자취조차 필요하지 않고, 빈민도 없고 누구나 평등하고 자유로우며 여성도 그러하다고 찬양했는데, 바로 이 점을 공산사회의 모델로 삼았다. 즉 국가 조직도 사유재산제도 없이 살고, 착취도 사회계급도 모르는 인디언 사회가 공업

화되면 공산주의가 된다고 생각했다. 그러나 그것은 사실 인디언 사회
와는 무관한 것으로 변했다.

페미니즘과 인디언

미국의 페미니즘은 1848년 세네카폴즈 회의에서 비롯됐으나 그 사
상적 기반은 1835년에 출간된 리디어 마리아 차일드(Lydia Maria
Child, 1802~1880)의 《여러 시대와 나라 여성의 신분사History of the
Condition of Women, in Various Nations and Ages》로 시작됐다. 그 책은
정치적 의사결정에서 여성의 역할을 설명하면서 호데노소니와 휴런
민족의 문화를 유럽 가부장제와 대비했다. 1866년 피터 윌슨(Peter
Wilson)은 여성 참정권을 주장하면서 호데노소니와 같이 하자고 했다.
1893년에 출간된 《여성, 교회, 국가Woman, Church and State》에서도
마틸다 조슬린 게이지(Matilda Joslin Gage)는 호데노소니를 비롯한 가
모장제(matriarchate)를 중요하게 소개하며, 가모장제에서만큼 완전한
정의와 고도의 문화가 실현된 적이 없었고 행정은 세계 최고의 형식이
었다고 했다. 특히 호데노소니의 전통인 모계에 의한 가부장의 상속,
여성에 의한 남성 지도자의 지명권, 여성들의 개전(開戰) 거부권, 가정
에서 여성이 갖는 여성의 최고 권력 등, 양성 간의 억제와 균형에 의한
권력분립의 대등성을 설명했다. 특히 이혼 후에도 여성들이 재산과 자
녀에 대한 권리를 계속 갖는 것에 대해 특필했다.[11] 게이지는 근대 사회

가 호데노소니로부터 천부적 권리, 자연스러운 평등, 그리고 그것에 근거한 개명적 정부의 수립이라는 최초의 발상을 하게 되었다고 주장했다.[12] 그러나 게이지는 뒤에 조직 종교에 의한 여성 억압을 비판했다는 이유로 여성해방운동과 그 역사로부터 말살됐다.

이처럼 초기 페미니스트들은 호데노소니의 모계제 정치와 사회에 정통했다. 그들은 모건과 일시적으로 제휴하여 운동을 발전시켜 나갔다. 모건은 미국 인류학의 기초를 세운 선구자였다.

스탠턴(Elizabeth Cady Stanton, 1815~1902)은 1891년 미국여성회의에서 열린 '가모장제 또는 어머니의 시대'라는 주제의 강연에서 모건의 저작을 언급하고 호데노소니 연방회의에서 여성의 역할과 재산과 자녀의 모계 상속에 대해 설명하면서, 공화제 정부를 신봉하는 19세기 미국 남성보다 인디언들이 여성에 대해 더욱 공정했다고 주장했다. 특히 여성은 전쟁과 평화에 대한 회의에 출석하고 그 의견은 모든 문제에 대해 남성과 대등한 무게를 지닌다고 하며 다음과 같이 강연을 맺었다.

마지막으로 여기 참석한 모든 여성에게 새로운 존엄과 자부심을 가지고 우리 어머니들이 과거 오랫동안 사회의 지배권을 장악했다는 것, 그녀들이 그 힘을 인류의 가장 좋은 이익을 위해 행사했음을 생각하게 하고 싶습니다. 역사는 되풀이된다고 하는 이상, 다시금 우리의 순서가 오리라는 것을 확신해도 좋습니다. …… 그러나 그것은 여성이 최고 권력을 쥐기 위해서가 아니라, 남녀 간의 완전한 평등이라고 하

는, 아직 시도된 적 없는 실험을 목적으로 삼는 것입니다. 양성의 생
각을 결속하여 공정한 국가, 순수한 종교, 행복한 가정을, 그리고 마
침내 무지, 빈곤, 범죄가 없는 문명을 수립할 때가 올 것입니다. 눈을
크게 뜨면 이미 새로운 날의 새벽이 보입니다.[13]

인류학자 앨리스 플레처(Alice Fletcher, 1838~1923)는 1888년 국제여
성회의 연설에서 남편에게 구타당한 여성을 돕는 오빠를 예로 들어, 호
데노소니의 경우 오빠는 명예를 걸고 여성을 지켜야 하지만 당시 미국
법으로는 그 오빠가 범죄행위로 고소당하는 점을 비교하면서 여성의
권리가 어디에서 더 잘 지켜지는지 물었다. 또 자신이 경험한 재산에
대한 여성의 지위를 설명했다. 어느 인디언 여성이 남편과 상의 없이
타인에게 말을 양도하는 것을 보고 놀라워 하자 그 모습에 오히려 인디
언 여성은 놀라워했다는 것이다.

인디언 문화는 페미니즘만이 아니라 아나키즘과 생태주의, 특히 히
피를 비롯한 미국의 반문화와 청년문화에도 영향을 미쳤다.

이시 이야기

1961년 《두 세계에 산 이시—북아메리카 최후의 야생 인디언 전기》[14]
라는 책이 출간되었다. 주인공 이시는 그 50년 전인 1911년 북캘리포
니아의 3천 미터가 넘는 산 속에서 발견되었다. 그보다 76년 전인

1835년, 어느 섬의 인디언을 본토에 옮기는 과정에서 아기가 없어진 것을 안 어머니가 그 섬으로 돌아갔다가 18년 뒤 시체로 발견된 일이 있었다.

조사 결과 그는 야나 족임이 밝혀졌다. 1844년 당시 캘리포니아를 지배한 멕시코 정부가 입식자(入植者) 토지 소유를 남발하고, 이어 멕시코와의 전쟁(1846~1848)에서 승리한 미국이 캘리포니아를 지배하면서 그 토지 소유를 추인했고 이어 사금이 발견되자 그곳으로 사람들이 대거 몰려와 야나 족은 멸망했다. 무기를 갖지 못한 야나 족은 거류지에 강제로 수용되어 성병 등으로 사망하거나 집단 학살 당해 1872년 당시 단 한 명도 생존하지 못했다.

1911년에 발견된 인디언을 이시라고 부른 것은 당시 그를 조사한 인류학자 데오도르 크로버(A. L. Kroever)였다. 이시는 민족어로 인간을 뜻했다. 그 후 크로버는 캘리포니아대학 샌프란시스코 분교의 박물관에서 인디언처럼 살면서 관중들에게 인디언 생활을 실연해 보여 주는 일을 하다가 결핵에 걸려 5년 뒤에 죽었다.

이시에 대한 책이 1961년에 출간된 이유는 당시 베트남전쟁에서 미국 군인의 잔혹행위가 폭로되면서 반전 바람이 부는 가운데, 이미 1백 년 전부터 미국은 그러함을 폭로하기 위한 것이었다. 앞에서 본 운디드니 사건을 다룬 디 브라운의 책이 1970년에 나와서 베스트셀러가 되었듯이 이시 책도 베스트셀러가 되어 인디언 학살에 관한 관심을 불러일으켰고 인디언 운동에 자극이 되었다.[15] 특히 1990년의 '아메리카

인디언 묘지 보호 반환법'이 시행되면서 이시의 유골 반환이 문제가
되었다.

복권의 계기

제1차 대전에서 인디언은 시민이 아니라는 이유로 병역 대상에서 제
외되었으나 인디언 약 1만 명이 자원하여 유럽 전선에서 싸웠다. 이를
계기로 1924년 연방정부는 모든 인디언에게 시민권을 부여했다. 이어
제2차 세계대전 때 인디언은 병역만이 아니라 군수산업에 노동자로도
일했다. 이러한 경험은 백인과 인디언 양자의 이해를 증진시키는 계기
가 되었다.

이어 1950년대 후반에 흑인 인권운동이 시작되면서 여러 소수 민족
운동에 영향을 미쳐 1960년대 말부터 1970년대에 걸쳐 미국 인디언
운동(American Indian Movement)이 생겨났다. 인디언의 주권은 원래 각
민족이 연방정부와 체결한 조약에 근거한 것이므로 각 민족은 각각 주
권 회복을 주장했고, 특히 인디언에 대한 잘못된 교육과 박물관의 오류
등을 요구했다.

그러나 지금도 인디언은 대부분 빈민이다. 1950년대 초, 거류지 인
디언이 도시로 이주하는 경우 원조한다는 연방정부의 이전 계획 이후
현재 인디언의 반수 이상이 도시에 거주하고 있으나 대부분 빈민으로
소외되어 있다. 반면 거류지에는 카지노가 개설되어 최근 그곳으로 돌

아가는 인디언이 늘고 있다. 그러나 카지노에는 인디언이 없고 술 취한 백인뿐이다.

앞서 보았듯이 미국 헌법에 영향을 미친 인디언의 연방제 원리는 1918년 국제연맹을 낳기도 했다. 이는 나라의 대소에 관계없이 동등한 발언권을 인정하는 호데노소니 연방제 방식에 따른 것이었다. 그것이 국제연합으로 이어졌음은 물론이다. 국제연합이 세워진 뉴욕은 과거 호데노소니 영지였다.

호데노소니는 백인이 아메리카 대륙에 온 뒤, 친영파와 친불파로 나뉘어 친영파는 미국 건국 후 캐나다로 갔다. 그러나 현재도 그들은 미국에서 준독립국으로 인정되고 미국 경찰이나 FBI도 치외법권 지역으로 인정하여 해외 여행 시에는 독자적인 여권을 발행하고 외국 방문자에게 비자도 발급한다. 특히 UN에서는 호비 족(아리조나 북동부 고원 사막지대 주민)과 함께 북미 인디언 전체를 대표한다. 그래서 1977년에는 호데노소니 사절단 22명이 제네바 인권위원회를 방문하여 인디언의 인권을 주장했고, 1982년 유엔 인권위원회에서는 '인디언 작업부'를 설치하여 세계 최초로 인디언을 조사하게 했다.

맺음말

이 책에서 나는 한반도를 포함한 아시아에서 건너갔을 지도 모르는 인디언이 오랫동안 아나키 민주주의를 했고, 그것이 16세기부터 20세기까지 근대 사상, 예술, 사회운동을 비롯한 여러 부문에 영향을 미쳤다고 주장했다. 비록 인디언은 멸망했고 아나키 민주주의도 사라졌지만 그들의 삶과 아나키 민주주의는 자유−자치−자연이라는 인류사의 중요한 가치를 가장 먼저 구현한 것으로 남아 있다.

16세기에 서양인이 인디언을 만나기 전 그들이 알았던 것은 자유−자치−자연에 반하는 구속−종속−인공의 삶이었다. 즉 그들은 절대자인 왕과 교황의 지배를 받아 정치·경제·사회적으로 자유롭지 못했고 정신적으로도 전혀 자유롭지 못했다. 그래서 르네상스와 종교개혁이 생겨났지만 그 어느 것도 자유−자치−자연이라고 하는 새로운, 또는 본래의 가치를 철저히 구현하지 못했다. 그것은 이른바 '지리상의 발견'을 통해 서양인이 인디언을 만난 뒤에야 가능해졌다.

인디언 아나키 민주주의는 국가와 시장에 저항하는 민주주의다. 우두머리의 지배가 아닌 민중이 주인인 민주의 정치, 시장의 지배가 아닌 자족의 생태적 경제다. 따라서 16세기 이후 서양의 국가와 시장의 무한 확장과 침략은 인디언 아나키 민주주의와 철저히 대립했고, 결국 인디언 아나키 민주주의를 파괴했다. 그것이 20세기까지 인류의 역사다. 그러나 인디언 아나키즘은 인류의 마음에 남아 있다. 이제 21세기는 그 새로운 발견을 고대한다. 우리는 21세기 세계가 인디언 아나키 민주주의로 부활할 것을 고대한다.

나는 인디언이 한반도를 비롯한 아시아에서 아메리카로 건너갔는지, 그게 사실이라면 정확하게 언제인지는 모르지만, 만약 정말 그러했다면 인디언 아나키 민주주의가 이른바 '고조선' 전후의 어느 시대에 우리나라에서도 꽃피웠으리라고 상상해 본다. 물론 그것이 이 책에서 소개한 호데노소니를 비롯한 인디언의 아나키 민주주의와는 많이 다를 수 있겠지만, 근본적으로는 유사했을 가능성도 배제할 수 없다고 본다.

여하튼 근대 조선에 이르기까지 우리 전통사회는 지금의 서양식 사회와는 상당히 달랐을 것이다. 왜냐하면 그때까지 서양과의 교류가 그리 활발하지 못했기 때문이다. 적어도 나는 조선까지의 전통사회가 오늘날과 같은 국가나 시장을 갖춘 근대사회가 아니었고, 국가나 시장이 존재하기는 했지만 대단히 허약하고 소극적인 것이었으며, 사회의 기본은 소농 중심의 가족–씨족 사회였다고 본다. 이러한 성격은 21세기 지금까지도 남아 있다.

그런 근대적인 의미의 국가 기구나 군사 조직이나 시장이 형성되지 않은 상태의 사회가 19세기말 서양 제국, 그리고 그 서양을 모방한 일제에 의해 망한 것은 인디언이 백인에 의해 멸망한 것과 같이 지극히 당연한 귀결이었다. 물론 조선시대에 이르는 우리 전통사회에서 우리는 인디언 아나키 민주주의를 찾기 어렵지만, 이는 어쩌면 우리에게 말해진 역사라는 것이 잘못된 탓인지도 모른다. 만일 그렇다면 우리는 우리의 새로운 역사를 찾아야 한다. 아니, 비록 찾지 못해도 아나키 민주주의를 창조해야 한다.

이는 미국을 비롯한 민주주의의 제도적 개혁으로 가능한 것이 아니다. 미국에서도 제도개혁론이 아니라 인디언 아나키 민주주의를 배운 페인-제퍼슨-프랭클린의 근본정신으로 돌아가야 한다. 무엇보다 자유와 자치의 정치, 자급과 자연의 경제로 돌아가야 한다. 국가와 시장을 최소화해야 한다. 그렇지 않으면 우리에게 희망은 없다. 그렇지 않으면 마치 인디언의 복수처럼 우리가 망한다.

주註

1장

1) 마빈 해리스, 김찬호 옮김, 《작은 인간》, 민음사, 1995, 323쪽.

2) 미국의 알렉스 흐들리카(Alex Hrdlica)는 기원전 1만5천 년경 제4빙하기에 바닷물의 높이가 1백 미터 이상 낮아져 시베리아와 알래스카가 육지로 연결됐을 때 몽골 계통의 북부 아시아인들이 베링 해협을 건너 아메리카로 집단 이주했다고 주장한다. 또 말레이시아 폴리네시아 계통의 남태평양인들이 쪽배인 콘티키를 타고 건너갔다고 보는 프랑스인 폴 리베(Paul Rivet)의 이야기도 있다. 송기도, 《콜럼버스에서 룰라까지》, 개마고원, 2003, 26-27쪽 참조.

3) 1926년부터 1967년 사이의 40년에 할리우드 영화의 4분의 1이 서부영화였고, 1926년 이전의 무성영화시대나 1967년 이후 지금까지도 거의 마찬가지다. 1990년대에 와서 서부영화가 죽었다는 이야기도 있었지만 TV나 영화에서는 여전히 서부영화가 인기를 끌었다. 그런 서부영화 속 인디언은 대개 난폭한 야만인으로 묘사됐는데, 이와 다르게 묘사한 이른바 수정주의 영화가 1970년대 초에 처음 등장했다. 그러나 이런 영화들은 인디언을 재인식시키기보다 1960년대 말부터 월남전에 반대하여 인디언 학살을 월남전의 미군 학살에 비유하여 만든 것이라는 점에 주의해야 한다. 이상에 대해서는 미국 영화에 대한 문헌, 가령 존 벨튼,

이형식 옮김, 《미국영화/미국문화》, 한신문화사, 2000, 222-249쪽 참조.

4) J. G. 니이하트 기록, 김정환 옮김, 창작과비평사, 1981. 그 뒤 이 책은 《검은 고
라니는 말한다》, 두레, 2002로 재간됐다. 이하 이 책은 《검은 고라니는 말한다》
로 인용함.

5) 필리프 자캥(Philippe Jacquin)은 《아메리카 인디언의 땅》(송숙자 옮김, 시공사,
1998), 119쪽에서 콜럼버스가 아메리카에 도착했을 때 인디언은 85만 명이었으
나 운디드니 시건 발생 당시에는 5만 명이었다고 한다. 그러나 이 수치는 명확하
지 않다. 이하 이 책은 《아메리카 인디언의 땅》으로 인용함.

6) 《아메리카 인디언의 땅》, 119쪽.

7) 《검은 고라니는 말한다》, 266쪽.

8) 《아메리카 인디언의 땅》, 176쪽 재인용.

9) 이에 대해서는 박홍규, 《시민이 재판을!》, 사람생각, 2000 참조.

10) 류시화, 《나는 왜 너가 아니고 나인가》, 김영사, 2003, 298-299쪽 재인용. 이
하 이 책은 《나는 왜 너가 아니고 나인가》로 인용함.

11) 마리 산도스, 김이숙 옮김, 《인디언의 전설, 크레이지 호스》, 휴머니스트, 2003
참조.

12) 《아메리카 인디언의 땅》, 145-146쪽.

13) 그러나 부분적으로는 경계해야 할 점도 많다. 가령 1990년 케빈 코스트너가 만
든 영화 〈늑대와 춤을〉은 남북전쟁의 영웅이었던 백인과 수우 민족 인디언의 자
연 속의 인간적 교류를 그려 새로운 서부인을 비롯한 다양한 미국식 영웅상을
보여 주면서 21세기의 새로운 미국인상을 형성한 것은 주목할 만하다. 그러나
이 작품은 그 전의 비참했던 인디언의 거류지 격리 정책을 은폐하는 역할을 했
다는 점에서 비판적으로 보아야 한다. 인디언 거류지 자체의 이야기는 아니지만
그것을 정신병원에 비유한 〈뻐꾸기 둥지 위로 날아간 새〉는 정신병원에 수용된
인디언을 통하여 보여 준다는 점에서 감상적(感傷的)인 〈늑대와 춤을〉 보다는 훨
씬 리얼하다. 서부극으로서는 거류지 이전을 거부하고 20년 이상 전쟁을 통해
마지막까지 저항한 아파치(치리카우와 민족)를 다룬 《제로니모: 하나의 미국 전설
Geronimo: An American Legend》(1994)이 주목할 만하다. 이처럼 현재 미국사회
에서 인디언(또는 흑인 또는 다양한 소수 민족)의 현실을 은폐하고 '자연 속의 인간

적 교류'를 강조하는 경향은 인디언으로부터 삶의 지혜를 배운다는 이른바 뉴
에이지 따위의 새로운 신비주의적 경향에서도 노골적으로 나타난다.

14) Tzvetan Todorov, *The Conquest of America: The Question of Other*,
New York: Harper Perenial, 1987.

15) 찰스 만, 전지나 옮김, 《인디언》, 오래된미래, 2005, 191쪽 재인용. 번역서에는
올리버 웬델 홈즈 '경'이라고 하나 이는 오역이다. 이하 이 책은 《인디언》으로 인
용한다.

16) Leslie Marmon Silko, *Ceremony*, 1977; Harmondsworth: Penguin, 1988.

17) Gerald Vizenor, *Narrative Chance: Postmodern Discourse on Native
American Indian Literatures*, Norman, Oklahoma: University of
Oklahoma Press, 1993.

18) 《나는 왜 너가 아니고 나인가》라는 제목에 '인디언의 방식으로 세상을 사는 법'
이라는 부제가 붙은 류시화의 책이 2003년에 출간됐다. 920쪽에 이르는 방대
한 책인데, 표지로는 류시화의 저서인지 번역인지 잘 알 수 없다. 내용을 보면
중요한 인디언 민족장들의 연설을 번역하고, 이어 해설을 단 뒤, 관련된 인디언
의 자료를 덧붙이는 식이다. 그러니 저서라기보다는 편역이라고 함이 옳을까?
이 책이 나온 몇 달 뒤 《인디언 추장 연설문》이라는 책이 번역되었다(김문호 옮
김, 그물코, 2004, 이하 이 책은 《인디언 추장 연설문》으로 인용함). 그 책 뒤표지에는
"추장들의 연설문을 출처 없이 잔뜩 모아놓고 자신의 '저서'라고 우기는, 이미
발행되어 널리 유통된 인디언 연설문 모음집과는 애시당초 격이 다르다"고 하
는데, 그 모음집이 앞의 책을 말하는지는 알 수 없지만 대체로 그런 것 같다. 그
러나 "자신의 '저서'라고 우기는" 것 외에는 두 책이 인디언 민족장 연설문 모음
집이라는 점에서 크게 다르지 않다. 그러나 한 연설문의 경우 내용이 서로 다르
다. 인디언 민족장의 연설 중에서 가장 유명하다는 시애틀 민족장의 연설에는
"어떻게 공기를 사고판단 말인가?"라는 부분이나 "대지가 우리의 어머니라는
사실" 부분이 앞 책에는 나오지만 뒤 책에는 나오지 않는다. 이 부분은 앞 책의
경우 시애틀 민족장 연설문의 제목으로 되어 있는 만큼 본질적인 부분으로 이
해되고 있으나 뒤 책에는 그런 부분이 없고, 시애틀 민족장 연설문은 그 제목인
"인디언들의 밤은 어둠의 징조를 보이고 있습니다"로 요약되듯이 인디언의 쇠

망을 말하고 있을 뿐이다. 여하튼 이 연설은 진위 여부가 문제되므로 인용에는 주의해야 한다.

19) 유일한 예외는 《인디언》. 이 책은 원저의 완역이 아니다. 더 중요한 점은 이 책에서 인디언 아나키 민주주의가 대단히 단편적으로 묘사됐다는 점이다. 이에 대해서는 이 책의 본론에서 상세히 언급한다.

20) 그러나 서양인이 쓴 아나키즘 역사에 인디언은 거의 등장하지 않는다.

21) 박홍규, 《소크라테스 누 번 죽이기》, 필맥, 2005 참조.

22) 아래에서 상세히 언급하듯이 나는 미국 헌법이 인디언 헌법을 그대로 따랐다고 보지는 않는다. 가령 연방을 주보다 우위에 두고, 만장일치가 아닌 다수결에 의하며, 일정 기간마다 의원을 선출하는 상하 양원제를 두고, 여성과 노예와 재산이 없는 자에게 투표권을 부여하지 않는 등, 미국 헌법은 인디언 헌법과 다른 점이 많다. 그러나 인디언 헌법의 정신이 당대의 다른 어떤 헌법적 규범보다도 강력하게 미국 헌법에 영향을 미친 것은 부정할 수 없는 사실이다.

23) Felix Cohen, "Americanizing the White Man," *The American Scholar*, vol. 21, 1952, pp. 179-180.

24) 이른바 좌우익을 막론하고 한국에서 절대적인 견해다. 가령 미국에서 보편적인 미국 법에 관한 교과서라고 할 수 있는 로렌스 프리드만(Lawrence F. Friedman)의 《미국 법 입문*American Law*》은 인디언의 고유한 법체계가 그들의 거류지 내에 커다란 영향을 끼치고 있다고 말할 뿐이다(서원우·안경환 옮김, 대한교과서 주식회사, 1987, 48쪽. 이하 이 책은 《미국 법 입문》으로 인용함). 진보적인 입장이라고 할 수 있는 장호순, 《미국 헌법과 인권의 역사》, 개마고원, 2007, 21쪽의 견해도 마찬가지다.

25) 에반 T. 프리차드, 강자모 옮김, 《시계가 없는 나라》, 동아시아, 2004.

26) 《인디언》, 22쪽.

2장

1) 피에르 클라스트르, 홍성흡 옮김, 《국가에 대항하는 사회》, 이학사, 2005, 243쪽. 이하 이 책은 《국가에 대항하는 사회》로 인용함.

2) 마빈 해리스, 정도영 옮김, 《식인과 제왕》, 한길사, 1995, 113-114쪽.

3) 피에르 클라스트르, 변지현·이종영 옮김, 《폭력의 고고학》, 울력, 2002, 211쪽. 이하 이 책은 《폭력의 고고학》으로 인용함.

4) 마르크스주의 인류학에 대해서는 톰 보토모어 외, 임석진 편, 《마르크스 사상사전》, 청아출판사, 1988, 424-427쪽 참조. 이 글에 의하면 마르크스와 엥겔스는 1870년대 이후 원시사회 연구에 몰두했으나 그들은 19세기 진보사관에 얽매여 "원시문화의 실제 상태에 대해 보다 심층적인 연구를 하는 데 실패했다." (Stanley Diamond, 'Anthropology in Question', In Dell Hymesed. *Reinventing Anthropology*, p. 419.)

5) 한반도의 경우 조선 이후 일제 국가로의 근본적인 변화.

6) 제로니모, 최준석 옮김, 《제로니모 자서전》, 우물이깊은집, 2004.

7) 도날드 제롬 필더, 윤동구 옮김, 《제로니모에게 배운다》, 한스미디어, 2008. 이 책은 미국의 최정예 공수부대 낙하병들이 비행기에서 뛰어내리기 전 힘껏 외치는 구호가 '제로니모!'이고, 미군이 자랑하는 세계 최강의 헬기 이름이 그의 부족명인 '아파치'라는 이야기로 시작한다. 그러나 그 구호는 제로니모를 존경해서가 아니라 제로니모를 격퇴한 미군의 자부심에서 나온 것이리라.

8) 레비-스트로스, 《친족의 기본 구조*Structures élémentaires de la parenté*》, 제1판 (PUP, 1949), 86쪽. 《폭력의 고고학》, 265쪽 재인용.

9) 《폭력의 고고학》, 301쪽.

10) 박홍규, 《의적, 정의를 훔치다》, 돌베개, 2005 참조.

11) 《인디언 추장 연설문》, 85쪽. 번역은 일부 수정함.

12) 같은 책, 113쪽.

13) 같은 책, 116쪽.

14) 같은 책, 118쪽.

15) 같은 책, 119쪽.

16) 같은 책, 370쪽.

17) 유럽인은 이로쿼이(Iroquois)라고 했다.

18) 《인디언》, 477쪽에서는 이를 국가라고 번역했는데, 이 번역은 문제가 있다.

19) 이 연대는 어디까지나 추정치다. 다른 추정치는 1090년에서 1150년까지다. 이

에 대해서는 《인디언》, 480-481쪽 참조.

20) 이는 930년에 창설된 알팅을 예외로 하면 인류사 최초의 대표자 의회다. 《인디언》, 481쪽.

21) 롱펠로(Henry Wordsworth Longfellow, 1807~1882)의 서사시 등에는 히아와타(Hiawatha)로 나온다.

22) 1916년 '뉴욕주립박물관 공보'(New York State Museum Bullentin)에 실린 영어판은 Donald A. Grinde, Jr., *The Iroquois and the Founding of American Nation*, San Fransisco: Indian Historian Press, 1977, pp. 147-167.

23) White pine은 잎이 흰 북아메리카 동부 산의 스트로부스소나무.

24) 《국가에 대항하는 사회》, 14-15쪽.

25) R. Lowie, *Some Aspects of Political Organization among the American Aborigins*, London: Royal Anthropological Institute of Great Britain Ireland, 1948, 《국가에 대항하는 사회》, 39쪽 재인용.

26) 《국가에 대항하는 사회》, 40-42쪽. 클라스트르가 앞의 책 43-48쪽에서 설명하는 남아메리카 인디언 민족장의 일부다처제는 북아메리카 민족장에게서는 보고되지 않았다. 클라스트르는 이러한 민족장의 일부다처제를 관대함에 대한 보상으로 이해한다. 북아메리카에서 이러한 보상은 민족장의 세습제 인정 정도다.

27) 같은 책, 192쪽.

28) 같은 책, 53쪽.

29) 같은 책, 58쪽.

30) 같은 책, 61쪽.

31) 같은 책, 69쪽.

32) 같은 책, 194-195쪽.

33) 클라이브 폰팅, 이진아 옮김, 《녹색세계사》 제1권, 심지, 1995, 239쪽 재인용.

34) 《아메리카 인디언의 땅》, 144쪽.

35) 《인디언 추장 연설문》, 72-73쪽.

36) 같은 책, 73-75쪽.

37) 《나는 왜 너가 아니고 나인가》, 96쪽.

3장

1) A. L. Norton, *The English Utopia*, London: Lawrence & Wishart, 1952, pp. 217-222.

2) 라스카사스 편, 박광순 옮김,《콜럼버스 항해록》, 범우사, 2000, 80쪽. 이하 이 책은 《콜럼버스 항해록》으로 인용함.

3) 같은 책, 82쪽.

4) 같은 책, 82쪽.

5) 같은 책, 83쪽.

6) 같은 책, 84쪽.

7) 같은 책, 147쪽.

8) 같은 책, 147쪽.

9) 같은 책, 247-251쪽.

10) 같은 책, 247쪽 주.

11) 같은 책, 248쪽.

12) 같은 책, 83쪽.

13) 같은 책, 87쪽.

14) 같은 책, 220쪽.

15) 《인디언》, 23쪽 재인용.

16) 《콜럼버스 항해록》, 80쪽.

17) 같은 책, 108, 111쪽.

18) 여기서 콜럼버스가 지구는 둥글다는 사실을 증명하려고 항해를 떠났으며 그 항해로 그 사실을 증명했다는 '날조된 역사'가 생긴지도 모른다. 제프리 버튼 러셀, 박태선 옮김, 《날조된 역사》, 모티브, 2004 참조.

19) 앞의 책, 80쪽.

20) 앞의 책, 82쪽.

21) 앞의 책, 96쪽.

22) 앞의 책, 83쪽.

23) 앞의 책, 127쪽.

24) 앞의 책, 134쪽.

25) 앞의 책, 189-225쪽.

26) 카베사 데 바카, 송상기 옮김, 《조난일기》, 고려대학교출판부, 2004, 55쪽.

4장

1) 토마스 모어, 박홍규 옮김, 《유토피아》, 지만지, 2008 참조.

2) 에른스트 블로흐, 박성호 옮김, 《희망의 원리》 제2권, 열린책들, 2004, 1048쪽.

3) 《나는 왜 너가 아니고 나인가》, 254-255쪽 재인용.

4) William Brandon, *New Worlds for Old: Reports from the New World and Their Effect on the Development of Social Thought in Europe*, 1500~1800, Athens, Ohio: Ohio University Press, 1986.

5) 《폭력의 고고학》, 170-172쪽.

6) 에티엔느 드 라 보에티, 박설호 옮김, 《자발적 복종》, 울력, 2004에서 역자는 이러한 인디언의 영향에 대해 전혀 언급하지 않는다.

7) 앞의 책, 34-35쪽.

8) 앞의 책, 36쪽.

9) 앞의 책, 45쪽.

10) 이를 보통은 "인디언에 대하여"라고 번역하나, 식인종의 번역어 Cannibals란 본래 콜럼버스가 도착한 곳 카리브가 와전된 말이고, 그 본래의 뜻은 인디언이라 할 수 있다.

11) 박홍규, 《몽테뉴의 숲에서 거닐다》, 청어람미디어, 2004, 290쪽.

12) 몽테뉴, 손우성 옮김, 《수상록》, 을유문화사, 제1권 306쪽.

13) 같은 책, 제1권 309쪽.

14) 같은 책, 제1권 309쪽.

15) 같은 책, 제1권 309-310쪽.

16) 같은 책, 제1권 311쪽.

17) 몽테뉴의 새로운 인식에도 불구하고 그를 문화상대주의의 선구자로 볼 여지는 없다고 볼 수 있다. 그 이유는 뒤에서 설명하겠다.

18) 같은 책, 제1권 314쪽.

19) 같은 책, 제1권 315쪽.

20) 같은 책, 제1권 315쪽.

21) 같은 책, 제1권 315쪽.

22) 같은 책, 제1권 316쪽.

23) 같은 책, 제1권 317쪽.

24) 같은 책, 제1권 318쪽.

25) 같은 책, 제1권 318-319쪽.

26) 같은 책, 제1권 319쪽.

27) 같은 책, 제1권 320쪽.

28) 같은 책, 제3권 149-150쪽.

29) 배철웅 옮김, 선비, 1991, 77쪽.

30) 같은 책, 137쪽.

31) Essais, p. 909.

32) 손우성 3-150쪽.

33) 손우성 3-150쪽.

34) Essais, p. 910. 손우성 3-151쪽.

35) Essais, p. 910. 손우성 3-151-152쪽.

36) Essais, p. 910. 손우성 3-151-152쪽.

37) Essais, p. 913. 손우성 3-154쪽.

38) Essais, p. 915. 손우성 3-156쪽.

39) 셰익스피어, 김재남 옮김, 《셰익스피어 전집》 제1권, 휘문출판사, 1964, 340쪽. 원문에 나오는 약간의 문법적 오류를 수정했다.

40) 티스콴툼이라고도 한다. 《인디언》, 52쪽 이하.

41) 《아메리카 인디언의 땅》, 31쪽.

42) '어린 난폭자'라는 뜻의 포카혼타스는 별명이고 본명은 마타오카였다. 《인디언》, 71쪽.

43) 《인디언》, 71쪽.

44) Philip L. Barbour ed. The Complete Works of Captain John Smith,

1580~1631.

45) Robert S. Tilton, *Pochahontas: The Evolution of American Narrative*, NY: Cambridge University Press, 1994, p. 8.

46) Jacquelyn Kilpatrick, *Celluloid Indians—Native Americans and Film*, Lincoln and London: University of Nebraska Press, 1999, p. 152.

47) Thomas Morton, *New English Canaan*, Amsterdam: J. F. Stam, 1637, p. 40.

48) H. C. Porter, *The Inconsistent Savage: England and North American Indian, 1500~1600*, London: Sheridan House, Gerald Duckworth & Co., 1979, p. 398.

49) Nicolaes van Wassenaer, "Historisch Verhael", in *Narratives of New Netherlands*, ed. J, Franklin Jameson, New York: Charles Scribner's Sons, 1909, pp. 69–70.

50) 영어로는 Sachem.

51) Dunn and Dunn, *Papers of Penn*, vol. 2, p. 261.

52) 위의 책, vol. 2, pp. 448, 452–53.

53) *An Extract from the Journals of Reverend Mr. Bolzius*, London: Society for Promoting Christian Knowledge, 1734, p. 22.

54) 위의 책, p. 24.

55) 토마스 후커는 코네티컷, 하트포드에 민주주의적 집단 거주지를 만들었다. 그는 1638년 그 집단 거주지에서 채택된 최초의 성문화된 민주적 헌법 작성에 도움을 주었다. 그는 독립 교회 제도와 민중이 가진 최고 권력을 지지했다.

56) 홉스, 《레비아탕》, 불어판, 125쪽, 클라스트르, 《폭력의 고고학》, 249쪽 재인용.

57) 존 로크, 《통치론》, 강정인·문지영 옮김, 까치, 1996, 11–13쪽.

58) 같은 책, 20쪽, 46쪽.

59) 같은 책, 53쪽.

60) 같은 책, 98쪽.

61) 같은 책, 104쪽.

62) 같은 책, 107쪽.

gap.

63) 같은 책, 162쪽.
64) 같은 책, 46쪽.
65) 같은 책, 49쪽.
66) 하워드 진, 조선혜 옮김, 《미국 민중 저항사》, 제1권, 일월서각, 1986, 61쪽.
67) Henry Morley, ed., *The Spectator*, London: George Routledge & Sons, 1711. 4. 27.
68) *The Spectator*, 1891, 1: 190.
69) 스위프트, 송낙헌 옮김, 《걸리버 여행기》, 서울대학교출판부, 1999, 292쪽. 이하 이 책은 《걸리버 여행기》로 인용한다.
70) 같은 책, 292쪽.
71) 같은 책, 295쪽.
72) 같은 책, 296쪽.
73) 같은 책, 296쪽.
74) 같은 책, 298쪽.
75) 같은 책, 299쪽.
76) 같은 책, 300쪽.
77) 같은 책, 301쪽.
78) 같은 책, 308쪽.
79) 같은 책, 332쪽.
80) 같은 책, 340쪽.
81) 같은 책, 340쪽.
82) 같은 책, 340쪽.
83) Bond, *American Kings*, pp. 89-90.
84) 루소, 최석기 옮김, 《인간 불평등 기원론》, 동서문화사, 2007, 61쪽.
85) 같은 책, 101쪽.
86) 같은 책, 125쪽.
87) 이성형, 《콜럼버스가 서쪽으로 간 까닭은?》, 까치, 2003, 106쪽.
88) Henry Steele Commager, *The Empire of Reason: How Europe Imagined and America Realized Enlightenment*, Garden City, N. Y.: Doubleday, 1978.

327

5장

1) Felix Cohen, "Americanizing the White Man," *The American Scholar*, vol. 21, 1952, pp. 179-180.

2) 《미국 법 입문》, 48쪽.

3) 미국 독립혁명 시기에 아메리카 13개 식민지(독립 이후 각 주)의 통일적 행동을 군사·외교·재정에 걸쳐 시노한 기관으로, 대륙이라는 말은 각 지방 의회와 구별하기 위해 편의상 사용한 말이다.

4) 독립선언이라는 이름의 역사적 문서가 존재한 것은 아니었다. 제퍼슨이 기초한 것은 '1776년 7월 4일, 대륙회의의 13개 아메리카 연합 주들이 전원 일치한 선언(The Unanimous Declaration of the Thirteen Unites States of America)'이다.

5) States를 연방이라고 하면 각 state는 방(邦)이 된다.

6) 같은 책, 160쪽.

7) Carl Van Doren and Julian P. Boyd, eds., *Indian Treaties Printed by Benjamin Franklin, 1736~1762*, Philadelphia: Historical Society of Pennsylvania, 1938, p. 75.

8) "Brief Account of Pennsylvania," in Lewis Evans, ed., Lawrence H. Gipson, *Brief Account of Pennsylvania*, Philadelphia: Historical Society of Pennsylvania, 1939, p. 92.

9) 프랭클린은 호데노소니 연구서를 애독했다. 가령 Cadwallander Colden, *History of the Five Indian Nations on the Province of New York in America*, 1727, 1747.

10) Albert H. Smith, ed., *The Writings of Benjamin Franklin*, New York: MaCmillan Co., 1905-1907, vol. 3, p. 42.

11) Labaree, *Papers of Franklin*, vol. 4, p. 481.

12) 같은 책, 482쪽.

13) 트와이티 민족(Twightees), 델라웨어 민족, 쇼니 민족(Shawnees), 와이언도트 민족(Wyandots).

14) Van Doren and Boyd, *Indian Treaties*, p. 128.

15) 프랑스 이민의 아들로 태어나 금은 세공사를 지내며 동판화를 그렸다. 독립혁명 전야에 식민지 연락과 영국군 동향에 관한 정보를 수집했고, 1775년에는 영국군이 독립파의 중심이었던 조나단 헨콕과 사무엘 아담스를 체포하기 위해 군대를 파견하는 것을 알리기 위해 보스턴에서 매사추세츠 식민지 렉싱턴까지의 도로변 집들에 뉴스를 전하며 말을 달렸다. 그 길을 '자유의 길(Freedom Trail)'이라고 한다.

16) 이는 13개의 아메리카 식민지가 단결하면서 '시민'을 자칭한 프랑스인에 대해 자신들 '동포(Brother)'의 상징으로 부른 호칭으로, 남북전쟁으로 분열할 때까지 사용됐다. 독립전쟁 중 탄약과 보급물자의 부족으로 고통을 받은 조지 워싱턴 장군이 당시 대륙회의 의장인 조나단 트럼벨의 이름을 빌어 '동포 조나단에게 부탁한다'고 말한 것으로 비롯됐다. '자유의 귀부인'(Lady Liberty)이라고 불린 자유의 여신상은 브러더 조나단에게 프랑스가 선물한 것이었다.

17) Bruce E. Johansen, *Forgotten Founders*, Ipswich, Mass: Gambit, 1982.

18) 박홍규, "기본소득연구", 《민주법학》, 2008.

19) Philip S. Foner ed., *The Complete Writings of Thomas Paine*, New York: Carol Publishing Group, Citadel Press, 1945, 1:610.

20) Thomas Jefferson, *Notes on the State of Virginia*, Chapel Hill: University of North Carolina Press, 1955.

21) Julia O. Boyd, ed., *The Papers of Thomas Jefferson*, Princeton: Princeton University Press, 1950-, Vol. 11, p. 49.

22) 라이날 신부(Abbe Raynal)가 그 선구자였다.

23) 영국의 커먼로 체계를 말한다. 영국의 커먼로 체계가 미국 법의 기본, 특히 민·형법의 기본이 됐음은 물론이다. 그러나 미국 헌법에는 그것만이 아니라 인디언 법의 영향이 컸음도 부정할 수 없다.

24) Chevalier de Chastellux가 Philip Schuyler 장군에게 보낸 1782년 2월 18일 편지. Schuyler Papers, box 35.

25) Adams, Works, Vol. 4, pp. 296-298.

26) 1788년 5월 14일 Charles Pinkney의 연설, *American Museum*, 4:3.

27) 토마스 페인, 박홍규 옮김, 《상식 인권》, 필맥, 2004, 26쪽.

28) Thomas Jefferson, William Peden, ed., *Notes on the State of Virginia*, Chapel Hill: University of North Carolina Press, 1955(원저는 1784), p. 93,

29) Leonard W. Labaree rd., *The Papers of Benjamin Franklin*, New Haven: Yale University Press, vol. 17, p. 381.

30) 같은 책, 463쪽.

31) 이 조약에 의해 영국은 미국의 독립을 승인하고 미국 독립전쟁에 참가한 여러 나라와 평화 관계를 수립했다.

32) "자유가 아니면 죽음을 달라"는 명연설로 우리에게도 유명한 패트릭 헨리 (Patrick Henry, 1736~1799, 그러나 이 연설은 창작이라는 견해가 유력하다)는 1784 년, 버지니아 주 하원에 백인과 인디언이 결혼하거나 자녀가 생겼을 때 보조금 을 지급하고 부부에게는 세금을 면제하는 내용의 법안을 냈다. 그러나 3회독 전에 버지니아 주지사로 선출되어 그 법안은 폐기됐다. 그는 1787년 헌법제정 회의에서는 강력한 중앙정부 수립에 반대하며 참석을 거부했고, 헌법 초안 승 인에는 맹렬히 반대하여 헌법 수정 10개조를 추가시켰다.

33) State가 아니라 Commomwealth라고 한 경우도 있었다.

34) 단 마지막까지 자치 식민지였던 로드 아일랜드와 코네티컷에서는 각각 Charter를 그대로 기본법으로 삼았다.

35) Edmund Wilson, *Apologies to the Iroquois*, New York: Farra, Strauss & Giroux, 1959.

36) Robert A. Hecht, *Continents in Collision*, Washington D. C.: University Press of America, 1980.

37) Alexander A. Goldenweiser, "Iroquois Social Organization," in Roger C. Owen, James J. F. Deetz, and Anthony D. Fisher, eds., *The North American Indians*, New York: Macmillan, 1977.

6장

1) William G. McLoughlin, *Cherokee Renaissance in the New Republic*, Princeton, New Jersey: Princeton University Press, 1986, pp. 305-353.

2) 같은 책, 396쪽.

3) 같은 책, 301쪽.

4) Chadwick Smith and Hasting Shade, *Cherokee Nation Tomorrow—Declaration of Designed Purpose*, Tahlequash, Oklahoma: Cherokee Nation.

5) Muriel H. Wright, *A Guidebook to the Indian Tribes of Oklahoma*, Norman: University of Oklahoma Press, 1951, p. 5, 7.

6) John P. Langellier, *American Indians in the U. S. Armed Forces, 1866~1945*, London: Greenhill Books, Pensylvania: Stackpole Books, 2000, p. 8.

7) 가노와노(Ganowano)란 모건이 만든 용어인데, 호데노소니 인디언의 한 분파인 세네카 인디언들은 화살을 가노(Gano), 활을 와노(Wano)라고 했다. 따라서 가노와노란 활과 화살의 민족이라는 뜻으로, 모건이 북미 인디언들을 총칭해서 쓰는 용어다.

8) 프리드리히 엥겔스, 김대웅 옮김, 《가족의 기원》, 아침, 1985, 19쪽.

9) 같은 책, 200쪽 재인용.

10) 같은 책, 107쪽.

11) Matilda Joslyn Gage, *Woman, Church and State*, Watertown, MA: Persphone Press, 1980, pp. 9-11.

12) 같은 책, p. 10.

13) Stanton, Matriarchate, p. 7.

14) Theodora Kroeber, *Ishi in Two Worlds: A Biography of the Last Wild Indian in North America*, Berkeley: University of California Press, 1961.

15) Orin Starn, *Ishi's Brain*, New York: W. W. Norton & Company, 2004, p. 60.

원고를 읽는 내내 우리 사회에 지금, 인디언을 불러낸 박홍규 선생을 인터뷰해야겠다는 생각이 강하게 들었다. 조직화되지 않은, 자유로운 인간 인디언에게서 선생은 무얼 봤을까? 여름방학을 맞아 인도를 여행하고 막 돌아온 선생을 지강유철(양화진연구원 선임연구원, 《장기려, 그 사람》 저자)이 만나 인터뷰했다. 〈편집자 주〉

되찾아야 할 삶의 원형,
그 뿌리를 더듬어

최근 인도에 다녀오셨죠? 처음이 아닌 것으로 압니다만.

두 번째입니다.

무슨 연유로 인도에 또 가셨나요.

인도에 대한 관심은 항상 두 가지입니다. 하나는 간디에 대한 관심이
고, 또 하나는 초기 불교에 대한 관심입니다. 15년 전 처음 갔을 때는
한 달 정도 델리 대학을 중심으로 왔다 갔다 하면서 문헌 수집을 하고
대학 연구소 등에 가 보았습니다. 그런데 이번에는 공부보다는 여기저
기를 둘러봤습니다. 특히 티베트 불교의 원형이 비교적 잘 보전된 라다
크와 달라이라마 망명지 다람살라를 둘러보면서 사람들 만나고 책도
좀 읽었습니다.

다시 간 인도는 어떤 느낌이었는지요.

15년 전이나 지금이나 대부분의 인도 사람들이 어렵게 살고 있는 것은 마찬가지였습니다. 그 사이에 인도도 본격적으로 근대화, 산업화, 공업화된 탓으로 엄청난 빈부격차와 빈부갈등이 생겼더군요. 인도 인구 11억 중 1퍼센트에 해당하는 1천만 명 정도는 우리가 상상할 수 없을 정도로 잘 삽니다. 반면에 대부분의 인도 사람들은 15년 전이나 제가 보지 못했던 150년 전이나 마찬가지로 여전히 못살고 있습니다. 세계화가 인도에서는 극단적인 양극화나 빈부갈등의 처참한 모습으로 드러나더군요.

어떤 점 때문에 방학 때마다 여행을 다니시는지요.

글쎄요, 관심 있는 분야의 책이나 새로운 연구 경향 등을 찾아보는 직업적인 성격이 짙습니다. 특별한 여행철학 같은 게 있는 건 아닙니다. 저는 관광이라기보다는 고행에 가까운 여행을 합니다. 그렇게 고행을 하다보면 반성도 됩니다.

어떤 책을 쓰려면 반드시 그 인물과 관련된 나라나 지역을 방문하시는데요.

직접 보지 않았을 때의 생각과 다만 한 달이라도 지내면서 경험한 것은 많이 다릅니다. 어떤 인물과 관련된 곳을 여행하고서야 책을 쓰는 것은 자기 동일화 작업을 위해서가 아닌가 싶어요. 가령 간디에 대해 쓰려고 하면, 간디가 살았던 동네, 기후, 자연, 그곳의 사람들에 좀더 가깝게 다가가는 것이 좋습니다. 가능한 한 쓰려는 인물과 비슷한 생각과 경험을 해 보기 위해 스스로를 던지는 것이지요.

여행이 큰 스승인 것 같습니다.

몇 년씩 여행하는 분도 계시는데 여름과 겨울방학을 이용해서 한 달씩 다니는 것으로 여행이 제 삶에서 큰 배움의 계기가 된다고 하면 진짜 여행하시는 분들이 웃지 않을까요? 타고난 역마살, 방랑기라는 표현은 이 나이에 좀 그렇습니다만, 어떤 고정된 자기 틀이나 자기규정을 벗어나려는 노력으로서의 순례에 대한 욕구가 늘 제게 있습니다. 타성화된 자기를 벗어나기 위해, 자기를 다시 일으켜 세우거나 새롭게 변신해보고 싶다는 점에서 여행은 제게 일종의 수행(修行)이라 할 수 있겠습니다.

선생님의 여행은 옛 사람들의 성지순례를 닮았습니다.

종교가 없으니까 성지순례라고 할 수는 없지만, 예루살렘을 가보는 것이 제 오랜 꿈입니다. 여러 가지 상황이 좋지 않아서 이번에도 가지 못했지만, 15년 전 인도에 갔을 때도 불교 성지를 방문했습니다. 꼭 성지라는 이름이 붙지 않더라도 사람 사는 곳이면 모두 성지라고 생각합니다.

1990년에 선생님은 하버드대학에서 인디언을 처음 만났고, 2003년에는 인디언 목회를 하는 안맹호 목사님을 알게 되었습니다. 그 인연으로 작년에 인디언 마을을 방문하셨는데요. 이런 과정을 보면 선생님과 인디언의 만남이 운명적인 게 아닐까 싶습니다.

운명적이라는 표현은 조금 이상합니다. 신앙인이 아니기에 저 같은 사람은 그런 부분에 예민하지 않습니다.

인디언과 1990년에 첫 만남이 있었더라도 월간 〈기독교사상〉에 실린 선생님의 인터뷰가 없었더라면 안맹호 목사님을 만나지 못하셨을 것이고, 그랬다면 인디언 마을을 한 달씩이나 방문할 기회를 얻을 수 있었을까 싶네요.

1989~1990년 하버드대학에서 인디언 법 연구회를 통해 제 연구실 옆방을 왔다 갔다 하는 인디언을 스치듯 만나게 되었는데 인상 깊었습니다. 당시 저는 아나키즘에 대해 공부하고 있었기 때문에 인디언의 생활, 인디언의 삶, 인디언의 정치 등에 관심이 많았습니다. 인디언들은 우리와 얼굴이 비슷할 뿐 아니라 생활습관이나 관습이 흡사합니다. 1990년대 초반에 우리나라에서도 인디언에 대한 관심들이 높았지요. 류시화 시인이나 이현주 목사님 같은 분들이 순백한 종교적인 인도의 이미지를 강조했었습니다. 지금도 저는 이런 흐름에 공감하기 힘듭니다. 일부 공감은 가지만 좀 잘못되었다고 느끼는 거죠. 이런 시각으로 인도나 인디언을 보는 게 전부는 아니라는 겁니다. 저분들이 인도를 구도의 고향처럼, 또는 구도의 피안처럼 인도나 인디언 사회를 상상하기 때문입니다. 시계도, 시간관념도 없이, 공동체적인 동포애로 뭉쳐서 자연에 대한 신비로운 경험을 통해 동식물에 대한 깊은 애정을 지닌 인디언이나 인도인의 삶을 저분들은 동경하지요. 물론 그런 측면도 분명 있습니다. 그러나 보다 중요한 점은 인디언들이 아주 잔혹한 역사를 가지고 있다는 점입니다. 1492년 콜럼버스의 인디언 침략 이후, 《나를 운

디드니에 묻어주오)로 대변되는 인디언 멸종사라는 한 분야가 있단 말이죠. 이것이 신비로운 인도를 지향하는 흐름과 연결되기도 합니다. 실은 그래서 더 위험해요. 억압된 인디언들의 순수함이 더 강화될 수 있기 때문에 그렇습니다. 오리엔탈리즘의 전형적인 오류지요.

제게 흥미로운 점은, 1492년에 콜럼버스가 아메리카를 '발견'하고 난 뒤 인디언 사회를 보고 서양 사람들이 느낀 충격이 생명주의, 생태주의, 신비주의, 신앙 등의 측면이 아니라 인디언들의 사회적인 삶, 특히 민주주의와 그들이 생활 속에서 추구했던 유토피아적인 삶이 토마스 모어의 《유토피아》의 기원이 되었다는 점입니다. 그 후 많은 인디언 사회가 서양의 사회주의, 아나키즘, 페미니즘 등 중요한 변혁사상의 근거가 되어 왔습니다. 그런데 이런 측면은 우리 사회에서 철저하게 무시되고 있습니다. 저는 미국 헌법의 기본틀도 인디언들이 구축한 것이라고 생각합니다. 인디언들이 살아온 사회적 삶의 형태가 특수한 게 아니라 인간사회의 출발이라고 하는 원시사회나 고대사회의 한 모델일 수도 있었다는 것입니다. 인디언들의 아나키적인 삶이 인간의 가장 순수한 삶의 원형, 모형 같은 것일 수 있겠다고 저는 생각합니다.

말씀을 듣고 보니 《인디언 아나키 민주주의》는 때늦은 감이 없지 않네요.

1990년부터 저는 인디언에 대해 꾸준히 관심을 갖고 문헌 수집도 하고 고민도 했습니다. 그런 가운데 작년에 인디언 마을을 방문하여 나 자신을 인디언처럼 느껴 보고, 자기 동화의 노력도 해 본 것입니다. 인디언들이 저를 보고 인디언이라고 했던 게 놀라운 경험이긴 했지만, 그 자체가 크게 의미 있다고 생각지는 않습니다. 옛날 우리 선조들이 인디언 촌에 건너가서 인디언이 되었든, 나에게 인디언의 피가 흐르고 있다고 느끼든 인디언 민주주의나 인디언 아나키즘이 위기에 빠져 있는 한국의 민주주의를 비롯해서 모든 민주주의의 유일한 대안이 될 것이라고 생각지도 않습니다. 무슨 책을 쓰든지 저는 이렇게 생각해 보자고 이야깃거리를 끄집어낼 뿐입니다.

제가 읽은 바로는, 인디언이 나름의 독특한 아나키 민주주의를 가지고 살았다고 이야기하는 책은 아직 없습니다. 미국이나 서양의 많은 근대의 변혁사상들이 인디언들의 삶에서 나왔다고 하는 책도 없습니다. 일부 페미니즘이나 페미니스트들도 인디언 사회에서 19세기 페미니즘을 끌어오기는 합니다. 아나키스트 중에서도 일부가 미국 인디언 사회에서 아나키즘적인 사회를 끌어오기도 합니다. 마르크스나 엥겔스가 그랬습니다만, 엥겔스가 인디언 사회에서 공산주의를 끌어왔다고는 이야기하지 않지만, 분명히 인디언 사회에서 많은 것을 끄집어내 온 것은 확실합니다. 그걸 입증한 학자들도 있습니다. 인류학에서도 소수지만 인디언 사회의 독특한 아나키 민주주의의 측면을 주장하는 사람들이 있습니다. 다수의 미국 헌법학자들은 미국 헌법이 인디언 헌법에서 나왔다고 하면 화를 낼 겁니다. 만약 서양의 아나키즘이나 페미니즘이 인디언의 생활과 사고방식에서 나왔다고 주장하면 대다수 사람들은 "말도 안 되는 소리 하지 말라"고 할 겁니다. 1492년 이후 지리상의 발견과 오지 사회의 침략 이후에 서양 사람들이 아프리카도 보고 아시아도 보았지만 거기서는 아나키 민주주의의 모형을 발견하지 못했습니다.

그런데 인디언 사회는 달랐습니다. 기독교는 한편으로는 침략 세력이면서, 다른 한편으로는 인디언으로부터 새로운 것을 얻어내는 모순된 두 가지 태도를 근 5백 년 동안 보여 왔습니다. 저는 제도화된 근대, 제도화된 서구, 제도화된 기독교에 대해서는 별로 흥미가 없지만 원시 기독교에는 관심이 있습니다. 빈센트 반 고흐에 관심이 있는 이유가 바로 그것입니다. 한국에서는 민주주의라는 게 대의민주주의, 대표민주주의의 형태로 굳어져 있고, 경제적인 운영의 원칙도 매우 욕망추구적인 것으로 굳어져 있지만 인디언 민주주의 내지 인디언의 삶은 그런 지배나 지배집단을 부정합니다. 경쟁적인 논리보다도 훨씬 더 상호 역동적이고 상호평등적인 공동체를 형성하는 경제원칙 및 사회원칙을 고민하면서 구축해 왔지요. 때문에 그런 것을 우리 사회에서 이야기하면 '우습다, 유치하다, 야만적이다, 비현실적이다'라고 이야기합니다만 그게 왜 비현실적인가요. 우리 전통사회도 인디언 사회만큼은 아니었겠지만 좀 느리게 살고 상호평등을 지향하고, 뛰어난 지배집단이나 억압적인 집단을 용납하지 못하는 심성이 있었던 것 같습니다.

어머니는 읍내에 가실라치면 일찍 나가셔서 우두커니 앉아서 차를 기다리셨어요. 차 시간을 알아서 움직이는 게 아니고 올 때까지 기다리는 거죠. 동네 모든 어르신들이 그러셨어요. 선생님의 《인디언 아나키 민주주의》를 읽으면서 잊고 지내던 그때 생각이 났어요.

저는 시계가 없는데 이번에 인도에 가서도 시계 없이 지냈어요. 시계가 없으니까 뭐랄까, 남들보다 빨리 움직이게 돼요. 항상 남들보다 빠른 거죠. 인도 사람들도 시간관념이 별로 없지요. 그런데 이번 여행에서 동행한 사람은 시간관념을 몹시 따지는 분이었어요. 때문에 인도 사람들을 대하면서 참 답답해했죠. 그분의 기준에 따르자면 인도 사람들은 시간관념이 아예 없는 것이니까. 비행기 23시간, 기차도 10시간 넘게 연착하는 게 보통입니다. 지정좌석이 있어도 누군가가 앉으면 그만입니다. 우리 기준으로 보자면 무질서한 사회죠. 옛날 사람들이 여유 있게 살던 태도가 우리 삶의 규율에 들어오면 무질서하게 되는 거죠. 원래 살았던 삶에서는 무질서가 아니라 여유로움이었는데. 시간관념이라는 걸 중시하는 시스템 속에 살다 보니 많은 미덕과 장점들을 잃게 된 겁니다. 인디언 사회나 고대사회의 평등이란 그야말로 잘난 놈을 인정하지 않는 것이거든요. 한국 사회의 문제점은 잘난 사람이나 부자를 인정하지 않는데, 이건 문제라는 이야기를 우리는 종종 듣습니다. 지난번에 검찰총장 내정자를 놓고 모 의원이 검사치고 15억 정도의 재산을 가진 게 선량하다, 양심적이다,

'어떻게 15년 동안 검사 노릇을 하면서 23억짜리 집 한 채 못 샀느냐'고 했지요.

그 의원은 검찰총장 내정자가 15억 정도의 재산밖에 모으지 못한 것이 이해가 되지 않는다는 투로 말을 하더군요. 어쩌면 다수의 가난한 사람들도 그게 당연하다고 생각할지 모르죠. 그러나 인디언 사회에서는 그게 당연하지 않았거든요. 민족장이 존재하지 않지만 그 공동체의 가장 존경받는 지도자는 가장 많이 나누어 주고, 가장 싫은 일을 많이 하는 사람이었습니다. 그런 도덕적인 사회가 이상적인 사회라고 할 수 있을지 모르지만, 모든 개인이 지배자나 침략자나 억압자 없이 모여

서 자유롭고 평등한 상태에서 자치할 수 있는 자연친화적인 사회가 인디언 사회였습니다. 저는 인디언 사회가 현 정부가 추진하는 식의 자본주의 민주주의보다 우리 본래의 자유롭고 자치를 존중하던 사회와 더 맞다고 생각합니다. 우리가 살고 있는 복잡한 현대 사회에서 인디언 사회가 하나의 새로운 이념으로 생각해 볼 여지나 가능성이 충분하지 않느냐는 것이지요. 저는 인디언의 아나키 사회를 서구 근대 역사에서 중요하게 손꼽히는 지리상의 발견, 르네상스, 종교개혁만큼이나 인간 인식의 틀을 바꾸어 주었다고 강조하고 싶습니다. 우리도 그것을 깊이 인식해야만 아나키즘이나 사회주의나 페미니즘이나 우리 사회에 필요한 변혁사상들의 집약적인 모태로서의 인디언 사회를 살펴볼 수 있지 않을까요.

인디언 아나키 사회에 관심을 갖게 만든 영향이라면 어떤 것을 꼽을 수 있는지요.

책으로는 토마스 모어의 《유토피아》나 몽테뉴의 책들이 인디언 아나키 사회를 거론하고 있습니다. 20세기 인류학에서도 인디언 사회에 대한 논의들이 나오기 시작하면서 관련 학문들이 인디언을 새롭게 인식하게 되었습니다. 특히 영국의 토마스 페인이나 미국의 토머스 제퍼슨의 생각도 인디언 사회와 연결되어 있지요. 작년에 한나 아렌트와 토크빌에 대한 책을 썼습니다. 토크빌은 인디언에 대한 관심이 깊었던 사람입니다. 아렌트가 말하는 참여민주주의의 기본적인 모델이 제퍼슨에게서 나왔는데, 제퍼슨이 시민들이 직접 참여하는 민주주의의 모델로 생각하는 것은 인디언 민주주의였습니다. 마르크스나 엥겔스도 모건에 의하면 인디언 사회에 대한 새로운 연구 결과를 통해 사회주의나 공산주의에 대한 새로운 인식을 하게 되었습니다. 때문에 서구 사상의 또 하나의 뿌리를 이해하기 위해서라도 인디언 사회에 대한 이해가 중요합니다. 우리 민족의 체질이나 사상적 측면이 인디언과 유사하냐 그렇지 않으냐 하는 것은 공상적인 이야기가 될지 모르겠지만, 인디언 사회를 우리 문화의 원형 같은 것으로 삼는 게 가능하다면, 우리 전통사회의 생명 중심사상보다는 민주주의에 대해 친근함을 갖는 것이 더 필요하고 절실하다고 봅니다.

제가 이 책에서 강조한 것은 인디언 사회나 고대사회가 그냥 열매 따먹고 배 두드리며 산 것이 아니라 자유롭고 평등한 사회를 만들기 위해 노력한 사회였다는 점입니다. 특히 인디언 사회는 지배자를, 지배자로서 특별히 뛰어난 사람을 인정하지 않는 사회였습니다. 또한 남녀평등이 가장 잘 이루어진 사회가 인디언 사회였습니다. 연애나 결혼도 자유로웠고, 여자가 주체적이었지요. 인디언들은 여자가 담요만 집어던지면 이혼이 되었어요. 지금보다도 어떤 의미에서는 결혼생활, 성생활에서 남자보다 여자가 훨씬 자유로웠던 겁니다. 그런 정신이 상당 부분 미국 헌법에 스며들었습니다. 우리나라 민주주의는 대의민주주의의 허상적인 측면이나 욕망무한주의의 자본주의에 근거하고 있지만 인디언 아나키 민주주의는 지배집단과 지배주체에 민주적인 견제를 할 수 있고, 분배의 공정성을 확보한 사회였습니다. 우리 사회로 치자면 비정규직이라든지 하는 사회적 아웃사이더를 전혀 낳지 않고 항상 모든 사람을 허용하되, 그 허용에서 벗어나는 일탈의 경우에도 대단히 관용적인 사회가 인디언 사회였습니다. 환대, 우정, 이런 것을 기반으로 하는 공동체 사회의 참된 모습을 보여 준 것이지요. 저는 평소, 개인이 자유롭고 사회적으로 자치하고, 자연과 친화하는 사회라는 세 가지 원칙에 충실한 삶의 모습을 이상적이라 생각해 왔는데, 그 이상에 가장 합치하는 것을 보여 주는 하나의 예가 인디언 사회라고 생각합니다.

지인 중에 공동체 운동에 뛰어든 사람들을 여럿 봤어요. 그런데 하나같이 거의 다 실패더군요. 인디언들은 그 오랜 시간동안 어떻게 아나키즘적인 민주주의를 보존할 수 있었을까요.

기본적으로 공동체 이전의 개인의 자유를 강조하기 때문이 아닌가 생각해요. 인디언 공동체를 가 보면 집들이 우리처럼 붙어있지 않아요. 100~200미터 거리를 두고 띄엄띄엄 떨어져 있어요. 제가 말하고 싶은 것이 단순히 거리 개념은 아닙니다. 우리는 공동체 하면 모여 사는 것을 말하잖아요. 근데 인디언 공동체란 떨어져 사는 거예요. 저는 그것이 중요하다고 생각해요. 한 마을에 사람들이 옹기종기 모여 살다 보면 생활 속의 프라이버시가 용납되지 않을 정도로 가깝게 지내게 되고, 그러다 보면 공동체가 깨지는 거예요. 프라이버시가 인정되어야 공동체도 깨지지 않습니다. 사실 공동체라는 말이 웃깁니다. '공(共)'까지는 좋아요. '동(同)'이 문제에요. 제가 이 마을에서 십 년을 살았습니다만 '공동체'가 아니라 '공이체', 즉 이질적인 사람들이 모여 사는 모임이더군요. 이질적이란 특별한 게 아니고, 적어도 프라이버시가 존중되고 불필요하게 간섭하지 않는 것입니다. 가령 기독교인들의 경우도 어떤 이들은 자꾸 도덕적으로나 기독교적으로 간섭을 하려고 합니다. '예수 믿으라'는 일방적인 전도가 문제입니다. 결국 공동체가 안 되는 것은

'공동' 때문입니다. 똑같아야 한다는 건 있을 수 없는 거죠. 그런데 우리는 살면서 왜 나하고 같지 않느냐며 자꾸 간섭해요. 부부관계도 문제는 왜 나하고 같지 않으냐, 왜 다름을 인정하지 않느냐는 거잖아요. 결국 내가 다름을 인정을 해야만 나의 자유와 그 사람의 자유를 인정할 수 있다고 봐요. 자유란 다르다는 것인데, 그것을 인정하지 않고, 즉 같다는 것을 전제하고 '함께 똑같이 되어서 같이 살자'고 하니 불가능한 것입니다. 인디언 사회는 그런 점에서는 개인주의적인 사회입니다.

한 토론회에 가셨다가 좌파나 우파냐 입장을 밝히라는 질문을 받으셨는데요.

어떤 사람이 말할 때 평가의 차원에서 좌파처럼 보인다거나 좌파적이라고 할 수는 있지만 어떤 이야기에 대해 무조건 좌나 우로 판단하는 것은 위험하다고 생각합니다. 그런데 어떤 의미에서는 크리스천들도 좀 교조적인 면이,

아주 강하죠.

학자들도 마찬가지입니다. 저는 좌파라는 사람들 중에 이해가 안 될 정도로 전체주의적인 사람들을 많이 보거든요. 우파라고 하는 사람들 중에는 제 부친도 계시고, 어머니도 계시고 아내도 있습니다. 그런데 같이 살잖아요. 같이 여행도 갑니다. 이번에 함께 인도 여행을 하신 분은 입만 뻥긋하면 '박정희'였어요. 집사람과 그분 안 사람이 친해요. 그래서 함께 가게 되었는데 이 더러운 나라엔 박정희가 와서 다스려야 한다는 식으로 계속 박정희 이야기를 하는 겁니다. 우리 주변에 그런 생

각을 하는 사람들이 참 많아요. 저는 인디언 민주주의에 대한 제 책이 지금 우리 현실에 정답을 보여 주는 책이라고는 생각하지 않지만 생각의 여유, 특히 직접민주주의나 아나키즘을 고민해 보는 계기로 활용될 수 있으면 좋겠습니다.

토지에 대한 무소유도 욕심으로부터 자유롭게 하는 것 같습니다만.

그렇습니다. 인디언들의 자연관, 경제관에 명백히 그런 게 나타나죠. 우선 땅은 인디언들에게 소유의 대상이 아니었습니다. 그렇다고 그들에게 소유 관념이 전혀 없다는 뜻은 아닙니다. 토지를 포함하여 공공 재화에 대해 소유 관념을 어디까지 적용하느냐 하는 것은 모든 사회에서 중요한 문제입니다.

인디언 하면 자연에 대한 무조건적인 추앙 정도만 알고 있습니다. 그런 의미에서 선생님의 책이 인디언에 대한 이해의 지평을 넓혔으면 좋겠네요.

저는 인간의 본성이 쉽게 변하는 것은 아니라고 생각해요. 옛날 사람들도 한 사회가 일인독재나 잘난 사람들에 의해 지배되지 않고 보다 자유롭고 평등한 사회가 유지되도록 개인의 자유나 사회적인 자치나 자연과의 친화력을 추구하며 살았습니다. 그것이 원시사회와 산업화, 공업화 사회는 물론이거니와 지금의 인디언 사회에도 존재했습니다. 지금 우리 사회의 문제점과 위기를 극복하기 위해서는 자유, 자치 하던 옛 시대의 모습을 닮고 추구하는 게 옳습니다. 대다수 미국과 한국의 기독교가 보수화 되지만, 퀘이커라든가, 장기려 선생과 같은 원시 기독

교의 가르침은 결국 인디언 아나키 민주주의 내지 인디언의 종교적·
신앙적 삶과 이어진다고 봅니다.

예수님에 관한 책을 쓰고 싶어 하셨는데요.

저는 오래 전부터 아나키스트 예수님에 대해 책을 쓰고 싶었어요.
3~4일 정도 짧게 예루살렘에 머물렀지요. 사막이나 광야, 또 제가 가
보고 싶었던 키부츠를 못 봤기 때문에 아직은 아나키스트 예수에 대해
쓸 수는 없습니다. 인도에서 계속 생각한 것도 아나키스트 부처 이야기
였습니다. 제가 티베트 불교에서 가장 못마땅한 점은 달라이 라마예요.
그가 환생했다고 하는 겁니다. 달라이 라마가 윤회를 직접 증명한다고
하는데, 어떻게 이게 가능합니까. 제가 불교에 대해 도저히 수긍할 수
없는 부분이 윤회거든요. 힌두교에서 윤회는 카스트 제도와 직결됩니
다. 현재는 어떤 사람이 불가촉천민이지만 내세에는 다른 신분이 될 수
있다는 게 윤회의 좋은 점인 동시에 나쁜 점이기도 하죠. 신을 모시고
열심히 살면 더 좋은 세상에서 태어나 브라만이 될 수 있다고 하는 측
면에서는 긍정적이겠지만, 지금은 참고 살라는 게 웃긴다는 겁니다. 제
가 아는 한 부처는 내세에 대해 말한 적이 없습니다. 그런데 달라이 라
마의 티베트 불교는 윤회를 강요한단 말이에요. 이번에 다람살라를 가
려던 까닭은 아나키스트 부처라는 책을 쓰게 될 때 달라이 라마의 환생
은 거짓말이다, 부처는 그런 엉터리 같은 얘기를 한 적이 없다는 이야
기를 쓰기로 작정했기 때문입니다.

미국은 인디언에게 나치보다 더 나쁜 짓을 했습니다. 정부의 공식 사과는 바라지 않지만 미국의 양심적인 지식인들은 선조들의 죄악상에 대해 참회한 적이 있는지요.

많지 않죠. 역사가 중에는 하워드 진이 있고, 촘스키나 몇몇 문인들이 자기 고백적인 이야기를 한 정도입니다. 법학자 중에도 인디언 헌법, 인디언의 사회적인 규범을 인정하는 사람이 있습니다.

그게 누군가요?

코헨입니다. 과거에 대통령이나 장관이나 역사가들이 흑인이나 인디언들에게 백인들이 나쁜 짓을 했다는 것을 합리화하지 않고 소극적으로나마 인정했다는 것은 발전 내지 진보라 할 수 있죠.

미국의 지성인조차도 그러니, 우리 사회의 지성인들이 오리엔탈리즘적인 시각에서 벗어나 인디언 사회를 보기는 쉽지 않겠습니다.

관심이 없을 겁니다. 많은 사람들이 미국에 공부하러 가지만 소수 인종인 인디언 사회를 배우러 가는 사람은 흔치 않은 것 같습니다.

1973년에야 인디언보호법이 미국에서 발효되었지요?

법안은 그 전에 만들었는데, 인디언들의 인권이 적극적으로 인정된 시기는 1970년대 들어서입니다. 인디언들이 미국 내에서 독립해야 한다는 다소 황당한 주장이 미국 내 크리스천들 가운데 나오고는 있습니다.

언제부턴가요?

1970년대 후반부터 나오기 시작해서 1980년대에 가장 큰 목소리를 낸 것 같습니다. 흑인민권운동이 월남전 반대에서 시작하지 않습니까. 큰 흐름에서 보면 여성해방운동이 제일 먼저고, 그 다음 흑인 해방운동, 그 다음이 인디언 해방운동이죠. 그런데 인디언 해방운동에 대한 전망은 아직까지 매우 부정적입니다. 왜냐하면 인디언에 대한 특별한 혜택이라는 게 고작 카지노 같은 걸 지어 주는 정도거든요. 그래서 인디언들이 정치적으로나 사회·경제적으로 백인이나 스페인계나 아시아계 인종들처럼 주체성을 확보하지 못했습니다. 그런 의미에서 인디언 해방운동은 미국의 마지막 시민운동이 되고 있습니다.

지금 남아 있는 인디언들은 어느 정도로 파악되는지요.

인디언 리저베이션(지정 거류지)에 1백만 정도 남아 있습니다. 일반 백인 사회에 나와 살고 있는 인디언들도 적지 않습니다. 그러나 인디언에 관한 정확한 통계는 잡히지 않는 것 같아요. 인디언 지정 거류지를 다 합친 면적은 우리나라보다 훨씬 더 넓습니다. 대부분이 황폐화된 곳이라 산업화나 도시화가 힘든 지역이죠. 애리조나나 텍사스의 남부와 중부 등 황무지나 사막 지역에 지정 거류지가 남아 있습니다.

지정 거류지는 미국 정부의 통제를 받나요.

해당 주로부터 영토를 독립적으로 보존하는 정도의 지위만 인정됩니다. 그것 말고는 다른 시민들과 똑같은 규제를 받습니다. 카지노는 인디언들에게 경제적 지위의 보장을 위해 설치를 인정하는 특혜를 주는 것이지요. 사실 그것은 특혜라고 할 것도 없습니다. 왜냐하면 경제적으로 매우 낙후된 형편이기 때문입니다. 현재 인디언들은 가장 못사는 지역에서도 생활 소득이 가장 낮습니다. 그래서 카지노 같은 것으로 보완하려는 것입니다.

인디언의 영성에 대해 하실 말씀은 없을까요.

인디언은 종교적입니다. 영성이라는 표현이 좀 애매하긴 합니다만 인디언은 신앙심이 깊었고, 사물이나 우주에 대해 종교적인 사고방식을 갖고 있었던 게 사실입니다. 그러나 인디언에게 그것이 전부는 아니었습니다. 인디언의 종교 인식이나 생활에 대해서도 책에 조금은 언급했습니다만, 영성이 인디언의 전부인 것처럼 이해하는 것은 옳지 않습니다. 예를 들어 영성을 강조하는 페미니즘이 지금까지 변화되지 않은 문제를 어떻게 극복할 수 있는지는 잘 모르겠어요. 신앙심이나 종교적 인식이나 태도는 사람이 살아가는 데 필요합니다. 그렇지만 그게 전부인 것처럼 영성적 민주주의, 영성적 평등주의, 영성적 페미니즘, 하는 식의 주장에는 찬성할 수 없습니다. 영성은 필요하나 그게 전부는 아닙니다.

인디언의 노동관이 궁금합니다.

별로 일 안합니다. 남자들이 특히 그렇습니다. 일은 주로 여자들이 하죠. 그게 문제이긴 합니다. 그러나 인디언 사회는 그것에 대해 별 문제를 못 느낍니다. 대신 남자는 전쟁을 하죠. 페미니스트 중에는 인디언 사회를 불평등 사회라고 비난하는 사람도 많습니다. 그러나 그런 학자들도 약간의 설명을 붙였지 단순한 불평등은 아니라고 하더군요.

작년에 만나 본 인디언들은 자신의 정체성을 어떻게 생각하던가요?

개인마다 다르더군요. 어떤 사람들은 거류지에 모여 살면서 자기들 나름의 정체성을 가지고 인디언 학교, 인디언 전통교육, 인디언 언어, 인디언 풍습을 가르쳐야 한다고 주장합니다. 그러나 다수 인디언들은 백인 사회에 동화되어 백인식의 교육, 백인적인 출세, 백인의 가치에 힘써야 한다고 생각하더군요. 후자의 인디언들이 더 많아 보였습니다. 현실이 이렇다 보니 정체성을 강조하는 사람들은 과격화되는 경향이 있어요. 그것은 문제지요. 과격화되는 사람들에게 희망이 있느냐 하면, 그렇지도 않은 것 같습니다. 인디언 자신들의 정체성을 정치적 독립으로 확보할 수 있을 가능성은 희박해 보입니다.

역설적이네요. 자기 조상이 인류에게 근대 지리상의 발견에 비교될 만큼 위대한 것을 선사했는데 프라이드도 희망도 없다니.

이번에 인도 라다크에 갈 때 호지의 《오래된 미래》를 들고 갔습니다. 그곳 사람들에게 라다크 중학교 선생님 중에 호지가 있었다고 이야기했더니 호지가 누군지 몰라요. '당신들의 오래된 미래'에 대해 긍지를 가지라 했더니 저를 이상하게 보더군요. 그곳에 호지 연구소가 남아 있지만 백인 관광객들이 와서 머물다 가는 곳일 뿐, 호지의 '오래된 미래'는 원주민들과 아무 상관이 없었습니다. 관광객의 한 사람으로 서글펐습니다.

선생님께서는 인디언의 아나키 민주주의에 대해 책을 썼는데 정작 인디언들은…….

안타까운 일이죠. 하지만 프라이드를 가진 인디언들이 전혀 없는 것은 아닙니다. 제가 책을 쓸 수 있도록 여러 연구자들의 연구물들로부터 도움도 받았습니다. 하지만 실제 인디언들은 참 어렵습니다.

긴 시간 수고하셨습니다. 감사합니다.